Lindys kreative Tortenkunst

Lindys kreative Tortenkunst

Über 150 detailliert beschriebene Techniken
und 80 atemberaubende Projekte

Lindy Smith

Wagrien
Verlagsgesellschaft

Erstveröffentlichung in englischer Sprache durch David & Charles in Großbritannien und USA, 2011

Originaltitel der englischen Ausgabe: The contemporary cake decorating bible

David & Charles ist eine Verlagsmarke der F&W Media International, LTD
Brunel House, Forde Close, Newton Abbot, TQ12 4PU, UK

F&W Media International, LTD ist eine Tochtergesellschaft der F+W Media, Inc.
4700 East Galbraith Road, Cincinnati, OH 45236

Deutsche Erstausgabe: Wagrien Verlagsgesellschaft UG haftungsbeschränkt 2013

ISBN 978-3-9815358-08

3. Auflage August 2013

Verantwortlich für die deutsche Übersetzung: Dipl.-Betriebswirtin Sibylle Koch
Lektorat: Martina Körver, Essen

Verlagsanschrift:
Wagrien Verlagsgesellschaft UG haftungsbeschränkt
Dorfstraße 1a
24326 Dersau
www.wagrien-verlag.de
mail@wagrien-verlag.de

Printed in China by RR Donnelley

Inhalt

Vorwort

Als mein Verleger mich bat, dieses Buch zu schreiben, konnte ich trotz des knappen Abgabetermins nicht ablehnen. Ich wusste, dass dieses Buch geschrieben werden musste – und zwar von mir! Mein Ziel war es immer, andere zu inspirieren und die Zuckerkunst zeitgerecht zu gestalten. Den kreativen Prozess, dieses Buch zusammenzustellen, habe ich zutiefst genossen. Es war eine wundervolle Entdeckungsreise, die ich gern fortgesetzt hätte. Ich habe viele Techniken beschrieben, die ich häufig selbst für meine eigenen Torten und Kekse verwende. Leider konnte ich nicht alle machbcren Techniken aufnehmen, aber ich bin überzeugt, dass dieses Buch Dich in die Lage versetzen wird, ganz einfach großartige Torten zu gestalten.

Originell dekorierte Kuchen beeindrucken jeden – leckere Cupcakes genauso wie Mini-Torten oder große mehrstöckige Kreationen. Tortendesign ist nicht komp iziert. Mit den effektiven Techniken, wie Prägungen, Ausstechen, Modellieren und Schablonen kann man sehr schnell beeindruckende Torten gestalten. Fange am besten klein an – Cupcakes und Kekse sind nicht so entmutigend wie große Torten.

Seit ich mit der Tortendekoration begann, bemühte ich mich stets um ein innovatives Design. Als ich heranwuchs, ermutigte mich besonders meine Großmutter, mich nach Aktuellem umzuschauen … um „trendy" zu sein. Heute beziehe ich meine Inspiration aus allem, was ich in meinem Umfeld attraktiv finde. Diese Bilder fließen in meine Tortenentwürfe ein. Ich bin vorrangig Künstlerin und mein Werkstoff ist Zucker.

Viele Quellen haben mich zu den Entwürfen in diesem Buch inspiriert: Polster, Innenarchitektur, farbiges Art Nouveau Glas, Schmiedeeisen, Kunstausstellungen, Bettwäsche, Kleiderstoffe, Schmuckdesign und Floristik. Ich bewundere die Arbeiten von Künstlern wie Wassily Kandinsky, Architekten wie Antoni Gaudi und Modeschöpfern wie Valentino. Farbe ist der Schlüssel für ein aktuelles Aussehen Um mit einer Torte im Trend zu liegen, brauchst Du nur die Farben zu wählen, die Du überall um Dich herum sehen kannst: in Zeitschriften, Katalogen, Stoffen, Mode, Schaufenstern, Schreibwaren, Bettwäsche und so weiter.

Am Anfang lernst Du die Tortendekoration durch das Kopieren anderer Torten. Wenn dann Dein Selbstvertrauen wächst. wirst Du in der Lage sein, Deine eigenen Ideen umzusetzen. Ich hoffe, dass dieses Buch Dir dabei helfen wird. Nie war es einfacher als heute, eine trendige Torte zu gestalten, denn Dir steht eine fantastische Auswahl sehr hilfreicher Spezialwerkzeuge zur Verfügung. Diese Ausrüstung ist nicht unbedingt erforderlich, aber sie hilft Dir, auf einfache Weise verblüffende Ergebnisse zu erzielen. Experimentiere, habe Spaß, erschaffe Wundervolles und Einzigartiges. Suche nach Inspirationen und folge den Anleitungen in diesem Buch, um aus Deinen Ideen eindrucksvolle Torten und Kekse zu machen. Und lass mich an Deinen Erfolgen teilhaben auf der Lindy's Cakes Facebook Seite oder in meinem Blog. Viel Spaß und frohes Tortendekorieren!

Lindy

www.lindyscakes.co.uk

★ So nutzt Du dieses Buch

Die Einführung des Buches deckt alle Grundlagen ab, einschließlich Ausstattung, Kuchen- und andere Rezepte, Eindecken von Kuchen, Boards und Keksen, sowie Stapeln, Lagern und Schneiden von Kuchen. Der Hauptteil enthält die Kapitel der Techniken, die sich jeweils auf einen Aspekt der Tortendekoration konzentrieren. Jedes Kapitel enthält Beispiele zur Inspiration, sowie eine spezielle Torte, auf der eine oder mehrere Techniken umgesetzt werden. Am Ende des Buches findest Du ein Kapitel mit detaillierten Anleitungen und der Angabe, welche Werkzeuge und Hilfsmittel ich benutzt habe, um alle Kuchen und Kekse in diesem Buch zu gestalten, sowie eine kurze Beschreibung der verwendeten Techniken.

Vorbereitung und Planung

Auch wenn Du sofort begeistert anfangen möchtest, mit den Techniken in diesem Buch zu experimentieren, nimm Dir vorher die Zeit, diesen Teil des Buches zu lesen, um Dich mit den Grundlagen der Tortendekoration vertraut zu machen. Das wird Deine Torten und Kekse professioneller aussehen lassen, ganz unabhängig von der verwendeten Technik. Versuche, nichts auf die letzte Minute zu verschieben – plane Deine Zeit für die Dekoration im Voraus und lass Dir Raum für Experimente.

Ausstattung

Die hier gelistete Ausstattung ist nützlich für das Backen und Dekorieren. Die erste Liste enthält allgemeine Gegenstände zum Backen und Dekorieren, während die folgenden Listen das benötigte Zubehör für Cupcakes, Mini-Torten und Kekse beinhalten. Das spezifische Zubehör für spezielle Techniken wie Prägewerkzeuge, Modellierformen, Schablonen und ähnliches findest Du in den entsprechenden Kapiteln.

★ Grundausstattung

1 Cake boards (spezielle Kuchenplatten)
- Drum (Platte) – 12 mm dick, Verwendung als Tortenplatte
- Hardboard – eine dünne starke Platte in der gleichen Größe wie der Kuchen. Sie wird unter dem Kuchen platziert, dient als Abtrennung und gibt Stabilität beim Stapeln

2 Schnitzmesser – ein scharfes Konditormesser mit langer Klinge um Kuchen gerade zu schneiden und zu schnitzen
3 Cocktailspieße / Zahnstocher – werden zum Markieren benutzt und um kleine Mengen von Lebensmittelfarbe zu entnehmen
4 Stützen – werden zusammen mit Hardboard benutzt, um aufeinandergestapelte Torten abzustützen
5 Messlöffel – zum genauen Abmessen von Zutaten
6 Pinsel – ein Sortiment verschiedener Größen zum Betupfen, Malen und Bepudern
7 Palette – zum Mischen von Lebensmittelfarben in Pasten- und Puderform, die zum Malen und Pudern gebraucht werden
8 Rollstab – zum Ausrollen der verschiedenen Pastenarten
9 Schere – um Vorlagen und Pasten zu schneiden
10 Geodreieck – für genaues Ausrichten
11 Ausrollhölzer – in 1,5 mm und 5 mm Stärke, um Paste gleichmäßig auszurollen
12 Wasserwaage – um zu prüfen, ob die Stützen senkrecht und die Oberflächen der Kuchen waagerecht sind
13 Backformen – rund, in Kugelform und variabel einstellbar
14 Antihaft-Arbeitsplatte – zum Ausrollen von Pasten
15 Glätter – zum Verarbeiten und Glätten des Fondants
16 Pastenextruder mit auswechselbaren Scheiben – zum einheitlichen Formen von Strängen aus Modellierpaste
17 Modellierwerkzeuge
- Ball tool / Kugelwerkzeug – für gleichmäßige Vertiefungen und zum Ausdünnen von Blütenrändern
- Craft knife / Skalpell – für feine, komplizierte Schnitte
- Cutting wheel / Schneidroller – ersetzt ein Messer und verhindert, daß sich die Paste beim Zuschneiden verzieht
- Dresden tool / Markierer – zum markieren und prägen
- Winkelpalette – zum Schneiden von Paste
- Quilting tool / Stichrad – für gleichmäßige Nahtlinien
- Scriber / Nadelwerkzeug – zum Übertragen von Vorlagen und zum anstechen und entfernen von Luftblasen.

★ Für Cupcakes

1 Papierförmchen
2 Backformen
3 Papiermanschetten
4 Cupcake Schachteln
5 Große Spritztüllen
6 Runde Ausstecher
7 Kuchengitter

★ Für Mini-Kuchen

1 Backformen für Mini-Kuchen
2 Kleine Hardboards / Platten
3 Kuchengitter
4 Backpapier

★ Für Kekse

1 Ausstecher
2 Backblech
3 Kuchengitter
4 Große Winkelpalette
5 Kekstüten und Verschlüsse

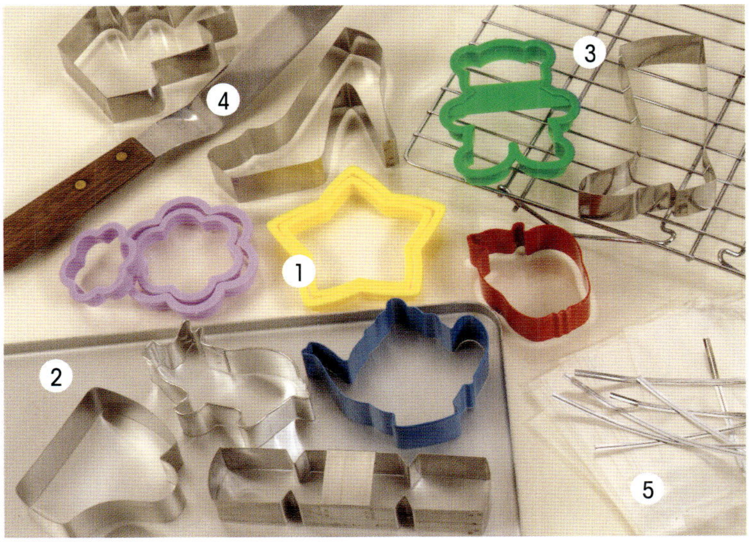

Umrechnungshilfe für Maßeinheiten

Rezepte mit anglo-amerikanischen Maßangaben wie cups oder oz rechnest Du so um:

★ **Butter** 100g (3½ oz) = 1 Stück 225 g (8 oz) = 1 cup, 25 g (1 oz) = 2 EL, 15 g (½ oz) = 1 EL

★ **Zucker extrafein** 200g (7 oz) = 1 cup, 25g (1 oz) = 2 El

★ **Kokosflocken** 75g (3 oz) = 1 cup, 4 EL = 25g (1oz)

★ **Trockenfrüchte** 1 cup = Korinthen 225g (8 oz), Rosinen 150g (5 oz), Sultaninen 175g (6 oz)

★ **Mehl** 150g (5 oz) = 1 cup

★ **Kandierte Kirschen** 225g (8 oz) = 1 cup

★ **Puderzucker** 115g (4 oz) = 1 cup

★ **Flüssigkeiten** 250ml (9 fl oz) = 1 cup, 125ml (4 fl oz) = ½ cup

★ **Nüsse gehackt oder gemahlen** 115g (4 oz) = 1 cup

★ **Feiner brauner Zucker** 115g (4 oz) = 1 cup

Spritztüllen

Im Buch wurden die nachstehenden Spritztüllen benutzt. Da die einzelnen Hersteller verschiedene Nummern haben, überprüfe immer den Lochdurchmesser.

Tülle Nr. (PME)	Durchmesser
0	0,5 mm
1	1 mm
1.5	1,2 mm
2	1,5 mm
3	2 mm
4	3 mm
16	5 mm
17	6 mm
18	7 mm

Auskleiden von Backformen

Es gibt Trenn- und Formensprays, aber ich bevorzuge die herkömmliche Methode und lege die Backformen aus. Der Kuchen klebt nicht an und hat eine gute Form und Oberfläche. Verwende hochwertiges Backpapier, das für diesen Zweck entwickelt wurde. Das Papier sollte an den Seiten gut anliegen, ohne große Luftblasen. Befestige die obere Kante des Papiers mit etwas Fett oder mit einer kleinen Knickfalte, damit es nicht in den Kuchen sinkt.

Kugelform

Schneide zwei Kreise aus Backpapier: 15 cm für eine 10 cm Kugel; 20 für eine 13 cm Kugel; 25,5 für eine 15 cm Kugel. Falte die Kreise zweimal, um die Mitte zu finden. Nimm es wieder auseinander und schneide es zur Mitte hin ein. Fette die Form und eine Seite des Papiers ein und lege es glatt anliegend in je eine Hälfte der Kugelbackform, die gefetteten Seiten zusammen. (**D**).

Formen mit geraden Seiten

★ Viereckig, rechteckig und sechseckig

Schneide einen Streifen Backpapier zu, der etwas länger als der Umfang ist, damit er überlappen kann. Der Streifen sollte 5 cm breiter sein als die Höhe der Form misst. Falte an der unteren Seite 2,5 cm um. Knicke den Streifen entlang der Innenseiten um und schneide ihn an den Ecken ein. Fette die Form ein und lege den Streifen an die Innenseiten, mit dem eingeschnitten Rand auf den Boden (**A**). Schneide ein Stück Papier für den Boden zu.

★ Runde und andere gebogene Formen

Verfahre wie oben beschrieben, schneide aber mehrfach in den unteren Rand des Papiers, so dass es eng an der Innenseite der Form anliegen kann (**B**).

Mini-Backformen

Lege den Boden der Form mit Backpapier aus, dann schneide Streifen zu – etwas länger als der Umfang der kleinen Backformen und etwas höher. Lege einen Streifen in jede Form, so dass sie sich ein wenigüberlappen (**C**).

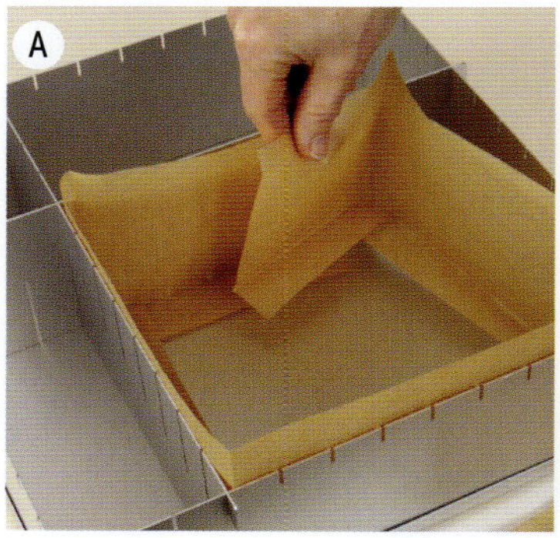
A

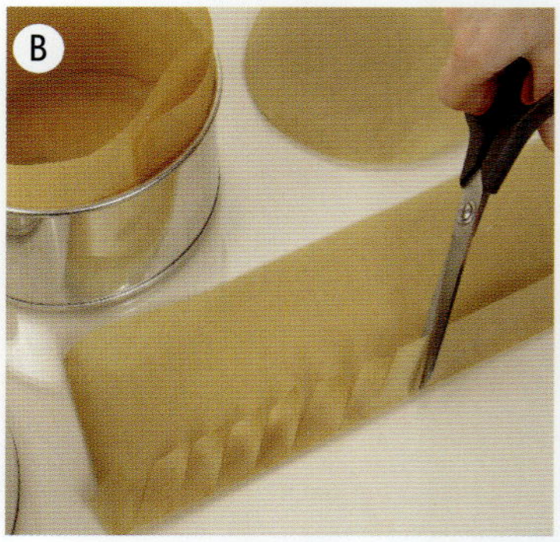
B

C

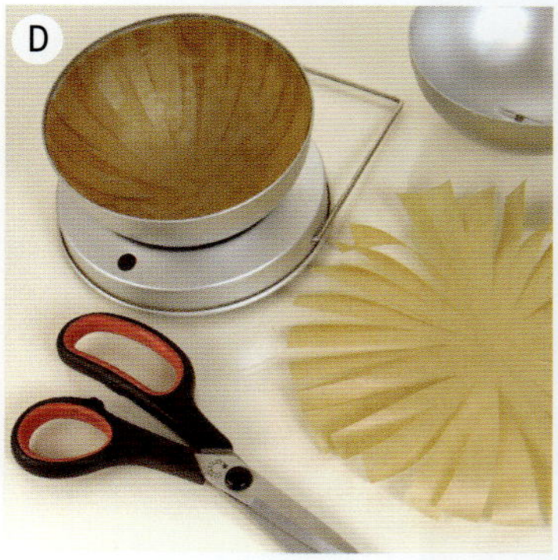
D

Kuchen backen

Hier kommen meine bewährten Rezepte für Schokoladenkuchen, Früchtekuchen und Madeirakuchen. Für eine mehrstöckige Torte kannst Du sowohl nur ein Rezept verwenden, wie auch Rührkuchen und Früchtekuchen miteinander kombinieren.

Schokoladenkuchen

Es ist ein mächtiger, saftiger und doch fester Schokoladenkuchen – ideal sowohl zum Schnitzen wie auch zum Eindecken mit Rollfondant. Das Geheimnis dieses Rezeptes liegt in der Verwendung von hochwertiger Schokolade mit vergleichsweise hohem Kakaogehalt. Lass Dich nicht darauf ein, billige Schokolade mit niedrigem Kakaogehalt zu verwenden oder gar Backschokolade aus dem Supermarkt – Du wirst einfach nicht den gleichen vollen Geschmack erzielen, den dieser Kuchen braucht. Der Kuchen ist bis zu zwei Wochen haltbar.

Mengenangaben für Schokoladenkuchen

Größe des Kuchens		Schokolade	Ungesalzene Butter	Extrafeiner Zucker	Eier Größe L	Puderzucker	Weizenmehl + Backpulver	Backzeit 180°C Gas 4
10 cm rund und Kugel	7,5 cm viereckig	75 g	50 g	40 g	2	15 g	40 g + 1 g	30 - 45 min
13 cm rund	10 cm viereckig	125 g	75 g	50 g	3	20 g	75 g + 2 g	45 min - 1 Std
15 cm rund	13 cm viereckig und Kugel	175 g	115 g	75 g	4	25 g	110 g + 3 g	45 min - 1 Std
18 cm rund	15 cm viereckig	225 g	175 g	115 g	6	40 g	170 g + 5 g	1 - 1¼ Std
20 cm rund	18 cm viereckig und 15 cm Kugel	275 g	225 g	150 g	8	50 g	220 g + 6 g	1 - 1¼ Std
23 cm rund	20 cm viereckig	425 g	275 g	175 g	10	70 g	270 g + 7,5 g	1¼ - 1½ Std
25,5 cm rund	23 cm viereckig	500 g	350 g	225 g	12	75 g	340 g + 9,5 g	1½ - 1¾ Std
28 cm rund	25,5 cm viereckig	550 g	450 g	275 g	16	115 g	440 g + 12 g	1¾ - 2 Std
30 cm rund	28 cm viereckig	675 g	550 g	375 g	20	125 g	540 g + 15 g	2 - 2¼ Std
33 cm rund	30 cm viereckig	850 g	675 g	450 g	24	150 g	660 g + 18,5 g	2¼ - 2¾ Std
35,5 cm rund	33 cm viereckig	1 kg	800 g	500 g	28	200 g	770 g + 25 g	2½ - 2¾ Std

1 Heize den Ofen auf 180°C / 350°F / Gas Stufe 4 vor. Fette die Backform ein und lege sie mit Backpapier aus.

2 Schmelze die Schokolade, entweder in einer Schüssel über Wasserbad oder in der Mikrowelle. Schlage Butter und Zucker in einer großen Rührschüssel schaumig, bis die Mischung leicht, fluffig und hell ist.

3 Trenne die Eier. Rühre das Eigelb nach und nach unter die Butter-Zucker-Masse, dann gib die abgekühlte Schokolade dazu. Schlage das Eiweiß in einer separaten Schüssel zu Schnee und gib nach und nach den Puderzucker dazu.

4 Siebe das Mehl, gemischt mit Backpulver und einer Prise Salz. Hebe die Mehlmischung und den Eischnee abwechselnd unter die Schokoladenmischung.

5 Fülle den Teig in die ausgelegte Backform und stelle sie auf die mittlere Schiene des Ofens. Die Backzeit ist abhängig vom Ofen, der Backform und der Höhe des Kuchens. Ich prüfe kleine Kuchen nach 30 Minuten, mittelgroße Kuchen nach einer Stunde und große Kuchen nach zwei Stunden. Wenn der Kuchen durchgebacken ist, ist er aufgegangen, fest und bei der Stäbchenprobe klebt nichts an.

6 Lass den Kuchen in der Form, bis er ganz abgekühlt ist. Dann wickele ihn samt Backpapier in Folie oder packe ihn in einen luftdichten Behälter für mindestens 12 Stunden, bevor Du ihn anschneidest.

Früchtekuchen

Ein Früchtekuchen ist ein leckerer traditioneller Kuchen, gefüllt mit kandierten und getrockneten Früchten, durchgezogen in Alkohol, verfeinert mit Nüssen und Gewürzen. Die Qualität der Früchte hat großen Einfluss auf den Geschmack, deshalb nimm das Beste, das Du finden kannst. Kandierte Orangen- und Zitronenschalen, die Du selbst hackst, sind immer viel aromatischer!

Früchtekuchen sollten mindestens einen Monat alt sein, damit der Geschmack reifen kann. Hochzeits-Früchtekuchen werden aus Geschmacksgründen mindestens drei Monate gelagert - und um den Kuchen sauber schneiden zu können. Frische Früchtekuchen sind auch lecker, aber es ist schwieriger, sie anzuschneiden. Das ist für einen Familiengeburtstag akzeptabel, allerdings nicht sehr passend für eine Hochzeitsfeier.

Wenn Du den Kuchen ohne Alkohol backen willst, nimm stattdessen Apfel- oder Orangensaft oder versuche Trauben- bzw. Granatapfelsaft. Ohne die Konservierung durch den Alkohol ist der Kuchen nur nicht ganz so lange haltbar.

Mengenangaben für Früchtekuchen

Kuchengröße		10 cm rund und Kugel	13 cm rund	15 cm rund	18 cm rund d	20 cm rund	23 cm rund
		7,5 cm viereckig	10 cm viereckig	13 cm viereckig und Kugel	15 cm viereckig	18 cm viereckig und 15 cm Kugel	20 cm viereckig
Sultaninen		50 g	75 g	115 g	175 g	225 g	275 g
Korinthen		50 g	75 g	115 g	175 g	225 g	275 g
Rosinen		50 g	75 g	115 g	175 g	225 g	275 g
Orangeat / Zitronat		25 g	40 g	50 g	75 g	115 g	150 g
Weinbrand		7,5 ml	11,5 ml	15 ml	25 ml	30 ml	37,5 ml
Weizenmehl		50 g	75 g	115 g	175 g	225 g	275 g
Gemahlene Mandeln		15 g	20 g	25 g	40 g	50 g	70 g
Gewürzmischung Lebkuchen oder Spekulatius		1,5 ml	2,5 ml	2,5 ml	3,5 ml	5 ml	6,5 ml
Butter		50 g	75 g	115 g	175 g	225 g	275 g
Feiner brauner Zucker		50 g	75 g	115 g	175 g	225 g	275 g
Eier		1	1½	2	3	4	5
Zuckerrübensaft		2,5 ml	5 ml	7,5 ml	15 ml	15 ml	20 ml
Vanilleextrakt		ein paar Tropfen	1,5 ml	1,5 ml	2,5 ml	2,5 ml	3,5 ml
Kandierte (Beleg-) Kirschen		25 g	40 g	50 g	75 g	115 g	150 g
Gehackte Mandeln		15 g	20 g	25 g	40 g	50 g	70 g
Saft und Schale der Zitrone		¼	⅓	½	¾	1	1¼
Ungefähre Backzeit	150°C/ 300°F/ Gas 2	30 min	30 min	50 min	1 Std	1½ Std	1¾ Std
	120°C/ 250°F/ Gas ½	30 min	1 Std	1 Std 40 min	2¼ Std	2½ Std	3¼ Std
Gesamt		1 Std	1½ Std	2½ Std	3¼ Std	4 Std	5 Std

1 Lege Sultaninen, Korinthen, Rosinen, Orangeat und Zitronat in Weinbrand oder Fruchtsaft über Nacht ein.

2 Heize den Ofen vor auf 150°C / 300°F / Gas Stufe 2. Siebe Mehl, Gewürzmischung und Mandeln in eine Schüssel. Schlage in einer anderen Schüssel Butter und Zucker schaumig, bis die Masse leicht, fluffig und hell ist. Nicht überschlagen.

3 Mische Eier, Sirup und Vanilleextrakt. Rühre diese Mischung in kleinen Portionen in die Butter-Zucker-Mischung und gib jedes Mal einen Löffel Mehlmischung dazu.

4 Spüle die kandierten Kirschen ab und hacke sie klein. Gib sie zu den eingelegten Früchten und füge auch Zitronenschale und –saft, gehackte Mandeln und eine kleine Menge Mehlmischung hinzu. Hebe erst die restliche Mehlmischung unter die Butter-Zucker-Eimasse, dann gib die gesamte Fruchtmischung dazu. Falls erforderlich gib noch Weinbrand bzw. Milch hinzu.

5 Fülle den Teig in eine ausgelegte Form, streiche die Oberfläche glatt und vertiefe die Mitte leicht. Wickele eine doppelte Lage Packpapier oder Zeitungspapier außen um die Backform, um den Kuchen vor zu viel Hitze zu schützen und stelle eine Schale mit Wasser in den Ofen, damit der Kuchen saftig bleibt.

6 Backe erst für die angegebene Zeit, dann reduziere die Hitze auf 120°C / 250°F / Gas Stufe ½ und lass den Kuchen für die weitere Zeit im Ofen. Wenn der Kuchen fertig ist, ist er fest und die Stäbchenprobe klebt nicht. Lass ihn in der Form abkühlen.

7 Lass den Kuchen im Backpapier und wickele ihn zuerst komplett in Backpapier, dann in Folie. Lagere den Kuchen niemals nur in Folie verpackt, da die Fruchtsäure die Folie angreift. Kühl und trocken lagern.

25, 5 cm rund	28 cm rund	30 cm rund	33 cm rund	35,5 cm rund
23 cm viereckig	25,5 cm viereckig	28 cm viereckig	30 cm viereckig	33 cm viereckig
350 g	450 g	550 g	675 g	800 g
350 g	450 g	550 g	675 g	800 g
350 g	450 g	550 g	675 g	800 g
175 g	225 g	275 g	350 g	400 g
45 ml	60 ml	75 ml	90 ml	105 ml
350 g	450 g	550 g	675 g	800 g
75 g	100 g	150 g	175 g	200 g
7,5 ml	10 ml	12,5 ml	15 ml	17,5 ml
350 g	450 g	550 g	675 g	800 g
350 g	450 g	550 g	675 g	800 g
6	8	10	12	14
25 ml	30 ml	37,5 ml	45 ml	52,5 ml
3,5 ml	5 ml	6,5 ml	7,5 ml	7,5 ml
175 g	225 g	275 g	350 g	400 g
75 g	100 g	150 g	175 g	200 g
1½	2	2½	3	3½
2 Std	2¼ Std	2½ Std	2¾ Std	3 Std
4 Std	4½ Std	5½ Std	6¼ Std	7 Std
6 Std	5 Std	8 Std	9 Std	10 Std

Tipp

Gib extra Weinbrand zu, solange der Kuchen noch backt. Stich die Oberfläche mit einem Stäbchen an und verteile den Weinbrand mit einem Löffel.

Madeirakuchen

Das ist ein fester, saftiger Kuchen, der durch Zugaben in unterschiedlichen Geschmacksrichtungen gebacken werden kann (siehe unten). Dieser Kuchen ist ideal geeignet zum Schnitzen und zum Eindecken mit Rollfondant. Er bleibt bis zu zwei Wochen frisch.

Tipp

Weitergehende Tipps und Diskussionen zum perfekten Madeirakuchen findest Du auf Lindy's Cakes blog.

Mengenangaben für Madeirakuchen

Kuchengröße		Ungesalzene Butter	Extrafeiner Zucker	Weizenmehl	Backpulver	Eier Größe L	Bckzeit bei 160°C 325°F / Gas 3
10 cm rund und Kugel	7,5 cm viereckig	75 g	75 g	115 g	2 g	1½	45 min - 1 Std
13 cm rund	10 cm viereckig	115 g	115 g	165 g	3 g	2	45 min - 1 Std
15 cm rund	13 cm viereckig und Kugel	175 g	175 g	245 g	5 g	3	1 - 1¼ Std
18 cm rund	15 cm viereckig	225 g	225 g	345 g	6 g)	4	1 - 1¼ Std
20 cm rund	18 cm viereckig und 15 cm Kugel	350 g	350 g	520 g	10 g	6	1¼ - 1½ Std
23 cm rund	20 cm viereckig	450 g	450 g	660 g	12 g	8	1½ - 1¾ Std
25,5 cm rund	23 cm viereckig	500 g	500 g	735 g	14 g	9	1½ - 1¾ Std
28 cm rund	25,5 cm viereckig	700 g	700 g	1.030 g	19 g	12	1¾ - 2 Std
30 cm rund	28 cm viereckig	850 g	850 g	1.250 g	23 g	15	2 - 2¼ Std
33 cm rund	30 cm viereckig	1 kg	1 kg	1.475 g	27 g	18	2¼ - 2½ Std
35,5 cm rund	33 cm viereckig	1,2 kg	1,2 kg	1.770 g	33 g	21	2½ - 2¾ Std

1 Heize den Ofen auf 160°C / 325°F / Gas Stufe 3 vor. Fette die Backform ein und lege sie mit Backpapier aus (s. Auskleiden von Backformen). Um zu verhindern, dass die Seiten zu stark bräunen und die Oberfläche sich mittig hebt, wickele eine doppelte Lage Pack- oder Zeitungspapier um die Backform.

2 Schlage Butter und Zucker in einer großen Schüssel schaumig, bis die Masse leicht, fluffig und sehr hell wird. Siebe Mehl, Backpulver und eine Prise Salz in eine separate Schüssel.

3 Rühre die Eier, die Zimmertemperatur haben sollten, einzeln in die Butter-Zucker-Mischung, jeweils gefolgt von einem Löffel Mehl. Dies verhindert, dass die Mischung gerinnt. Siebe das restliche Mehl über die Mischung und hebe es unter. Falls gewünscht, gib weitere Gewürze oder Aromen dazu

4 Fülle den Teig in die ausgelegte Backform und backe auf der mittleren Schiene des Ofens in der angegebenen Zeit. Damit der Kuchen während des Backens an der Oberfläche nicht zu stark bräunt, lege ich ein Backblech auf die Schiene über meinem Kuchen. Wenn der Kuchen durchgebacken ist, ist er aufgegangen, fest und bei der Stäbchenprobe klebt nichts.

5 Lass den Kuchen in der Form abkühlen, dann verpacke ihn samt Backpapier in Folie oder einen luftdichten Behälter für mindestens 12 Stunden bevor Du ihn anschneidest.

Geschmacksvariationen

Traditionell schmeckt der Madeirakuchen nach Zitrone, aber er kann auch mit anderen Zutaten gebacken werden (die Mengen beziehen sich auf einen Kuchen mit 6 Eiern und müssen für andere Größen angepasst werden):

★ **Zitrone:** Gemahlene Schale von 2 Zitronen

★ **Vanille**: 5 ml Vanilleextrakt

★ **Kirsche**: 350 g kandierte (Beleg-) Kirschen, halbiert

★ **Frucht**: 350 g Korinthen, Rosinen oder Datteln

★ **Kokos**: 110 g Kokosflocken

★ **Mandel**: 5 ml Mandelextrakt und 45 ml / 3 EL gemahlene Mandeln

Mini-Kuchen backen

Mini-Kuchen herzustellen macht viel Spaß. Sie sind das ideale Geschenk. Du <annst Mini-Torten einzeln aus größeren Kuchen ausstechen oder Backformen benutzen (z.B. die Multi-Mini-Formen), mit denen Du eine ganze Anzahl kleiner Kuchen auf einmal backen kannst.

Der Gebrauch spezieller Backformen

- ★ Wähle ein Rezept für die Mini-Kuchen aus. Alle Rezepte hier im Buch sind dafür gut geeignet. Lege die Formen mit Backpapier aus.
- ★ Fülle jede kleine Form bis zur Hälfte mit Teig. Meiner Meinung nach geht das besten, wenn man den Teig mit einem großen Spritzbeutel in die Formen spritzt.
- ★ Backe die Kuchen – die Backzeit hängt sehr stark vom Kuchentyp und der Größe der Backformen ab, aber als Anhaltspunkt: Mini-Rührkuchen, rund, mit 5 cm Durchmesser brauchen ca. 15 – 20 min und Mini-Früchtekuchen, rund, mit Durchmesser 5 cm brauchen etwa eine Stunde.
- ★ Lass die Kuchen in der Form abkühlen.

Tipp

Mini-Kuchen werden sehr schnell trocken, deshalb lass sie nicht zu lange offen stehen

Die Kugelbackform

Wie Dein Kuchen in der Kugelform gebacken wird, hängt von Deiner Wahl des Rezeptes ab:

Früchtekuchen

Fülle den Teig in die untere Hälfte der Form und häufe ihn zu einem kleinen Berg an, dessen Spitze ungefähr 1 – 2 cm niedriger ist als die zusammengesetzte Form. Der Teig braucht diesen Platz während des Backens, um aufzugehen und die Form komplett zu füllen.

Rührkuchen

Backe die Rührkuchen-Kugeln in zwei Hälften. Lass den Kuchen in der Form abkühlen, dann schneide die Oberfläche mit Hilfe der Form gerade und verbinde sie mit einer Schicht Buttercreme oder Ganache, um eine perfekte Kugel zu erhalten.

Rezeptmengen umrechnen

Wenn Du ein Lieblingsrezept hast, das Du gern in verschiedenen Größen backen möchtest, dann schau Dir die Tabelle unten an und rechne es entsprechend um.

Wie Du die Tabelle nutzen kannst

Diese Tabelle setzt voraus, dass Dein Grundrezept für eine runde Backform mit 20 cm Durchmesser berechnet ist, denn das ist die meistverwendete Größe. Also wenn Du einen runden Kuchen mit 25,5 cm Durchmesser backen willst, dann siehst Du in der Tabelle, dass Du dafür die 1 ½ fache Menge Deines üblichen Rezeptes benötigst. Wenn Du eine Form benutzen willst, die nicht in der Tabelle steht, z.B. eine vorgeformte Motivbackform oder ein Oval, dann fülle eine 20 cm Form mit Wasser und vergleiche die Menge mit dem Wasser, das in die andere Form passt. Die Menge für das Grundrezept kann dann entsprechend multipliziert oder dividiert werden

Umrechnungstabelle

Kuchengröße			Vielfaches Deines eigenen Grundrezeptes (ungefähre Menge)
Rund	Viereckig	Kugel	
7,5 cm			⅛
10 cm	7,5 cm	10 cm	¼
12,5 cm	10 cm		⅓
15 cm	12,5 cm	13 cm	½
18 cm	15 cm		¾
20 cm	18 cm	15 cm	1
23 cm	20 cm		1¼
25,5 cm	23 cm		1½
28 cm	25,5 cm		2
30 cm	28 cm		2½
33 cm	30 cm		3
35,5 cm	33 cm		3½

Tipp für mehrstöckige Torten

★ Bei mehrstöckigen Torten nimmt man meistens verschiedene Geschmacksrichtungen – dann ist für jeden etwas dabei. Allerdings musst Du die Größen Deiner Kuchen eventuell leicht anpassen. Zum Beispiel ist ein fertig eingedeckter Früchtekuchen mindestens 1 cm im Durchmesser größer als ein Schokoladen- oder Madeirakuchen der gleichen Größe wegen der zusätzlichen Schicht Marzipan. Wenn ich Früchte- und Madeirakuchen kombiniere, backe ich deshalb den Madeirakuchen eine Nummer größer und schneide ihn zurecht, so dass die Balance zwischen den Größen erhalten bleibt.

Tipps für große Kuchen

★ Die Backzeit hängt von Deinem Ofen, der Backform und der Höhe des Kuchens ab.

★ Bei einem Rührkuchen wickele Papier um die Form wie bei einem Früchtekuchen, damit der Kuchenrand nicht zu trocken wird.

★ Wenn sich eine Kruste gebildet hat, schütze sie vor dem Verbrennen - entweder durch Auflegen eines Deckels aus Backpapier oder Alufolie oder schiebe ein Backblech auf die Schiene direkt über dem Kuchen.

★ Prüfe, ob Dein Ofen groß genug ist, um den Kuchen zu backen. In einige Öfen passt keine Form, die größer als 30,5 cm ist. Und selbst wenn diese Größe passt, gehen einige Formen nicht hinein.

Tipp

Mehr Details über die Umrechnung von Rezepten findest Du auf Lindys Blog.

Cupcakes backen

Es macht Spaß Cupcakes zu backen! Such Dir zuerst die Papierförmchen aus und dann das Rezept. Die Rezepte in diesem Buch sollen Dir helfen und Dich inspirieren, aber jedes Kuchenrezept eignet sich dafür, also experimentiere mutig mit Geschmacksvarianten, um selbst etwas Neues zu schaffen. Hier sind zwei meiner Lieblingsrezepte für Cupcake.

Tipps für gelungene Cupcakes

- ★ Nimm immer die besten Zutaten.
- ★ Das exakte Abmessen der Zutaten ist wichtig.
- ★ Alle Zutaten sollten Zimmertemperatur haben, wenn Du den Teig anrührst.
- ★ Die Muffin-Backform sollte einwandfrei sauber sein, bevor Du die Förmchen einlegst.
- ★ Ist der Teig dünnflüssig, dann gieße oder spritze ihn in die Förmchen, sonst nimm einen Löffel.
- ★ Heize den Ofen vor und backe die Cupcakes mit der richtigen Temperatur. Backthermometer sind ein nützliches Kontrollinstrument.
- ★ Wenn Dein Ofen ungleichmäßig heizt, dann dreh die Form nach der halben Backzeit einmal.
- ★ Backen mit Umluft kann kleine Kuchen schnell trocken werden lassen, deshalb reduziere die angebene Back-Temperatur um jeweils 10°C.
- ★ Cupcakes müssen völlig abgekühlt sein, bevor Du sie dekorieren kannst.
- ★ Nichtdekorierte Cupcakes halten sich tiefgefroren bis zu einem Monat.

Saftige Ingwer Cupcakes

Mein absolutes Lieblingsrezept. Ich liebe schmackhafte, feuchte Kuchen und diese werden dem Anspruch mehr als gerecht. Fantastische Trostpflaster! Dieses Rezept eignet sich auch für einen runden 13 cm Kuchen. Backzeit 1½ Std.

Zutaten *Für etwa 15–20 Stück, je nach Formgröße*

- ☆ 120 g ungesalzene Butter
- ☆ 100 g feiner brauner Zucker
- ☆ 60 ml heller Sirup
- ☆ 60 ml dunkler Rübensirup
- ☆ 150 ml Milch
- ☆ 2 Eier, leicht aufgeschlagen
- ☆ 7,5 ml Vanillextrakt
- ☆ 4 Stücke eingelegten Ingwer, ohne Sirup, gehackt
- ☆ 225 g Weizenmehl
- ☆ 6 g Backpulver
- ☆ 1 Prise Salz
- ☆ 1½ EL gemahlener Ingwer
- ☆ 5 ml Gewürzmischung

1 Heize den Ofen auf 170°C / 325°F / Gas Stufe 3 vor und lege die Papierförmchen in die Muffin-Backform.

2 Gib Butter, Zucker und Sirup in einen kleinen Topf und erhitze es auf kleiner Flamme bis der Zucker sich aufgelöst hat.

3 Rühre die Milch hinein und lass die Mischung abkühlen.

4 Dann schlage Eier, Vanilleextrakt und gehackten Ingwer mit der Mischung auf.

5 Siebe Mehl, Backpulver, Salz und Gewürze in eine Schüssel und drücke eine Mulde in die Mitte.

6 Gieße die abgekühlte Flüssigkeit nach und nach in die Mulde und verrühre alles mit einem Holzlöffel zu einer homogenen Masse.

7 Gieße oder spritze den Teig in die Förmchen. Sie sollten ungefähr zu ¾ gefüllt sein.

8 Backe auf der mittleren Schiene ca. 20 min oder bis am Stäbchen nichts mehr kleben bleibt.

9 Lass die Cupcakes fünf Minuten abkühlen bevor Du sie aus der Form nimmst, um sie auf einem Kuchengitter vollständig abkühlen zu lassen.

Orange-Mohn-Cupcakes

In diese köstlichen Cupcakes habe ich mich kürzlich auf einer Vortragsreise durch Australien verliebt. Der intensive Geschmack und die interessante Konsistenz der Mohnsamen und der Orangenschale nahmen mich gefangen! Diese halten etwas länger als die Ingwer Cupcakes, sollten aber möglichst innerhalb von zwei Wochen gegessen werden. Das Rezept passt auch für eine runde 13 cm Backform (Backzeit 1 ½ Std.)

Zutaten *Für etwa 15–20 Stück, je nach Formgröße*

- ☆ 185 g ungesalzene Butter
- ☆ 160 g extrafeiner Zucker
- ☆ 100 g Orangenmarmelade
- ☆ 1ml Mandelextrakt
- ☆ Schale von 2 Orangen
- ☆ 80 ml Orangensaft
- ☆ 180 g Weizenmehl
- ☆ 5 g Backpulver
- ☆ 1 Prise Salz
- ☆ 60 g gemahlene Mandeln
- ☆ 40 g Mohnsamen
- ☆ 50 g Orangeat / Zitronat gemischt
- ☆ 3 Eier Größe L, leicht aufgeschlagen

1 Heize den Ofen vor auf 170°C / 325°F / Gas Stufe 3 und lege die Muffin-Backform mit Papierförmchen aus.

2 Bringe Butter, Zucker, Marmelade, Mandelextrakt, Orangenschale und –saft in einem kleinen Topf auf kleiner Flamme unter Rühren zum Schmelzen. Dann lass es abkühlen.

3 Siebe Mehl, Backpulver, Salz, Mandeln und Mohnsamen in eine Schüssel, gib Orangeat / Zitronat dazu. Drücke eine Mulde in die Mitte.

4 Gieße die Flüssigkeit langsam in die Mulde und vermische alles.

5 Gib die Eier dazu und verrühre alles zu einer homogenen Masse.

6 Gieß oder spritze den Teig in die Förmchen. Fülle sie nur zu ¾.

7 Backe auf der mittleren Schiene ca. 20 Minuten.

8 Lass die Cupcakes 5 min abkühlen, bevor Du sie aus der Form nimmst. Dann lass sie auf dem Kuchengitter vollständig abkühlen.

9 Streiche sie mit Orangenlikör ein, bevor Du sie dekorierst.

Experimente

Wenn Du mit anderen Rezepten experimentieren möchtest, solltest Du folgendes beachten:

- ★ Jeder Kuchen geht anders auf. Manche gehen gar nicht auf, während andere sich beim Backen verdoppeln. Teste es aus. Befülle einige Förmchen mit unterschiedlichen Teigmengen, um die optimale Füllmenge herauszufinden.
- ★ Typische Cupcakes backen ca. 20 min, aber jeder Ofen ist anders, deshalb solltest Du die Stäbchenprobe machen und notfalls wiederholen.
- ★ Notiere Dir die Form der Cupcakes: Einige werden ziemlich flach sein, während andere eine richtige Kuppel bilden. Die Form kann wichtig sein für die vorgesehene Art der Dekoration.

Tipp

Backe einen Orangekuchen ohne den Mohnsamen, oder ersetze Orangenschale und -saft durch Zitrone

Kekse backen

Wichtige Voraussetzungen für dekorierte Kekse sind der Geschmack und die Form des Kekses selbst. Bei der Auswahl des Rezeptes ist es wichtig, dass Kekse beim Backen ihre Form behalten und sich nicht zu stark vergrößern. Alle Beispiele in diesem Buch können mit einem der folgenden Rezepte nachgemacht werden. Beachte die Tipps! Sie helfen Dir, immer frische und geschmackvolle Kekse zu backen.

Vanillekekse

Zutaten *für ca. 15–20 Stück, je nach Ausstecher*

☆ 75 g ungesalzene Butter, gewürfelt
☆ 1 Ei, leicht aufgeschlagen
☆ 275 g gesiebtes Mehl
☆ 30 ml heller Sirup
☆ 5 ml Backpulver
☆ 100 g Zucker, extrafein
☆ 2,5 ml Vanilleextrakt

1 Heize den Ofen auf 170°C / 325°F / Gas Stufe 3 vor.

2 Mehl, Zucker und Backpulver in eine Rührschüssel geben.

3 Dann die Butter dazu geben und alles mit den Fingern zu Krümeln verkneten.

4 Eine Mulde in die Mitte drücken und dort hinein Eier, Sirup und Vanilleextrakt hinzu geben.

5 Alles gründlich verkneten, bis Du einen Teigball hast.

6 Fülle den Teig in einen Gefrierbeutel und lass ihn im Kühlschrank etwa 30 Minuten kühlen.

7 Rolle den Teig gleichmäßig auf einer leicht bemehlten Fläche 5 mm dick aus, möglichst mit Ausrollhölzern und stich die Kekse in der gewünschten Form aus.

8 Leg die Kekse auf ein Backblech und backe sie 12 – 15 Min., bis sie leicht gebräunt und fest sind, aber nicht knusprig.

9 Lass sie noch zwei Minuten auf dem Backblech, bevor Du sie auf einem Kuchengitter vollständig abkühlen lässt.

Orangen-Gewürz-Kekse

Zutaten *für ca. 15–20 Stück, je nach Ausstecher*

☆ 75 g ungesalzene Butter
☆ 75 g feiner brauner Zucker
☆ 30 ml Honig
☆ Schale von einer Orange
☆ 10 ml Orangensaft
☆ 225 g gesiebtes Mehl
☆ 5 ml Natron
☆ 5 ml Zimt

1 Heize den Ofen auf 170°C / 325°F / Gas Stufe 3 vor.

2 Gib Butter, Zucker, Honig, Orangenschale und –saft in einen kleinen Topf, erwärme alles langsam, bis sich der Zucker aufgelöst hat und die Butter geschmolzen ist.

3 Siebe Mehl und alle trockenen Zutaten in eine Schüssel und gib die geschmolzene Mischung dazu. Verrühre alles gleichmäßig, bis der Teig fest wird.

4 Fülle den Teig in einen Gefrierbeutel und lass ihn im Kühlschrank etwa 40 Minuten kühlen.

5 Rolle den Teig auf einer leicht bemehlten Fläche 5 mm dick aus, möglichst mit Ausrollhölzern, und stich die Kekse in der gewünschten Form aus. Knete die Ausstechreste zusammen und rolle neu aus, um den kompletten Teig zu verbrauchen.

6 Leg die Kekse auf ein Backblech und backe sie 12 – 15 Min, bis sie leicht gebräunt und fest sind, aber nicht knusprig.

7 Lass sie noch zwei Minuten auf dem Backblech, bevor Du sie auf einem Kuchengitter vollständig abkühlen lässt.

Tipps für gelungene Kekse

★ Verwende nur ausgesuchte und frische Zutaten.
★ Nimm ungesalzene Butter – andere Fette können die Teigkonsistenz verändern. Butter verleiht Keksen den Geschmack und die knusprige äußere Beschaffenheit.
★ Mische die trocknen Zutaten gründlich, bevor Du die Flüssigkeiten dazugibst.
★ Rühre den Teig nicht zu lange, sonst wird er zu fest, rühre nur so lange, bis das Mehl gut eingearbeitet ist.
★ Lass etwas Platz zwischen den Keksen auf dem Blech, damit sie sich noch ausdehnen können.
★ Backe nur Kekse der gleichen Größe zusammen, damit kleinere Kekse nicht zu stark gebacken werden.
★ Lege den ausgestochenen Teig auf ein kaltes Backblech. Wechsle die Bleche, spüle und trockne sie nach jedem Backvorgang ab.
★ Achte genau auf die Backzeit. Nach der Mindestbackzeit solltest Du die Kekse genau überprüfen. Selbst eine Minute zu viel kann die Kekse schon ruinieren.
★ Lass die Kekse auf einem Kuchengitter abkühlen, damit sie nicht weich werden.
★ Kekse nur luftdicht verschlossen im Kühlschrank lagern.

Pasten, Füllungen und mehr

Viele der in diesem Buch verwendeten Pasten zum Eindecken, Modellieren und Dekorieren können leicht selbst hergestellt werden. Verwende aber nur Lebensmittelfarben, um sie gemäß der jeweiligen Anleitung passend einzufärben.

Rollfondant

Wird zum Eindecken von Torten und Boards verwendet. Rollfondant ist fertig erhältlich in Spezialgeschäften und bei Händlern im Internet. Es gibt ihn in weiß, sowie in der gesamten Farbpalette. Du kannst ihn aber auch leicht und günstig selbst herstellen.

Zutaten *für 1 kg*

☆ 60 ml kaltes Wasser
☆ 20 ml (4 TL / 1 Tütchen) gemahlene Gelatine
☆ 125 ml Glukosesirup
☆ 15 ml Glyzerin
☆ 1 kg Puderzucker gesiebt, plus etwas Puderzucker zum einstäuben

1 Gieße das Wasser in eine kleine Schüssel, streue die Gelatine darüber und lass sie quellen. Erwärme die Gelatine im Wasserbad langsam unter Rühren, bis sie sich aufgelöst hat. Gib Glukosesirup und Glyzerin dazu und rühre, bis sich alles gut vermischt hat.

2 Fülle den gesiebten Puderzucker in eine große Schüssel und drücke eine Mulde in die Mitte. Gieße die flüssigen Zutaten unter ständigem Rühren langsam in die Mulde.

3 Lege die Masse auf eine mit Puderzucker bestreute Arbeitsfläche und knete, bis sie homogen und weich ist. Wenn die Paste zu klebrig ist, streue zusätzlich Puderzucker darüber. Der Fondant ist sofort verwendbar, kann aber auch bis zum Gebrauch in einem Plastikbeutel gelagert werden.

Tipp

Weitere Tipps für die Herstellung Deiner eigenen Paste findest Du auf Lindys Cake Blog

Modellierpaste

Wird für die Dekoration von Torten verwendet. Diese vielfältig einsetzbare Paste behält ihre Form und trocknet härter aus als Rollfondant. Obwohl sie fertig im Handel erhältlich ist, kannst Du sie einfach und viel günstiger selbst herstellen – ich mache das immer!

Zutaten *für 225 g*

☆ 225 g Rollfondant
☆ 5 ml Traganth

Drücke eine Mulde in den Rollfondant, gib den Traganth hinein und knete ihn ein. Packe alles in einen Gefrierbeutel und lass es vor Gebrauch durchziehen. Am besten lässt Du es über Nacht ruhen. Die Paste sollte fest, aber dehnbar sein, mit einer leicht elastischen Konsistent. Wenn Du die Paste knetest, wird sie warm und ist leicht zu bearbeiten.

★ Tipps für Modellierpaste

☆ Traganth ist ein natürliches Bindemittel, erhältlich in Tortenzubehörläden, im Internet und in Apotheken.
☆ Wenn Du es eilig hast, verwende CM (Tylose) statt Traganth – das ist eine synthetische Alternative, aber die Paste ist sofort verwendbar.
☆ Lege die Modellierpaste für ein paar Sekunden in die Mikrowelle – eine ausgezeichnete Möglichkeit, sie für den Gebrauch zu erwärmen.
☆ Wenn Du Deine Paste zuvor mit einer größeren Menge Farbe eingefärbt hast und sie deshalb zu weich ist, gib ein oder zwei Messerspitzen Traganth mehr dazu.
☆ Ist die Paste krümelig oder zu hart, gib ein wenig weißes Pflanzenfett und etwas kaltes, abgekochtes Wasser dazu und knete, bis sie weich wird.

Buttercreme

Buttercreme wird als Füllung für die Kuchen genommen, als haftende Schicht unter dem Rollfondant und zum Verzieren von Cupcakes.

★ Standard Buttercreme

Zutaten *für 450 g*

☆ 110 g ungesalzene Butter
☆ 350 g Puderzucker
☆ 15–30 ml Milch oder Wasser
☆ Ein paar Tropfen Vanilleextrakt oder andere Aromen

1 Schlage die Butter in einer Schüssel, bis sie leicht und fluffig ist.
2 Siebe den Puderzucker darüber und schlage weiter, bis die Mischung ihre Farbe verändert.
3 Mische gerade so viel Milch oder Wasser darunter, bis eine feste, aber streichfähige Konsistenz erreicht ist.
4 Gib das Aromaextrakt dazu, dann lagere die Buttercreme in einem luftdichten Behälter bis zum Gebrauch.

★ Schweizer Baiser Buttercreme

Für mich ist das die beste Buttercreme für Cupcakes, denn sie ist nicht so süß und hat einen wunderschönen Glanz. Aber Vorsicht, diese Buttercreme bleibt nicht fest bei über 15°C und ist deshalb nicht geeignet für warme Tage oder heißes Klima.

Zutaten *für 500 g*

☆ 4 Eiweiß Größe L
☆ 250 g Zucker, extrafein
☆ 250 g ungesalzene weiche Butter
☆ Ein paar Tropfen Vanilleextrakt

1 Gib Eiweiß und Zucker in eine Schüssel über einen Topf mit heißem Wasser. Rühre, damit das Eiweiß nicht anfängt zu kochen.
2 Sobald sich der Zucker aufgelöst hat, nimm die Schüssel aus der Wärme und schlage den Baiser zu vollem Volumen auf, bis die Mischung abgekühlt ist. Das dauert ca. 5 Minuten.
3 Gib Butter und Vanille hinzu und schlage etwa 10 Minuten weiter. Die Mischung wird an Volumen verlieren und aussehen wie geronnen – keine Panik. Schlage einfach weiter, bis die Masse eine glatte, leichte und fluffige Beschaffenehiet hat.
4 Diese Buttercreme hält sich in kühlen Räumen ein oder zwei Tage. Lagere die restliche Buttercreme im Kühlschrank und schlage sie vor Gebrauch erneut auf.

★ Buttercreme aromatisieren

Ersetze die Flüssigkeit in den Rezepten wahlweise durch

☆ Alkohol wie Whisky, Rum oder Weinbrand
☆ oder andere Flüssigkeiten wie Kaffee, geschmolzene Schokolade, Lemoncurd oder frische pürierte Früchte

Oder füge hinzu:

☆ Nussbutter oder -mus für einen Pralinengeschmack
☆ Aromen wie Pfefferminz oder Rosenwasser

Blütenpaste

Mit dieser Paste werden sehr feine und zerbrechliche Zuckerblumen hergestellt. Sie ist in weiß und vielen anderen Farben im Handel auch als Flower- oder Gumpaste erhältlich. Probiere einfach aus, mit welcher Marke Du am besten arbeiten kannst. Alternativ kannst Du sie auch selbst herstellen, aber das ist ein zeitaufwändiges Verfahren und Du brauchst dafür eine geeignete Küchenmaschine zum Kneten.

Zutaten *für 500 g*

☆ 500 g puderzucker
☆ 15 ml (1 EL) Traganth
☆ 25 ml (5 TL) kaltes Wasser
☆ 10 ml (2 TL) gemahlene Gelatine
☆ 10 ml (2 TL) Glukosesirup
☆ 15 ml (1 EL) weißes Pflanzenfett
☆ 1 Eiweiß Größe M

1 Siebe den Puderzucker und den Traganth in die gefettete Rührschüssel einer leistungsstarken Küchenmaschine (das Fett erleichtert der Küchenmaschine die Arbeit).
2 Gieß das Wasser in eine kleine Schüssel, streu die Gelatine darüber und lass sie aufquellen. Stelle die Schüssel über einen kleinen Topf mit heißem, aber nicht kochenden Wasser und rühre, bis die Gelatine aufgelöst ist. Füge Glukose und Fett hinzu und erwärme das ganze weiter, bis alle Zutaten geschmolzen und vermischt sind.
3 Gib die Glukosemischung und das Eiweiß zum Puderzucker. Knete die Mischung sehr langsam, bis alles gut vermischt ist. Sie ist jetzt beige – nun erhöhe die Geschwindigkeit der Maschine auf das Maximum bis die Paste weiß und glänzend wird.
4 Fette Deine Hände ein und nimm die Masse aus der Schüssel. Ziehe und dehne die Paste ein paar Mal und knete sie dann zusammen. Dann fülle sie in einen Gefrierbeutel und lagere sie in einem luftdichten Behälter. Lass die Paste mindestens 12 Stunden reifen.

★ Tipps für Blütenpaste

☆ Blütenpaste trocknet schnell, darum nimm immer nur so viel, wie Du brauchst und verschließe den Rest wieder.
☆ Arbeite die Paste gut mit den Händen durch – sie sollte „klicken" wenn sie gebrauchsfertig ist.
☆ Wenn sie zu fest und krümelig ist, gib etwas Eiweiß und weißes Pflanzenfett dazu – Fett verlangsamt die Austrocknung und Eiweiß macht sie dehnbarer.

Pastillage

Sie wird benutzt für Dekorationen, die über die Tortenränder hinausgehen und zur Herstellung von Modellierformen. Es ist eine sehr nützliche Paste, denn sie wird sehr hart und ist nicht so feuchtigkeitsempfindlich wie andere Pasten. Sie verkrustet aber schnell und ist brüchig, wenn sie getrocknet ist. Es gibt sie in Pulverform zu kaufen, anzurühren mit kaltem Wasser, aber es ist einfach, sie selbst herzustellen.

Zutaten *für 350 g*
☆ 1 Eiweiß
☆ 300 g Puderzucker
☆ 10 ml (2 TL) Traganth

1 Gib das Eiweiß in eine große Rührschussel. Füge unter Rühren nach und nach so viel Puderzucker hinzu, bis die Masse einen Ball formt. Mische den Traganth unter, lege die Paste dann auf eine Arbeitsfläche und knete sie gut durch.
2 Arbeite den restlichen Puderzucker ein, um eine steife Paste zu bekommen. Die Paste kann in einen Gefrierbeutel verpackt und in einem luftdichten Behälter verschlossen im Kühlschrank bis zu einem Monat lagern.

Schokoladenganache

Verwendet man als Füllung oder Überzug für Kuchen. Ich nehme sie gern auf Cupcakes. Ein MUSS für alle Schokoholics! Nimm nur die beste Schokolade - für einen Spitzengenuß.

★ Zartbitterganache

Zutaten
☆ 200 g Zartbitterschokolade
☆ 200 ml Schlagsahne

★ Weiße Ganache

Zutaten
☆ 600 g weiße Schokolade
☆ 80 ml Schlagsahne

Schmelze die Schokolade mit der Sahne in einer Schüssel über einem heißen Wasserbad unter ständigem Rühren, bis beide vermischt sind. Alternativ kannst Du auch die Mikrowelle auf niedrigster Stufe nutzen und alle 20 Sekunden umrühren. Die Ganache kann warm verwendet werden, sobald sie leicht eingedickt ist und eine gießfähige Konsistenz hat, oder man lässt sie abkühlen, um sie mit einer Palette aufzustreichen.

Royal Icing (Eiweißspritzglasur)

Royal Icing wird verwendet für die Arbeit mit Schablonen oder um kleine Details zu spritzen. Hier folgen Rezepte für zwei Herstellverfahren.

★ Schnelles Royal Icing

Diese schnelle Methode ist ideal, wenn es eilt oder Du nur ein paar kleine Arbeiten erledigen willst.

Zutaten
☆ 1 Eiweiß Größe L
☆ 250 g Puderzucker

Gib das Eiweiß in eine Schüssel, schlage es leicht auf und dann gib nach und nach den Puderzucker hinzu bis die Masse glänzt und weiche Spitzen formt.

★ Professionelles Royal Icing

Diese Methode ist aufwändiger, erzeugt aber eine bessere Qualität - ideal für das Spritzen feinerer Details. Deine Arbeitsmittel müssen absolut sauber sein, denn selbst kleinste Fettreste zerstören das Icing.

Zutaten
☆ 90 g Eiweiß von ca. 3 Eiern Größe L
☆ 455 g Puderzucker
☆ 5–7 Tropfen Zitronensaft

1 Trenne die Eier schon einen Tag vorher, schlage sie durch ein feines Sieb oder Teesieb, decke das Eiweiß ab und stelle es in den Kühlschrank, damit es sich stärker ausbilden kann.

2 Gib das Eiweiß in die Rührschüssel der Küchenmaschine. Rühre den Puderzucker ein und gib den Zitronensaft hinzu.

3 Rühre mit den Rührbesen so langsam wie möglich zwischen 10 und 20 Minuten, bis das Icing weiche Spitzen hat. Wie lange es dauert, hängt von Deiner Küchenmaschine ab. Aber Achtung – nicht zu viel rühren! Kontrolliere es durch Entnahme einer kleinen Menge Icing. Sobald es eine Spitze bildet, die leicht umfällt, hat es die richtige Konsistenz.

4 Lagere das Icing in einem luftdichten Behälter, decke es erst mit Frischhaltefolie und dann mit einem feuchten, sauberen Tuch ab, bevor Du den Deckel schließt und es im Kühlschrank aufbewahrst. So verhinderst Du Krustenbildung.

Tipp
Die besten Ergebnisse erzielst Du, wenn Royal Icing Zimmertemperatur hat

Kleber

Meistens genügt einfaches Wasser, um Deine Zuckerdekorationen am Kuchen zu befestigen. Falls Du doch einmal etwas Stärkeres brauchst, hast Du hier zwei Optionen:

★ Zuckerkleber

Ein schneller, einfacher und sofort verfügbarer Kleber. Meine bevorzugte Wahl. Brösele kleine Stückchen weißer Modellierpaste in einen kleinen Behälter und bedecke sie mit kochendem Wasser. Rühre so lange, bis sich alles aufgelöst hat. Das ergibt einen dicken, kräftigen Kleber, der ganz einfach durch Zugabe von kaltem Wasser verdünnt werden kann. Wenn für schwierige Arbeiten ein noch stärkerer Kleber gebraucht wird, dann nimm Pastillage statt Modellierpaste.

★ Gum glue (Kleber aus CMC)

Dieser klare Kleber ist im Handel erhältlich, oft unter dem Namen edible glue (essbarer Kleber), aber Du kannst ihn auch selbst herstellen. Die Zutaten sind 1 Teil CMC (Tylose) auf 20 Teile warmes Wasser, z.B. 1,5 ml CMC (Tylose) auf 30 ml warmes Wasser. Gib das CMC in einen kleinen Behälter mit Deckel, gieß das Wasser dazu und schüttele gut durch. Lass die Mischung über Nacht im Kühlschrank. Am Morgen danach hast Du einen dicken, klaren Kleber, mit dem Du Deine Zuckerarbeiten zusammenkleben kannst.

Piping gel (spritzfähiges Gel)

Piping gel ist ein transparentes Mehrzweckgel, mit dem man sehr gut Zuckerpaste auf Keksen befestigen kann. Es hat Glanz und schimmernde Akzente. Im Handel erhältlich, aber auch einfach selbst herzustellen.

Zutaten

- ☆ 30 ml (2 EL) gemahlene Gelatine
- ☆ 30 ml kaltes Wasser
- ☆ 500 ml helles Sirup (Maissirup)

Streue die Gelatine auf das kalte Wasser in einen kleinen Topf und lass sie ca. 5 Minuten aufquellen. Erwärme das Ganze auf kleiner Flamme, bis die Gelatine klar und aufgelöst ist – nicht kochen! Gib das Sirup zu und rühre gründlich durch. Im Kühlschrank bis zu zwei Monate haltbar.

Weißes Pflanzenfett

Als ein festes weißes Pflanzenfett oft unter dem Markenname in jeweiligen Land bekannt: In Deutschland Biskin oder Palmin, in Österreich Ceres, In England Trex oder White Flora. Diese Produkte sind mehr oder weniger austauschbar in der Tortendekoration.

Aprikosenglasur

Diese Glasur wird oft verwendet, um Marzipan an Früchtekuchen zu befestigen. Du kannst auch andere Geeles nehmen, z.B. Apfelgelee. Rotes Johannisbeergelee ist köstlich auf Schokoladenkuchen, wenn er mit Marzipan eingedeckt wird.

Zutaten

- ☆ 115 g Aprikosenmarmelade
- ☆ 30 ml Wasser

Beides zusammen in einem Topf langsam erhitzen, bis das Gelee geschmolzen ist. Dann für 30 Sekunden aufkochen. Streiche die Masse durch ein Sieb, falls Fruchtstücke darin sind. Verwende die Glasur warm.

Kuchen und Cake-Boards eindecken

Folge diesen Anleitungen, um Deinen Torten, Cupcakes, Keksen und Cake-Bords ein sauberes und professionelles Äußeres zu verleihen. Mit Sorgfalt und etwas Übung wirst Du Deinen Projekten bald ein perfektes, glattes Aussehen geben.

Den Kuchen gerade schneiden

Als wichtige Ausgangsbasis für Dein Meisterstück brauchst Du einen akkurat geraden Kuchen. Abhängig von der Art des Kuchens hast Du zwei Möglichkeiten:

Methode 1 Halte ein Geodreieck an die Seite des Kuchens und markiere mit einem scharfen Messer eine Linie in der gewünschten Höhe rund um den Kuchen: 7 – 7,5 cm. Schneide mit einem großen Brot- oder Konditormesser die kuppelförmige Kruste ab.

Methode 2 Nimm den Kuchen aus der Form und lege ein Cake-Board hinein. Danach kommt der Kuchen wieder in die Form. Nun ragt er soweit aus Form heraus, wie das Cake-Board dick ist. Die Oberkante der Form ergibt eine sichere Führung, um den Kuchen gerade abzuschneiden. (**A**). Den Vorgang kannst Du mehrfach wiederholen, um den Kuchen in Schichten zu schneiden.

A

Kuchen füllen

Viele Menschen lieben Rührkuchen gefüllt mit Marmelade und / oder Buttercreme. Um den Kuchen zu füllen, schneidest Du ihn in mehrere waagrechte Schichten und füllst ihn dann ganz nach Deinem Geschmack (**B**).

B

Mengenangaben Marzipan und Rollfondan

Kuchengröße			
Rund	Viereckig	Kugel	Marzipan und Rollfondant 5 mm dick
7,5 cm			275 g
10 cm	7,5 cm	10 cm	350 g
12,5 cm	10 cm		425 g
15 cm	12,5 cm	13 cm	500 g
18 cm	15 cm		750 g
20 cm	18 cm	15 cm	900 g
23 cm	20 cm		1 kg
25,5 cm	23 cm		1,25 kg
28 cm	25,5 cm		1,5 kg
30 cm	28 cm		1,75 kg
33 cm	30 cm		2 kg
35,5 cm	33 cm		2,25 kg

Beachte: Diese Mengen Marzipan / Rollfondant brauchst Du, um einen Kuchen einzudecken. Wenn Du mehrere Kuchen eindeckst, reduziert sich die Gesamtmenge, da Du die Randabschnitte wiederverwenden kannst.

Kuchen einfrieren

Kuchen einzufrieren bedeutet nicht nur, dass Du sie im Voraus backen kannst, sondern erleichtert Dir auch das Schneiden und Schnitzen ohne viele Krümel und abbrechende Teile. Wie hart der Kuchen wird, hängt von der Einstellung des Gefrierschrankes ab – evtl. musst Du den Kuchen etwas antauen lassen bevor Du ihn schnitzen kannst.

Kuchen mit Marzipan eindecken

Ein Früchtekuchen sollte mit Marzipan eingedeckt werden, bevor er mit Rollfondant überzogen wird. Zum einen für den zusätzlichen Geschmack, zum anderen um die Feuchtigkeit einzuschließen und um zu verhindern, dass die Früchte den Rollfondant auflösen.

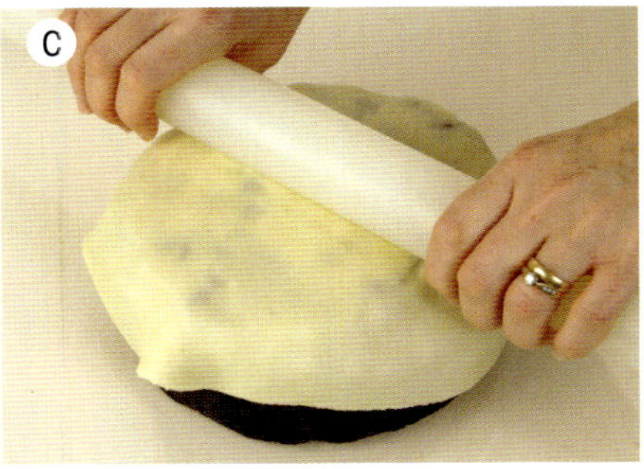
C

D

E

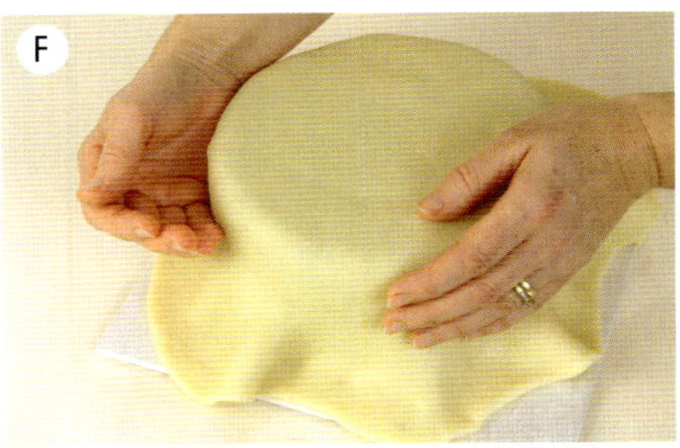
F

G

1 Packe den Kuchen aus und rolle mit einem Rollstab über die Oberfläche, um ihn etwas zu glätten. Wird der Kuchen auf ein silbernes Cake-Board platziert, bedecke die Oberfläche des Kuchens mit einer sehr dünnen Schicht Marzipan und rolle mit dem Rollstab darüber (**C**). Damit wird verhindert, dass die Fruchtsäure den silbernen Bezug des Boards auflöst, wenn der Kuchen einige Zeit darauf liegt.

2 Dreh den Kuchen um, damit wird der Boden zur Oberseite und stelle ihn auf ein mit Wachspapier bedecktes Cake-Board. Entferne den Marzipanüberschuss an den Seiten.

3 Knete das Marzipan weich (siehe Tipp unten).

4 Streiche warme Aprikosenglasur in den Spalt am Boden des Kuchens. Rolle das Marzipan zu einem langen Strang und lege ihn um die Basis des Kuchens. Presse ihn mit einem Glätter hinein, um den ganzen Spalt auszufüllen (**D**).

5 Streiche den Kuchen mit warmer Aprikosenglasur ein und nimm kleine Marzipanstücke, um alle Löcher zu füllen. Rolle das Marzipan zwischen 5 mm Ausrollhölzern auf Puderzucker oder Pflanzenfett aus, damit es nicht an der Arbeitsfläche klebt. Dreh das Marzipan beim Ausrollen, um die passende Form zu bekommen, aber wende es nicht um.

6 Hebe das Marzipan mithilfe des Rollstabes hoch und lege es auf den Kuchen (**E**). Glätte die Oberfläche mit einem Glätter um Luftblasen zu entfernen, dann drücke das Marzipan mit der hohlen Hand und einer Aufwärtsbewegung an den Seiten fest, jede Falte ausstreichend (**F**). Glätte die obere runde Kante mit den Händen und die Seiten mit dem Glätter.

7 Drücke nach und nach mit dem Glätter um die untere Kuchenkante herum in das überschüssige Marzipan. Dann entferne es, um einen sauberen Abschluss zu haben (**G**). Lass das Marzipan an einem warmen trockenen Platz 24 – 48 Stunden abtrocknen, um für die Dekoration eine festere Basis zu haben.

Tipps für Marzipan

★ Nimm weißes Marzipan mit glatter Beschaffenheit und hohem Mandelgehalt (mind. 23,5 %).

★ Verwende besser keine Bäckerstärke zum Ausrollen von Marzipan. Damit schließt Du unerwünschte Gärung aus.

★ Stelle sicher, dass niemand mit Nussallergien von diesem Kuchen isst – das ist sehr wichtig, denn es könnte fatale Folgen haben.

Tipp

Knete Marzipan nicht zu viel – das setzt Öle frei und verändert seine Konsistenz.

Kuchen mit Rollfondant eindecken

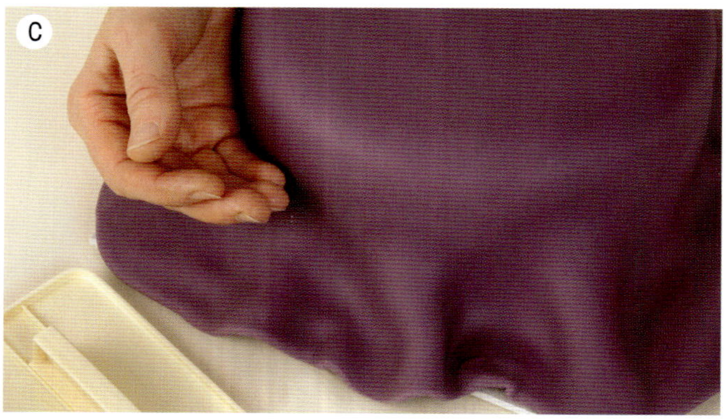

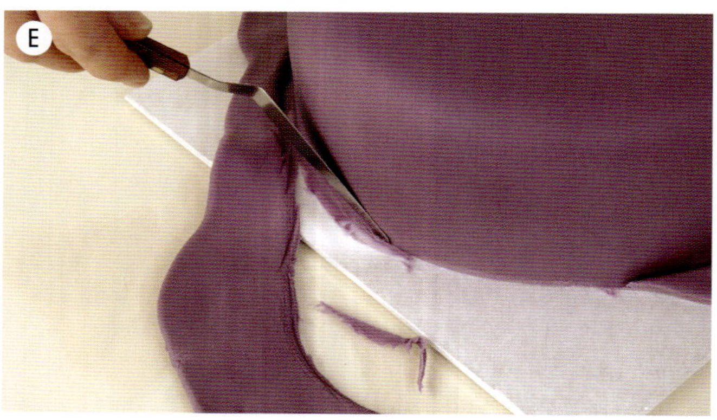

1 Bei einem Früchtekuchen wird die Oberfläche mit einer dünnen Schicht klaren Alkohols (z.B. Gin, Wodka) überzogen, um die Bildung von Luftblasen unter dem Rollfondant zu vermeiden. Einen Rührkuchen legst Du auf ein Hardboard in der Größe des Kuchens und stellst ihn damit auf Wachspapier. Bestreiche den Kuchen gleichmäßig mit einer dünnen Schicht Buttercreme, um etwaige Löcher zu füllen und um den Rollfondant am Kuchen zu befestigen.

2 Knete den Rollfondant warm und dehnbar. Rolle ihn auf einer mit Pflanzenfett leicht eingefetteten Oberfläche aus. Das ist besser als auf Puderzucker, denn so trocknet der Fondant nicht aus und hat auch keine Zuckerspuren. Rolle ihn mit Hilfe von Ausrollhölzern auf eine gleichmäßige Stärke von 5 mm (**A**).

3 Hebe den Fondant vorsichtig mit Hilfe des Rollstabes über den Kuchen und bedecke ihn damit (**B**). Glätte die Oberfläche mit dem Glätter und entferne alle Blasen und Dellen. Streiche die obere Kante mit der Handinnenfläche glatt. Achte darauf, dass Deine Hände immer sauber, trocken und frei von Kuchenkrümeln sind, bevor Du den Fondant glatt streichst.

4 Drücke den Fondant mit der hohlen Hand und einer Aufwärtsbewegung an die Seiten des Kuchens an, um der Kuchenform zu folgen (**C**). Drücke nie Falten in den Fondant, sondern öffne sie und verteile die Paste neu, bis der Kuchen komplett eingedeckt ist. Ebne die Seiten mit dem Glätter.

5 Streiche mit dem Glätter entlang der unteren Kante, drücke ihn dabei herunter und ziehe eine Linie zum Schneiden (**D**). Schneide die überschüssige Paste mit einer Winkelpalette (**E**) ab, um eine saubere, glatte Kante zu bekommen (**F**).

Kuchen mit scharfen Kanten eindecken

Manchmal benötigt ein Kuchen scharfe Kanten, wie z. B. die Hutschachteln im Kapitel „Schablonen". Um die Kanten beizubehalten, deckst Du den Kuchen mit separaten Fondant-Stücken ein. Du erhältst dann einen Spalt und musst Dich entscheiden, ob dieser an der Seite oder oben auf dem Kuchen liegen soll. Bei den Hutschachteln ist der Spalt an der Seite und wird vom Deckelrand abgedeckt. Hier wurden erst die Seiten und dann die obere Seite eingedeckt.

★ Die Seiten

1 Knete den Fondant warm, dann rolle ihn zu einem Strang mit der Länge, die dem Kuchenumfang entspricht. Lege den Strang auf Deine Arbeitsfläche und rolle die Paste aus, bis sie mindestens so breit ist wie die Höhe des Kuchens und 5 mm dick. Schneide eine Längsseite gerade.

2 Streiche die Seiten des Kuchens mit einer dünnen Schicht Buttercreme ein. Rolle die Paste vorsichtig auf, dann wickele sie um die Kuchenseite mit der geradegeschnittenen Seite an der unteren Kante des Kuchens (**G**). Ebne die Oberfläche mit einem Glätter, mache sie glatt und gleichmäßig.

3 Entferne die überschüssige Paste grob mit einer Schere. Bitte beachten: Das wird noch kein sauberer Abschluss!

4 Drücke die Paste mit dem Glätter teilweise an der oberen Kante des Kuchens an, nun erst entfernst Du den Pastenüberschuss sauber mit einer Winkelpalette, die Du gegen den Glätter drückst (**H**).

★ Die obere Seite

1 Rolle Fondant für die obere Seite des Kuchens aus. Platziere das Stück vorsichtig auf den Kuchen. Schneide die überhängende Paste grob mit einer Schere ab.

2 Streiche die Oberfläche glatt, lege dann den Glätter so auf die Oberfläche, dass er am Rand etwas übersteht. Nun schneidest Du den Pastenüberschuss mit einer Winkelpalette ab, die Du gegen den Glätter drückst (**I**).

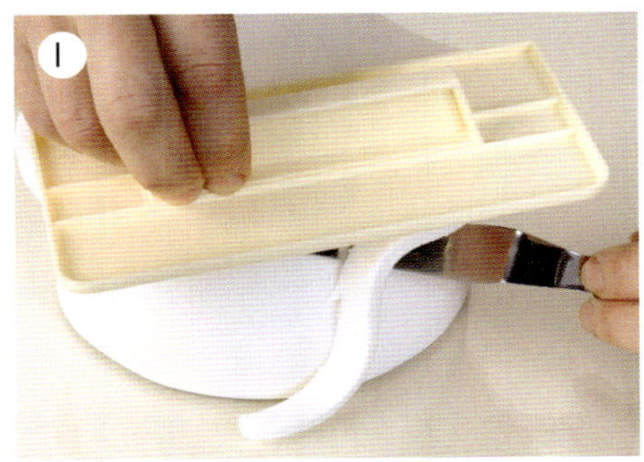

Eine Kugel eindecken

1 Stelle den Kuchen auf Wachspapier und decke ihn mit Buttercreme oder Marzipan ein.

2 Rolle den Fondant 5 mm dick aus, möglichst kreisförmig mit einem Durchmesser, der dem Umfang der Kugel entspricht. Lege die Paste über die Kugel (**J**), lockere die Paste an der Kuchenbasis und fassen den Überschuss in zwei oder drei Falten zusammen (**K**). Schneide die Paste mit einer Schere ab und glätte die Spalten (**L**), sie sollten durch Deine Handwärme ganz schnell verschwinden.

3 Schneide alle überschüssige Paste an der Kuchenbasis ab. Streiche den Kuchen mit dem Glätter und Deiner Hand mit senkrechten Strichen glatt (**M**). Lass Dir dabei Zeit, die Paste trocknet nicht, wenn Du sie kontinuierlich bearbeitest. Stell den Kuchen später zum Trocknen zur Seite.

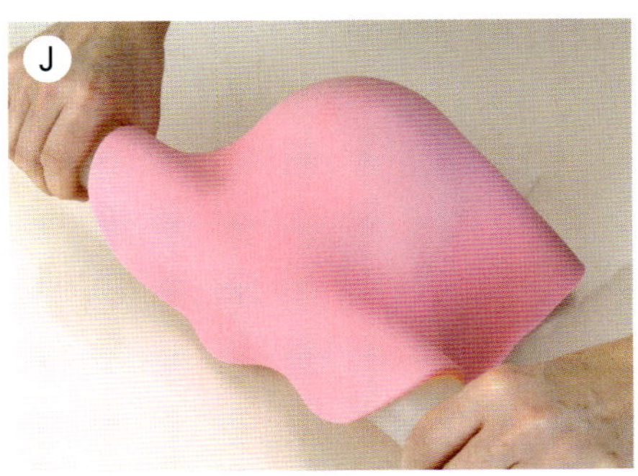

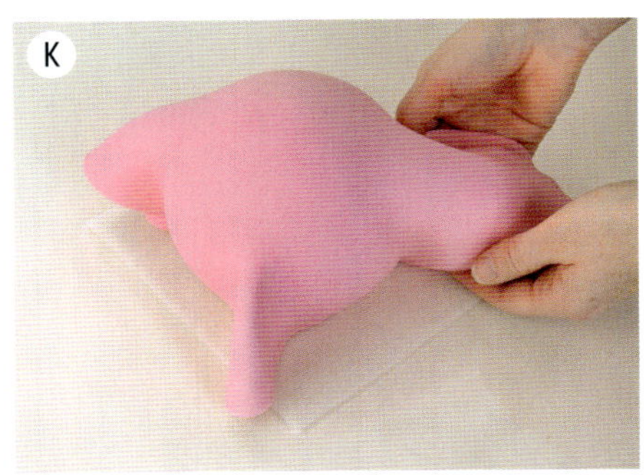

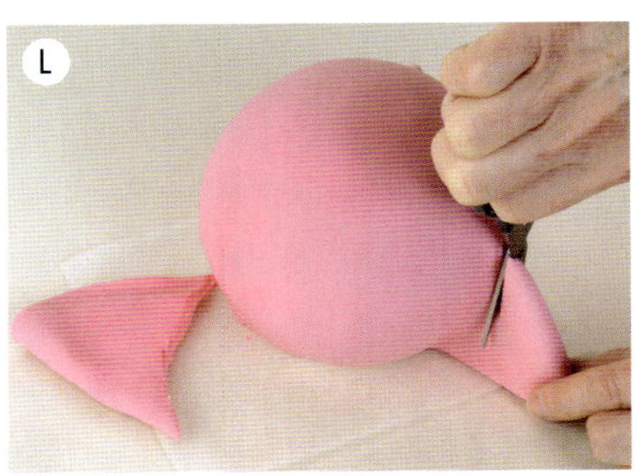

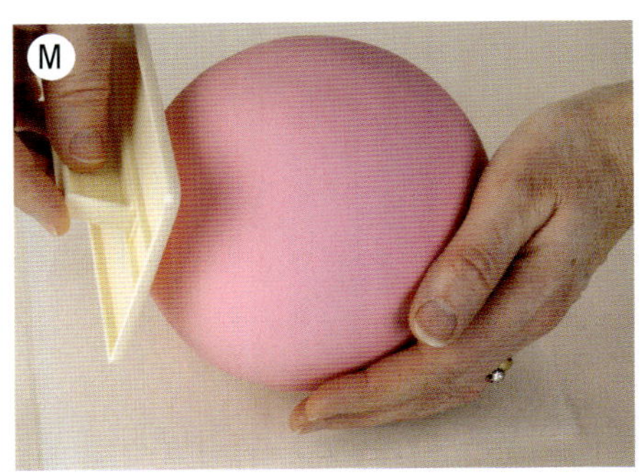

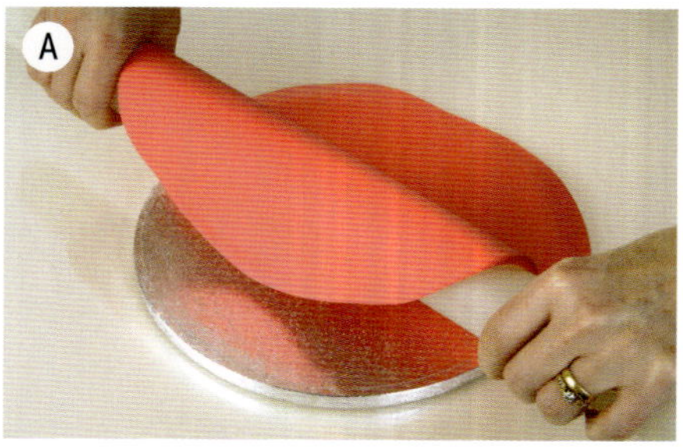

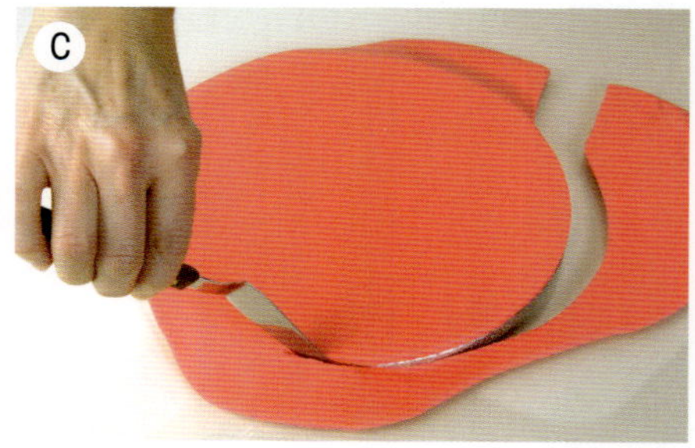

Cake-Boards eindecken

Ein mit Fondant eingedecktes Cake-Board gibt Dir weiteren Raum für Dekorationen, es vervollständigt und ergänzt Dein Tortendesign.

1 Rolle mit Hilfe von Ausrollhölzern den Fondant zu einer Stärke von 4 – 5 mm aus.

2 Befeuchte das Cake-Board mit kaltem Wasser oder Zuckerkleber. Lege die Paste über das Board (**A**). Kreise mit dem Glätter über die Paste, um eine glatte gleichmäßige Oberfläche zu erhalten (**B**).

3 Schneide die Paste mit einer Winkelpalette an der Kante des Boards ab, achte dabei auf senkrechte Schnittkanten (**C**). Das eingedeckte Board sollte über Nacht völlig durchtrocknen.

Eindecken inklusive der Seiten

Um ein Cake-Board mitsamt seiner Seiten einzudecken wie z.B. die Korallentorte im Kapitel „Spritzen", lege das Board zuerst auf ein kleineres Board, um es von der Arbeitsfläche abzuheben. Rolle den Fondant aus und lege ihn über das Board. Streiche kreisförmig mit dem Glätter darüber, um eine gleichmäßige Oberfläche zu erhalten; die runden Kanten glättest Du mit der Hand. Schneide mit einer Winkelpalette die Paste an der unteren Kante ab. Achte dabei auf eine waagrechte Schnittkante (**D**). Dann lass das Board trocknen.

Mini-Kuchen eindecken

Mini-Kuchen werden genauso eingedeckt wie Standardgrößen, nur der Maßstab ist kleiner. Der Fondant schlägt hier mehr Falten, also denke daran, die Falten zu öffnen (**E**), bevor Du die Paste der Form angleichst (**F**). Es kann vorkommen, dass die Paste an der Kuchenbasis dicker ist als oben – zur Lösung dieses Problems rollst Du den Kuchen zwischen zwei geraden Glättern, um die Paste gleichmäßig zu verteilen und senkrechte Seiten zu bekommen (**G**).

Tipp

Luftblasen unter dem Fondant stichst Du schräg mit einem Scriber oder einer sauberen Stecknadel an und drückst die Luft heraus.

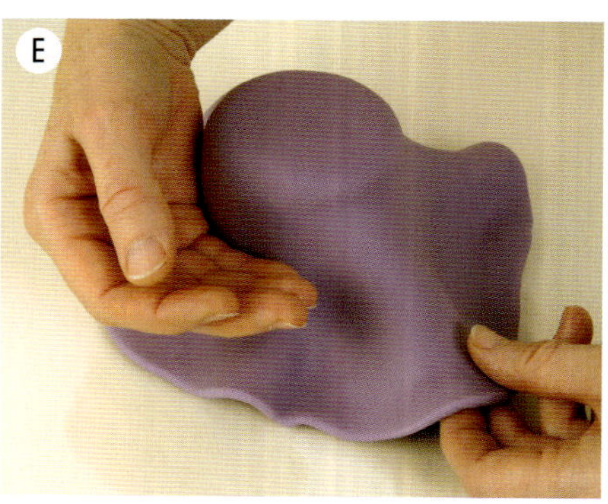

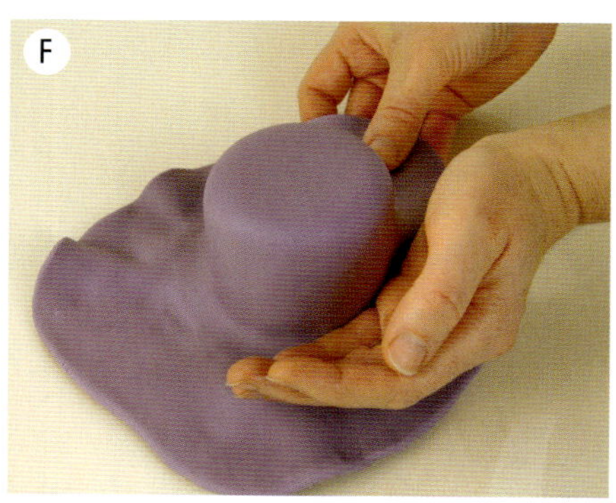

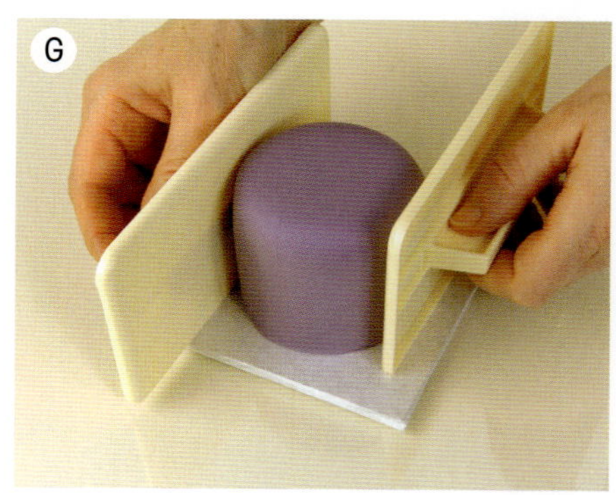

Cupcakes eindecken

Vor dem Eindecken der Cupcakes ist etwas Vorbereitung sinnvoll. Nicht alle Cupcakes kommen perfekt aus dem Ofen, manche müssen mit einem scharfen Messer begradigt, andere mit passender Füllung aufgestockt werden.

1 Prüfe jedes einzelne Cupcake, ob die Dekoration wie geplant darauf passt und bessere alle Cupcakes aus, die nicht passen.

2 Damit der Fondant auf den Cupcakes haften bleibt, befeuchte sie mit einem passenden Sirup oder mit Alkohol, oder streiche sie dünn mit Buttercreme bzw. Ganache ein – das verleiht ihnen auch noch einen zusätzlichen Geschmack.

3 Knete den Fondant warm und elastisch. Rolle ihn auf einer leicht eingefetteten Arbeitsfläche 5 mm dick aus. Benutze Ausrollhölzer, um eine gleichmäßige Dicke zu bekommen (**H**).

4 Steche mit einem passenden Ausstecher Kreise aus dem Fondant aus (**I**). Die Größe hängt von der benutzen Backform, den Papierförmchen und der Kuppelhöhe der Cupcakes ab.

5 Hebe mit einer Winkelpalette die Kreise vorsichtig auf jedes Cupcake (**J**). Passe den Fondant der Form des Cupcakes an, damit die gesamte Oberfläche bedeckt ist.

Kekse eindecken

Fondant ist ein ausgezeichnetes und sehr vielseitiges Medium für die Keksdekoration, mit dem Du äußerst kreativ sein kannst.

1 Fette Deine Arbeitsfläche mit weißem Pflanzenfett ein, damit der Fondant nicht klebt. Knete den Fondant solange, bis er warm und weich ist.

2 Rolle den Fondant 5 mm dick aus und steche mit dem zum Keksbacken benutzten Ausstecher die Form aus (**K**). Entferne den Pastenüberschuss.

3 Streiche mit einem Pinsel Piping Gel als Kleber über die Keksoberfläche (**L**) oder nimm alternativ Buttercreme, bzw. erhitzte Marmelade. Hebe die ausgestochene Paste mit einer Winkelpalette vorsichtig an, ohne die Form zu zerstören, und lege sie auf den Keks (**M**). Sollte beim Ausstechen ein unsauberer Rand entstanden sein, streiche ihn vorsichtig mit dem Finger glatt, bevor Du die Paste auf den Keks legst.

4 Glätte mit dem Finger die obere Kante der Paste, bis sie schön rund ist.

Tipp

Wird der Keks nur teilweise eingedeckt, dann bringe auch nur auf diesen Teil Piping Gel auf.

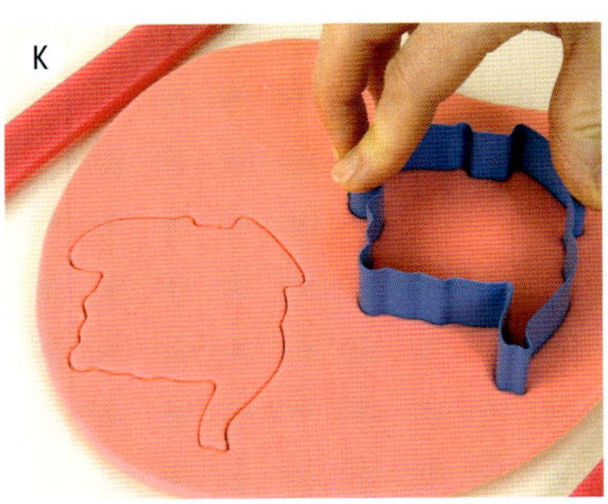

Kuchen aufeinanderstapeln

Eine mehrstöckige Torte braucht wie ein Gebäude eine innere Stütze, damit sie nicht einstürzt. Der korrekte Aufbau dieser Stütze ist wichtig, damit sie die aufgebrachten Gewichte tragen kann. Folge der Anleitung sehr genau – der Zeitaufwand zahlt sich aus.

Die Kuchen abstützen

Alle gestapelten Kuchen benötigen Stützen - außer dem ganz oben liegenden.

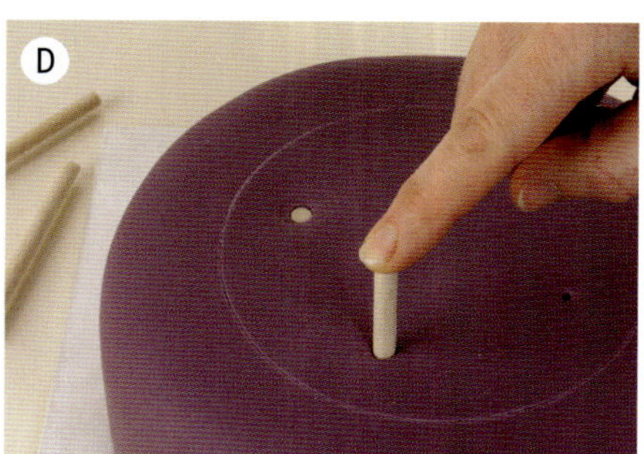

1 Stelle alle Kuchen, die gestapelt werden sollen, auf Hardboards in der Größe des Kuchens und decke sie mit Fondant ein – die nicht sichtbaren Boards geben dem Kuchen, bzw. dem gesamten Stapel die erforderliche Stabilität.

2 Um das Gewicht zu tragen, müssen alle Kuchen -außer dem obersten- Stützen bekommen. Lege in die Mitte des untersten Kuchens ein Board in der Größe des darauf folgenden Kuchens. Zeichne entlang der Außenkante eine sichtbare Linie (**A**).

3 Etwa 2,5 cm von Rand entfernt steckst Du eine Stütze senkrecht in den Kuchen bis auf das Board darunter. Markiere die genaue Höhe mit einem Messer oder einem Bleistift (**B**) und zieh die Stütze wieder heraus.

4 Klebe vier Stützen mit einem Band zusammen und übertrage die Markierung mit einem Bleistiftstrich auf das Band. Achte darauf, dass die Markierung rechtwinklig zu den Stützen verläuft (**C**). Säge die Stützen mit einer kleinen Säge ab.

5 Stecke eine Stütze in das Messloch (12 Uhr) und die anderen Stützen auf 3, 6 und 9 Uhr (**D**).

6 Wiederhole Schritt 1 – 5 für alle anderen, außer dem obersten Kuchen. Achte darauf, dass alle Stützen genau senkrecht platziert werden, alle die gleiche Länge und eine flache Schnittkante haben.

Topsy Turvys abstützen

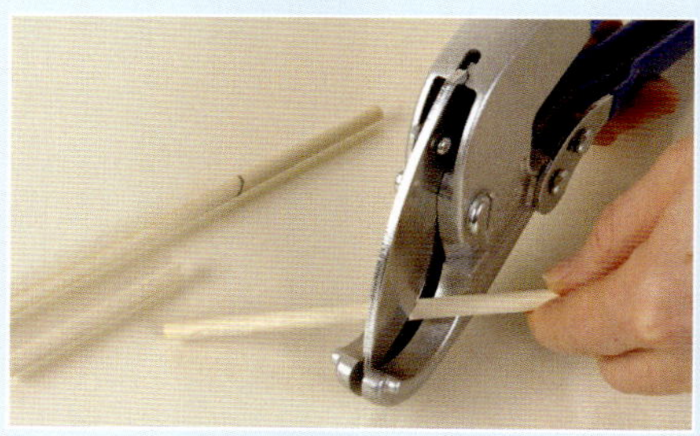

Der einzige Unterschied zum geraden Kuchen ist, dass beim schrägen Topsy Turvy jede Stütze einzeln gemessen werden muss und dass die obere Kante genauso schräg sein muss wie der Kuchen. Ich benutze dazu eine scharfe Rohrschneidezange.

Kuchen aufeinanderstapeln

Decke jeden Kuchen ein und stütze ihn ab, bevor Du stapelst. Gib 15 ml (1 EL) Royal Icing in die markierte Fläche des untersten Kuchens. Dann stellst Du den nächsten Kuchen unter Beachtung der Markierung darauf. Wiederhole dies mit allen weiteren Kuchen.

Lagerung

Die nachstehenden Einflüsse beeinträchtigen die Qualität Deiner dekorierten Kuchen und Kekse. Du solltest sie bestmöglich davor schützen.

☆ Sonnenlicht bleicht Farben aus und verändert sie, deshalb lagere immer an einem dunklen Ort.

☆ Feuchtigkeit kann Dekorationen aus Modellierpaste und Pastillage auflösen, die Paste wird weich und freistehende Teile fallen zusammen. Dunkle Farben können in helle Flächen auslaufen und silberne Dekorationen – ob essbar oder nicht – können anlaufen.

☆ Wärme kann den Überzug schmelzen, besonders Buttercreme, und kann verhindern, dass der Fondant abtrocknet.

★ Cupcakes

Lagere abgekühlte Cupcakes in einem luftdichten Behälter bei Zimmertemperatur bis Du sie dekorierst. Damit sie nicht austrocknen, dekoriere sie erst kurz bevor sie gegessen werden. Ist das nicht möglich, decke die gesamte Oberfläche jedes Cupcakes mit Folie oder hochwertigem Wachspapier ab, um die Feuchtigkeit zu versiegeln.

Cupcake-Kartons sind bestens für den Transport geeignet – einfache Kartons mit einem Einleger, damit die Cupcakes nicht rutschen. Die Kartons sind stapelbar, damit sind die Cupcakes leicht zu tragen. Kartons gibt es in unterschiedlichen Größen - von einem bis zu 24 Aussparungen.

★ Kuchen

Lagere Deinen Kuchen sicher in einem sauberen, abgedeckten Kuchenkarton an einem kühlen dunklen Ort, aber nie im Kühlschrank. Ist der Karton etwas größer als der Kuchen, lege für den Transport eine gleitfeste Matte unter, damit der Kuchen nicht rutscht.

★ Kekse

Kekse halten sehr gut, Du kannst sie im Voraus backen und dekorieren. Dekoriert und abgetrocknet packe ich meine Kekse zum Schutz gern in Kekstüten ein. Wenn Du größere Mengen machst, denn lass die Dekoration gut trocknen und lagere sie in luftdichten Behältern mit Zwischenlagen von Küchenpapier.

★ Mini-Kuchen

Eine hübsche Idee für die Lagerung ist es, die Mini-Kuchen in kleine Kunststoffschachteln zu packen. So werden sie gleichzeitig präsentiert und gestapelt.

Portionsangaben

Die Anzahl der Portionen eines Kuchens hängt von seiner Schnittfähigkeit und dem Geschick der schneidenden Person ab. Beim Früchtekuchen, rechts in der Tabelle, wurden viereckige Stücke von 2,5 cm zugrunde gelegt, aber viele Caterer schneiden kleiner. Es empfiehlt sich, immer mehr Portionen einzuplanen. Rührkuchen wird in 5 x 2,5 cm geschnitten, mind. doppelt so groß wie Früchtekuchen. Plane mehr Kuchen für größere Portionen ein, z.B. für eine Geburtstagsfeier.

★ Wie den Kuchen aufschneiden?

Schneide zuerst einmal mitten durch, dann in parallelen Linien von 2,5 cm Abstand. Danach schneide noch einmal im rechten Winkel mittig durch und teile die Streifen in der gewünschten Breite auf – 5 cm für Rührkuchen, 2,5 cm für Früchtekuchen.

Portionsübersicht

Kuchengröße			Ungefähre Stückzahl	
Rund	Viereckig	Kugel	Früchte-kuchen 2,5 x 2,5cm	Rührkuchen 5 x 2.5cm
7,5 cm			9	4
10 cm	7,5 cm	10 cm	12	6
12,5 cm	10 cm		16	8
15 cm	12,5 cm	13 cm	24	12
18 cm	15 cm		34	17
20 cm	18 cm	15 cm	46	24
23 cm	20 cm		58	28
25,5 cm	23 cm		70	35
28 cm	25,5 cm		95	47
30 cm	28 cm		115	57
33 cm	30,5 cm		137	68
35, 5 cm	33 cm		150	75

Kuchen schnitzen

Die korrekte Form des Kuchens ist Grundvoraussetzung für ein gelungenes Kuchendesign. Wenn Du vor dem Schnitzen zurückschreckst, beschränkst Du Dich nur auf die Grundformen, obwohl es mit einem scharfen Messer und etwas Mut möglich ist, die Form vom Gewöhnlichen ins Außergewöhnliche zu verändern. Wenn Du die Grundkenntnisse des Schnitzens beherrscht, hast Du die meisten Formen mit etwas Übung schnell im Griff. In diesem Kapitel lernst Du, eine einfache Form zu schnitzen, mit Hilfe von Vorlagen eine komplexere Form zu erstellen und schließlich eine ganz ausgefallene Topsy Turvy zu gestalten.

Kapitelinhalt:

Tipp

Sei mutig beim Schnitzen – Kuchen sind nicht angsteinflößend und alle Fehler sind essbar!

Modernes Meisterstück

Die Linienführung dieses Kuchens entstand durch Schnitzen jeder Stufe in entgegengesetzten Winkeln, um einen schrägen Effekt zu erhalten – perfekt für das von Kandinsky inspirierte Design. Im Kapitel Anleitungen findest Du schrittweise Anleitungen für alle Kuchen dieses Buches.

Auswahl des richtigen Kuchens

Wenn Du einen Kuchen schnitzen willst, solltest Du ein Rezept wählen, das fest genug zum Schnitzen ist. Ich bevorzuge Madeira- oder einen guten Schokoladenkuchen (siehe Kuchen backen); Du kannst aber auch mit Deinen Lieblingsrezepten experimentieren. Versuche aber nicht, einen lockeren Biskuit zu schnitzen – er schmeckt natürlich köstlich, ist aber sehr schwer zu schnitzen und kann unter der Last des Fondants zusammenbrechen.

Füllen oder nicht?

Es ist nicht nötig, die Kuchen dieses Buches zu füllen. Allerdings mögen viele Leute Kuchen, die mit Marmelade und/oder aromatisierter Buttercreme gefüllt sind. Zum Füllen teilst Du den Kuchen in einige waagrechte Schichten und füllst ihn nach Wahl. Beste Ergebnisse bei geschnitzten Kuchen erhältst Du durch dünne Schichten Füllung – dickere Schichten machen ihn unstabil und damit zum Schnitzen ungeeignet. Fülle eine Lage nicht gleichzeitig mit Marmelade und Buttercreme – dann verrutscht die darauf liegende Kuchenschicht.

Tipps für das Schnitzen

★ Nimm ein langes scharfes Messer. Mit einem stumpfen Messer ist es harte Arbeit und die Schnitte sind nicht sauber. Eventuell brechen Stücke heraus – das ist zwar reparabel, aber eben nicht ideal.

★ Ein gefrorener Kuchen ist einfacher zu schnitzen als ein frischer. Du kannst ihn lange im Voraus backen und später komplizierte Formen schnitzen, ohne dass er krümelt. Eventuell vor dem Schnitzen leicht antauen lassen.

★ Die Form bestimmt, wie akkurat Du schnitzen musst. Formen aus der Natur müssen nicht symmetrisch sein, aber eine Topsy Turvy sollte exakt sein. Du brauchst dafür ein Lineal und ein Geodreieck, bei dem die „0" genau in der Ecke ist.

Einfache Formen schnitzen

Diese Bildfolge zeigt, wie Du aus einem runden Kuchen ein Herz schnitzt. Das Vorgehen ist aber auf viereckige und andere Form genauso anwendbar.

Patchwork Herz
Ein herzförmiger Kuchen zeigt Deine Zuneigung.

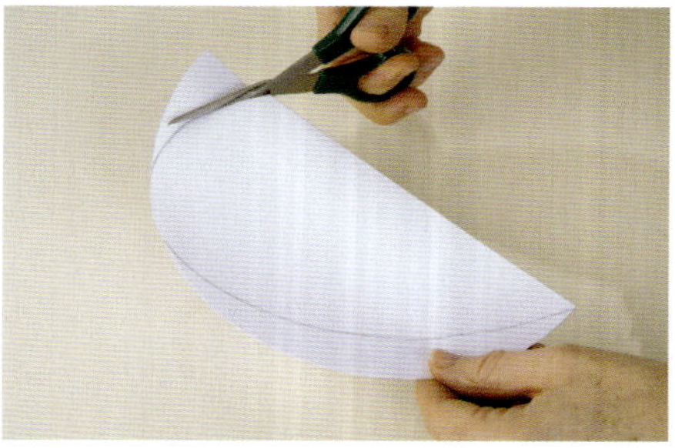

1 Backe einen runden Kuchen und begradige nach dem Abkühlen die Oberseite. Nimm einen Papierkreis der gleichen Größe und falte ihn zur Hälfte. Zeichne ein halbes Herz in der gewünschten Größe. Je nachdem ob pummelig oder schlank hast Du mehr oder weniger Kuchen. Schneide das Papierherz mit der Schere aus.

2 Befestige die Vorlage mit Zahnstochern auf dem Kuchen. Schneide den Kuchen mit einem scharfen Messer entlang des Schablonenrandes senkrecht durch, um ihm die Herzform zu geben.

3 Jetzt schnitze die Form von der Mitte aus vorsichtig runter zur Herzspitze. Dann schnitze die Kuchenseiten rund von der Mitte aus nach allen unteren Kanten. Schließlich noch die oberen Kanten abrunden.

Vorlagen benutzen

Das Anfertigen einer Vorlage zum Schnitzen einer Form ist oft der beste Einstieg. Die Bildfolge zeigt, wie eine Handtasche geschnitzt wird, aber das gleiche Vorgehen ist auch für andere Formen anwendbar.

Verrückt nach Fuchsia
Vorlagen machen auch komplizierte Formen möglich

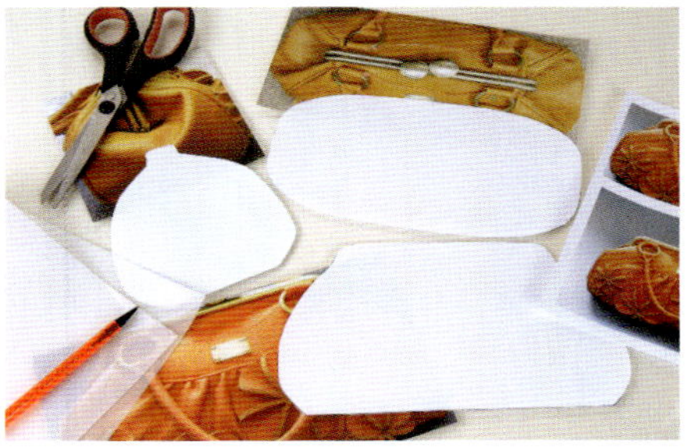

1 Fotografiere ein Objekt von vorne, hinten oben und den Seiten. Achte darauf, es möglichst gerade und nicht aus einem Winkel heraus zu fotografieren. Verkleinere alles auf eine passende Kuchengröße. Es ist wichtig, dass Länge, Breite und Höhe im richtigen Verhältnis bleiben. Diese Bilder werden Deine Vorlagen.

2 Begradige einen viereckigen Kuchen und halbiere ihn. Stapele die beiden Hälften zu einem 15 cm hohen Kuchen. Schneide zwei Vorlagen für die Vorderseite aus und befestige sie mit Zahnstochern an beiden Seiten des Kuchens.

3 Schnitze mit einem langen scharfen Messer genau rechtwinklig zur Vorlage den überschüssigen Kuchen weg – jetzt hast Du die Umrisse der Handtasche.

4 Lege die Vorlage der Oberseite auf den Kuchen und runde alle Ecken der Tasche mit langen graden senkrechten Schnitten ab.

5 Entferne die Vorlagen, dann markiere die obere Mitte, wo der Verschluss sein soll. Markiere mit Hilfe der Vorlage für die Seitenansicht eine Linie auf beiden Seiten der Mitte. Schneide den Kuchen entlang der Linien ca. 1,5 cm tief ein. Dann schneide von der Kante des Kuchens waagrecht zu dem eben gemachten Schnitt.

6 Den Rest musst Du frei Hand schnitzen. Entferne immer nur ein bisschen Kuchen an Vorder- und Rückseite, bis Du eine runde gutgeformte Tasche hast. Je mehr Du oben wegschneidest, umso schmaler sieht sie aus.

7 Nimm ein kleines Schälmesser, um die Seiten zu schnitzen. Mache einen senkrechten Schnitt an beiden Enden der Verschlussleiste. Lass die Messerspitze im Kuchen und schneide einen tropfenförmigen Keil heraus. Lass die Kanten der Tasche so scharf wie möglich. Runde zum Schluss den Bereich unter den Keilausschnitten ab.

Topsy Turvys schnitzen

Ein mehrstöckiger Kuchen in verschiedene Winkel geschnitzt, ist für viele die ultimative Herausforderung. Es ist aber nicht so schwer wie es scheint, wenn Du die Anleitung befolgst, einen Schritt nach dem anderen machst und immer wieder die Form prüfst.

A la Gaudi
Die lustige und verrückte Form dieses Kuchen -inspiriert von Antoni Gaudis Werk- ist einfacher als Du vielleicht denkst.

Die Kuchen backen

Du brauchst zwei bis vier runde Kuchen, etwa 7,5 cm hoch, je nachdem, wie viele Stufen Du schnitzen willst. Damit Dein Kuchen meinem ähnelt, sollte die Größendifferenz zwischen den Kuchen rund 7,5 cm sein.

Die Oberseite des Basiskuchens schnitzen

1 Schneide die Oberseite des Kuchens in 7,5 cm Höhe gerade (wenn er nicht so hoch ist, sieht das Ergebnis anders aus als meiner und Du musst eventuell die Abmessungen anpassen. Sonst gib ihm durch Unterlegen von Boards mehr Höhe). Nimm vier Zahnstocher, stecke einen im 45 °Winkel in die obere Kante (12 Uhr). Den nächsten gegenüber (6 Uhr), waagrecht in den Kuchen, 4 – 5 cm über dem Boden – die Höhe kann variieren (siehe Tabelle).

2 Stecke die beiden restlichen Zahnstocher zwischen den ersten beiden (3 und 9 Uhr) in den Kuchen – die Höhe entnimmst Du der Tabelle. Du erhältst so eine Schnitthilfe, um das Oberteil des Kuchens abzuschneiden. Orientiere Dich an den Zahnstochern und schneide mit einem langen scharfen Messer das Oberteil des Kuchens ab.

3 Lass die Scheibe liegen und lege ein etwas größeres Board auf den Kuchen. Dreh den ganzen Kuchen auf den Kopf und lege dann den Hauptteil des Kuchens zurück auf seine Unterlage.

4 Prüfe, ob die Seiten symmetrisch verlaufen und gleiche sie eventuell an. Streiche Buttercreme (bei Rührkuchen) oder Marmelade (bei Früchtekuchen) auf die Oberseite des Hauptteils.

5 Lass das Oberteil vom Board auf die vorbereitete Fläche gleiten, so dass der höchste Teil und der niedrigste Teil jeweils übereinander liegen, um den Winkel noch weiter zu erhöhen. Wenn Du genügend Zeit hast, empfiehlt es sich, den Kuchen jetzt einzufrieren. Topsy Turvys sind gefroren sehr viel leichter zu schnitzen und anzupassen.

Die Seiten des Basiskuchens schnitzen

1 Stelle den Basiskuchen auf den Kopf – auf seine schräge Oberseite. Lege ein rundes Board in der richtigen Größe (siehe Spalte „Basis Durchmesser" in der Tabelle) in die Mitte. Markiere mit einen kleinen Schnitt die Position des Boards (zum Korrigieren, wenn es verrutscht). Dann schneide von der Kante des Boards hinunter zur Außenkante des Kuchens auf der Arbeitsfläche.

2 Drehe den Kuchen zurück und begradige die Seiten, falls erforderlich. Prüfe auch, ob der Kuchen symmetrisch ist und korrigiere eventuell. Bei einem Rührkuchen schneidest Du noch mit einem kleinen Messer oder einer Schere die obere Kante rund.

Tipp

Nimm Dir Zeit, um die Form dieser Kuchen korrekt hinzubekommen – besonders beim ersten Versuch.

Die oberen Kuchen

Der einzige Unterschied zum Basiskuchen ist, dass bei den oberen Kuchen das Board nicht genau in der Mitte das Bodens liegt. Das Board muss etwas zum höchsten Punkt hin verschoben werden, um dem besten Effekt zu erzielen, z.B. sollte bei einem 12,5 cm das Board 1 cm vom höchsten Punkt entfernt sein. Siehe Tabelle unten.

Ausrichten und Stapeln

Stapele Deine Kuchen testweise, um Seiten und Winkel zu prüfen. Passe sie notfalls mit einem kleinen Messer an. Wenn alles stimmt, decke sie ein, stütze und stapele sie (siehe „Kuchen eindecken und Kuchen aufeinanderstapeln") – dann kannst Du dekorieren.

Maßangaben für Topsy Turvys aus Kuchen mit 7,5 cm Höhe

Kuchengröße	Höhe der Seiten			Boden Durchmesser	Erhöhe den Kuchen nach dem Schnitzen durch Unterlage von Cake Drums	Obere Kuchen – Entfernung des Boards vom höchsten Punkt
	Höchster Punkt (12 Uhr)	Niedrigster Punkt (6 Uhr)	Mittlere Punkte (3 und 9 Uhr)			
33 cm	7,5 cm	3,75 cm	5,6 cm	28 cm	2 x 15 mm Dicke Cake Drum	N/A
30,5 cm	7,5 cm	3,75 cm	5,6 cm	25,5 cm	2 x 15 mm Dicke Cake Drum	N/A
28 cm	7,5 cm	4 cm	5,75 cm	23 cm	1 x 15 mm Dicke Cake Drum	N/A
25,5 cm)	7,5 cm	4 cm	5,75 cm	20 cm	1 x 15 mm Dicke Cake Drum	1,5 cm
23 cm	7,5 cm	4,25 cm	5,9 cm	18 cm	N/A	1,5 cm
20 cm	7,5 cm	4,5 cm	6 cm	15 cm	N/A	1,25 cm
18 cm	7,5 cm	4,5 cm	6 cm	12,5 cm	N/A	1,25 cm
15 cm	7,5 cm	4,75 cm	6 cm	10 cm	N/A	1,25 cm
12,5 cm	7,5 cm	5 cm	6,25 cm	9 cm	N/A	1 cm
10 cm	7,5 cm	5 cm	6,25 cm	7,5 cm	N/A	8 mm
7,5 cm	7,5 cm	5 cm	6,25 cm	6 cm	N/A	6 mm

* 7,5 cm Kuchen sollen nur 7,5 cm hoch sein – hier wird das Oberteil nicht verwendet

Farbgestaltung

Die Auswahl der Farben ist einer der wichtigsten Aspekte bei der Tortendekoration. Du solltest Dir viel Zeit nehmen, um es absolut richtig zu machen. Farbe ist etwas sehr Subjektives, aber wir werden alle von bestimmten Farben angezogen. Ein Farbkreis hilft zu Beginn sehr, Farben auszuwählen, die gut zusammen passen. In diesem Kapitel findest Du Ideen zum Gebrauch von Farbe, wie Du Deine eigene Paste einfärbst und Möglichkeiten, wie Du aufregend farbige Muster herstellen kannst.

Kapitelinhalt:

Tipp

Farbkombinationen sind modeabhängig, also informiere Dich was gerade in ist.

Patchwork-Herz

Das Patchworkmuster dieses Kuchens erfordert sorgfältiges Abwägen von Farben und Mustern. Im Kapitel Anleitungen findest Du die schrittweise Anleitung für diesen Kuchen sowie Materiallisten und Anleitungen für alle Kuchen und Kekse dieses Kapitels.

Einführung in das Thema Farbe

Für die Auswahl und das Mischen von Farben ist eine Grundkenntnis der Farbtheorie und deren Anwendung besonders hilfreich. Das Thema Farbe ist umfangreich und faszinierend, aber diese einfachen Regeln helfen Dir, gelungene Farbschemata für Deine Kuchen zu entwickeln.

Der Farbkreis

Dieses System benutzen Künstler. Das Farbspektrum wird kreisförmig in seiner natürlichen Ordnung aufgebaut. Ein Kreis mit 12 Farben besteht aus den drei Primärfarben (rot, blau und gelb, die man nicht durch Mischen erhält), drei Sekundärfarben (Mischung von je zwei Primärfarben zu gleichen Teilen) und sechs Tertiärfarben (Mischung von Primär- und Sekundärfarbe z.B. orange mit gelb ergibt gelborange).

Man sollte wenigstens einmal einen Farbkreis gemalt haben – eine aufschlussreiche Übung. Obwohl aus den Primärfarben theoretisch alle anderen Farben erzeugt werden, sieht die Realität etwas anders aus – z.B. brauchst Du für grün ein anderes blau als für violett.

Auswahl eines Farbschemas

Es gibt keine richtigen oder falschen Farbkombinationen, aber die folgenden getesteten Schemata geben Dir eine gute Ausgangsbasis für eigene Experimente.

- ☆ **Ton-in-Ton:** Eine Farbe in verschieden hellen Abstufungen .
- ☆ **Nebeneinanderliegende Farben:** Zwei, drei oder vier Farben, die auf dem Farbkreis nebeneinander liegen. Diese Kombination erzeugt eine einfache und angenehme Harmonie durch die eng mit einander verbundenen Farben.
- ☆ **Komplementär:** Die Farben liegen sich auf dem Farbkreis gegenüber. Das sieht gut aus, denn jedes Farbenpaar enthält eine warme und eine kalte Farbe, z.B. Blau und Orange, Gelb und Violett, Rot und Grün.
- ☆ **Dreifarbenmodell:** Drei Farben, die mit gleichen Abständen auf dem Farbkreis liegen.
- ☆ **Mehrfarbig:** Viele Farben zusammen – das sieht mit Pastellfarben sehr gut, aus, da es weiche Farbtöne sind.

Wenn Du Anregungen für Farbkombinationen suchst, schau Dich nach Farben um, die andere Künstler verwenden. Suche nach Farben von Alltagsgegenständen, in Zeitschriften, auf Grußkarten, oder in der Folklore anderer Kulturen, um Kombinationen zu finden, die Dir gefallen. Du kannst auch mit Farbmusterkarten experimentieren, die im Baumarkt erhältlich sind.

Farbtemperatur – warme und kalte Farben

Orange und Rot sind warme Farben, Blau und Grün kalte. Von jeder Farbe gibt es jedoch kältere und wärmere Versionen. Zum Beispiel ergibt Rot mit einem Hauch Blau gemischt eine kältere Farbe als Rot-Orange. Interessanterweise erscheint eine eine warme Farbe neben einer kalten intensiver, als neben einer anderen warmen oder einer neutralen Farbe.

Komplementärfarben

Ton-in-Ton

Lebensmittelfarben

Es gibt viele verschiedene essbare Farben. Welche Du benötigst, hängt von der Art der Paste ab und von dem Effekt, den Du erzielen willst.

★ Pasten

Konzentrierte Farbpasten, die zum Einfärben aller Pasten geeignet sind. Mit klarem Alkohol verdünnt, können sie auch zum Malen verwendet werden.

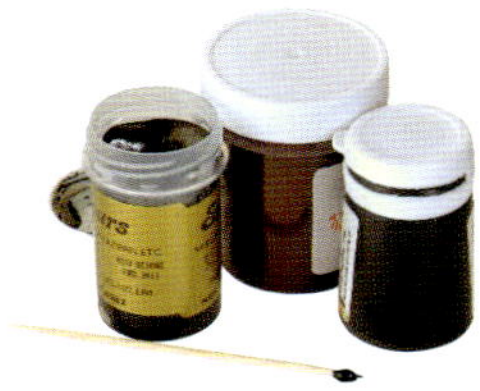

★ Flüssige Farben

Eine weniger konzentrierte Lebensmittelfarbe zum Einfärben von Royal Icing oder zum Malen. Ein Vorteil beim Färben von Royal Icing ist, dass diese Farben kein Glycerin enthalten, das das Trocknen von Icing beeinträchtigt.

★ Puderfarben

Auch als Blütenfarben bekannt, werden hauptsächlich trocken zum Bepudern von Pasten verwendet, obwohl man sie auch in Icing mixen oder mit Alkohol verdünnt zum Malen benutzen kann.

★ Glanzfarben

Sind auch essbare Puder, aber mit Zusatz von Glanz. Trocken oder verdünnt einsetzbar. Hervorragend geeignet für Schablonen.

★ Ungiftige Bastelfarben und Glitzer △

Einige Bastelfarben (die meistens strahlender und stärker sind als essbare Puder) waren ursprünglich als essbar gekennzeichnet, das hat sich aber durch Änderungen der internationalen Lebensmittel-Richtlinien geändert. Deshalb solltest Du diese Puder nur auf Dekorationen verwenden, die nicht gegessen werden. Das gilt auch für ungiftigen Glitzer. Lies immer das Etikett – wenn sie essbar sind, gibt es ein MHD und eine Zutatenliste.

Modellierpaste und Fondant einfärben

Fondant (Rollfondant) und Modellierpaste sind jetzt in allen Farben im Handel erhältlich. Wenn Du allerdings die gesuchte Farbe nicht findest oder nur eine kleine Menge einfärben möchtest, ist es oft besser, Deine Paste selbst einzufärben oder eine gekaufte Paste anzupassen

1 Je nach Menge der Paste und gewünschter Farbintensität nimm etwas Farbpaste – keine flüssige Farbe – mit dem Zahnstocher oder für größere Mengen mit der Winkelpalette und gib sie zur Paste.

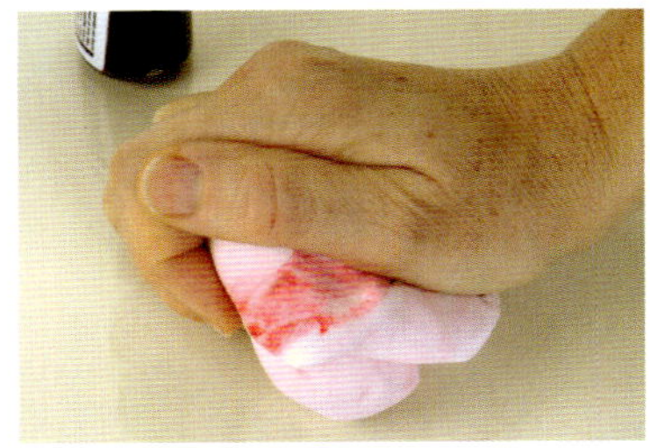

2 Verknete die Paste gründlich unter Zugabe von mehr Farbe, bis das gewünschte Resultat erreicht ist. Vorsicht - bei hellen Farben wird nur wenig Farbe benötigt. Dunkle Farben brauchen dafür mehr und die Paste wird schnell klebrig. Dann gib etwas Traganth zu. Nach ein bis zwei Stunden ist die Paste fester und besser zu verarbeiten. Die gefärbte Paste wird nach dem Trocknen dunkler.

Tipp

Es ist leichter, nur eine kleine Menge Paste dunkler einzufärben und dann diese dann in eine größere Menge einzukneten, als gleich eine große Menge Paste zu färben.

Farbveränderungen

Einige Variablen können Deine Farben verändern – unter anderem die folgenden:

☆ **Zeit**: Farben dunkeln mit der Zeit nach, also lass Deine Paste möglichst vor Gebrauch ein paar Stunden ruhen. Dann brauchst Du nicht so viel Farbe.

☆ **Zutaten**: Kokosfett, Margarine und Butter machen Farben dunkler, Zitronensaft dagegen hellt auf.

☆ **Licht**: Einige Farben, besonders Pink, Purpur und Blau bleichen in hellem Licht aus. Schütze Deine Paste während des Arbeitens und die bereits fertig gestellten Teile vor zuviel Licht.

Marmorierte Muster

Diese Technik lässt die Pastenoberfläche wie natürliches Marmor aussehen. Jedes Mal ist die Marmorierung anders, selbst wenn Du die gleichen Farben benutzt. Ähnliche Farben ergeben einen zarteren Effekt, Kontrastfarben werden auffälliger.

Tipp

Experimentiere zuerst mit kleinen Mengen, um herauszufinden welche Farben Dir gefallen, bevor Du große Mengen nimmst.

1 Nimm zwei oder mehr Farben (Ich nehme oft sechs oder mehr, aber ähnliche) und knete sie warm. Teile die Pasten in kleine Stücke und mische sie auf Deiner Arbeitsfläche.

2 Fasse die Stücke zu einer Kugel zusammen und knete sie kurz durch. Schneide die Kugel durch, um das innere Muster aufzudecken.

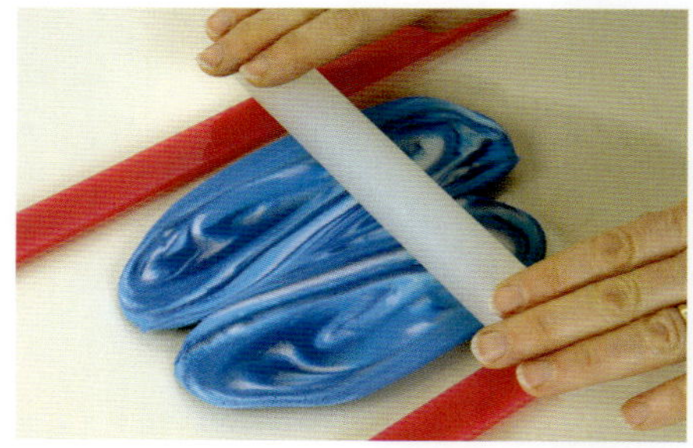

3 Lege die zwei Kugelhälften nebeneinander und rolle sie zwischen 5 mm dicken Ausrollhölzern auf leicht gefetteter Arbeitsfläche aus. Durch die Richtung des Ausrollens wird das Muster verändert, deshalb wechsele die Richtung je nachdem, wie sich das Muster entwickelt.

Verzerrung: Fällt das Muster nicht wie gewünscht aus, kannst Du es mit dem Finger leicht zur Seite ziehen, um es etwas zu verzerren, und zwar bevor die Paste auf 5 mm ausgerollt ist. Nach der Musteranpassung rollst Du weiter aus, bis eine gleichmäßige Stärke erreicht ist.

Schmetterling- Knopf - Tasche

Die marmorierte Paste gibt der Keksdekoration einen sehr hübschen, zarten Effekt.

Einfache Muster-wiederholungen

Durch das Einfügen farbiger Formen in einen andersfarbigen Hintergrund erzielt man sehr effektive Muster. Im Beispiel unten habe ich Kreise für ein Punktmuster verwendet, aber versuche es auch mit anderen Formen wie Blumen, Tropfen, Sternen, Herzen usw. Ich habe Pink gewählt, Du kannst gerne mutiger sein und verschiedene Farben auf eine Hintergrundfarbe bringen.

Pinky Pünktchen
Dieses Muster ist einfach – Du brauchst nur den nachstehenden Schritten zu folgen.

1 Rolle die Hintergrundpaste etwas dicker als 5 mm aus. Rolle die kontrastierende Paste ziemlich dünn aus und steche die Formen mit dem passenden Ausstecher aus.

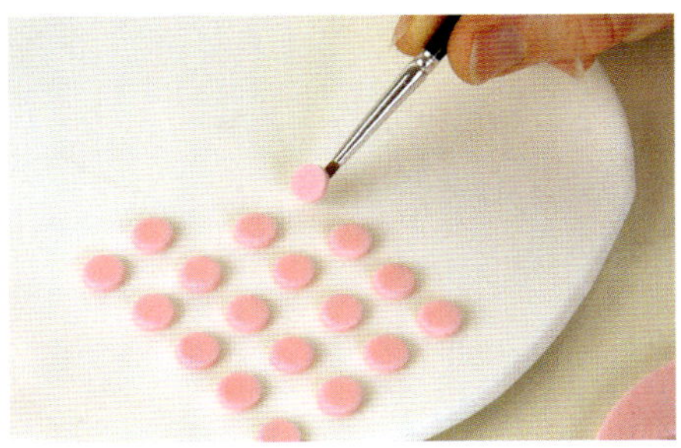

2 Lege die Formen gleichmäßig oder verstreut auf die Hintergrundpaste. Beachte, dass das Muster leicht größer wird, weil sich die einzelnen Punkte durch das Ausrollen etwas ausdehnen. Deshalb lass mehr Abstand, als die fertige Paste haben wird.

3 Rolle über die Paste bis sie 5 mm dick ist. Die Richtung des Rollens vergrößert die ausgestochenen Formen, deshalb rolle in alle Richtungen, um die Original-Proportionen beizubehalten. Wenn Du nur in eine Richtung rollst, kannst Du andere Formen herstellen, z.B. wird rund dann oval oder aus rundlichen Herzen werden elegante schlanke.

Modellierpaste verwenden

Modellierpaste rollst Du 1,5 mm dick aus, legst Deine ausgestochenen Formen darauf, aber statt zu Rollen presst Du mit einem Glätter fest auf die Paste. Damit werden die Pasten verbunden ohne die Form zu verzerren. Für veränderte Formen rollst Du aus wie oben beschrieben.

Tipp

Damit Deine ausgerollte Paste nicht austrocknet, lege eine Frischhaltematte oder Folie darüber.

Streifen und Karo-Muster

Mit dieser Schicht-Technik können auffallende geometrische Muster einfach hergestellt werden. Am besten mit Modellierpaste, damit die Linien parallel bleiben und die Streifen hübsch und dünn sind. Für größere Muster nimm Fondant. Nimm ein sehr scharfes Messer – sonst verschwimmen die scharfen Linien.

Häng die Wimpel auf!
Streifen und Karos geben den Wimpeln und der passenden Borte des Mini-Kuchens diesen wundervollen Effekt

Streifen

1 Rolle zwei farbige Pasten sehr dünn aus – je dünner, umso feiner die Streifen. Schneide sie in schmale Rechtecke, befeuchte sie etwas und lege sie abwechselnd aufeinander. Rolle darüber, damit der Stapel zusammenhält und schneide ihn gerade.

2 Lege ein Lineal längs auf den Stapel und schneide mit einem scharfen Messer eine gerade Kante. Schneide nun 3 mm breite Streifen. Lege sie unter Folie oder eine Frischhaltematte, damit sie nicht austrocken.

3 Lege ein paar Streifen nebeneinander zwischen schmale Ausrollhölzer. Rolle darüber, um die Streifen zu verlängern und die Paste auszudünnen. Sollen die Streifen breiter werden, dann roll quer. Schneide die gewünschten Formen aus.

Karos

1 Folge Schritt 1 und 2 oben, um 3 mm Streifen zu bekommen. Schneide dann die Streifen in kleine quadratische Röllchen.

2 Nimm diese Röllchen vorsichtig auf und lege sie zu einem Karomuster zusammen. Sie sollten feucht genug sein, um aneinander zu haften – falls nicht, befeuchte die Kanten etwas. Rolle vorsichtig darüber und achte darauf, dass das viereckige Muster erhalten bleibt. Schneide die gewünschten Formen aus.

Tipp

Achte beim Farbwechsel auf Sauberkeit und reinige Arbeitsfläche, Werkzeuge und Ausstecher, um ein Vermischen zu vermeiden.

Millefiori

Der Begriff „Millefiori" (tausend Blüten) bezeichnet eine Glastechnik, die unverkennbare dekorative Muster herstellt. Die Muster sind nicht schwierig, erfordern aber etwas Geduld. Eine ausgezeichnete Technik für Fellmuster, wie man am Patchwork-Herz zu Beginn des Kapitels sieht.

Millefiori Becher
Für die zierlich gemusterten Blüten wurde Modellierpaste genommen, Du kannst für diese Technik aber auch Fondant nehmen.

1 Wähle verschiedenfarbige Modellierpaste aus. Knete sie gut, dann rolle lange dünne Stränge aus. Je nach Mustergröße nimm entweder den Glätter zur Hilfe oder eine Sugarcraft-Gun mit einer runden Lochscheibe – siehe Kapitel Modellierwerkzeuge.

2 Nimm einen Strang als Blütenmitte und lege die anderen kontrastierenden Stränge außen herum. Ich nehme hier zwei Farben, um den Blüteneffekt zu unterstreichen. Befeuchte die Stränge mit etwas Alkohol oder abgekochtem Wasser, damit sie aneinander haften.

3 Rolle Modellierpaste ganz dünn in der gewünschten Farbe aus. Lege den zusammengefassten Strang auf die Paste, rolle sie auf, so dass der Strang komplett eingehüllt ist und schneide die Überschüsse ab.

4 Schneide den Strang mit einem scharfen Messer in gleichgroße Stücke und füge diese zu einem dickeren kürzeren Strang zusammen.

5 Rolle den Strang, um die Paste zusammenzudrücken. Dann schneide die Paste mit einem scharfen Messer in 3 mm dicke Scheiben.

6 Lege die Scheiben dicht zusammen und rolle zwischen schmalen Ausrollhölzern mit dem Ausrollstab darüber, bis die Paste 1,5 mm dick ist. Wenn Du Fondant für diese Technik nimmst, kann es einfacher sein, die Scheiben vor dem Ausrollen auf einen Fondant-Untergrund zu legen. Dadurch wird die Paste etwas stärker und ist leichter zu handhaben.

Tipp

Wähle für Fellmuster entsprechende Farben aus und lege die Stränge zum Muster passend um den Kern.

Malen

Ich habe immer gerne auf Kuchen gemalt – die Malfarben scheinen eine weitere Dimension hinzuzufügen - ob zur Dynamik des Designs, zur Zartheit der Muster oder zur Feinheit der Details. Fondant ist die ideale Leinwand zum Experimentieren mit Maltechniken, aber keine Angst, Du wirst in diesem Kapitel sehen, dass Du kein Künstler sein musst, um sehr eindrucksvolle Maleffekte zu schaffen.

Kapitelinhalt:

Fließtechnik

Hintergrund-Malerei

- ★ Tupfen
- ★ Mit dem Schwamm auftragen

Farbe auswischen

- ★ Eine geprägte Oberfläche auswischen

Mit Prägewerkzeugen ein Bild malen

Lebensmittelfarbstifte

Drucken

- ★ mit Farbpasten
- ★ mit Farbpudern

Ein Bild übertragen

- ★ mit einem Scriber
- ★ mit Nadel oder Stichrädchen
- ★ mit Farbstiften

Ein Bild malen

Glanz zum Schluss

- ★ Essbare Glanzpuder
- ★ Blattgold

Material und Ausrüstung

Zum Malen auf Kuchen brauchst Du ein Sortiment hochwertiger Pinsel in verschiedenen Größen und Breiten und eine Auswahl von Lebensmittelfarben. Essbare Farbe gibt es als Paste, Puder und flüssig. Flüssige Farben sind oft zu dünn zum Malen, ich empfehle deshalb Paste und Puder. Beide werden mit etwas abgekochtem Wasser oder klarem Alkohol (z.B. Gin oder Wodka) verdünnt, um damit Malen zu können. Um Farben aufzuhellen oder milchig zu machen, füge etwas weißes Puder hinzu, z.B Superwhite (SF). Ich mache das oft, besonders beim Bildermalen.

Perfekter Mohn

Wenn Du erst auf Fondant malen kannst, ist alles möglich, wie die feine Mohnblüte auf diesem schwungvollen Kuchen zeigt. Im Kapitel Anleitungen findest Du die schrittweise Anleitung für diesen Kuchen sowie Materiallisten und Anleitungen für alle Kuchen und Kekse dieses Buches

Fließtechnik

Ich verwende diese Technik seit vielen Jahren, um meine Cake-Boards zu dekorieren. Sie ist wirklich effektiv und ungewöhnlich, aber sehr einfach. Du musst nur ein paar Tage Zeit haben, damit das Muster trocknen kann.

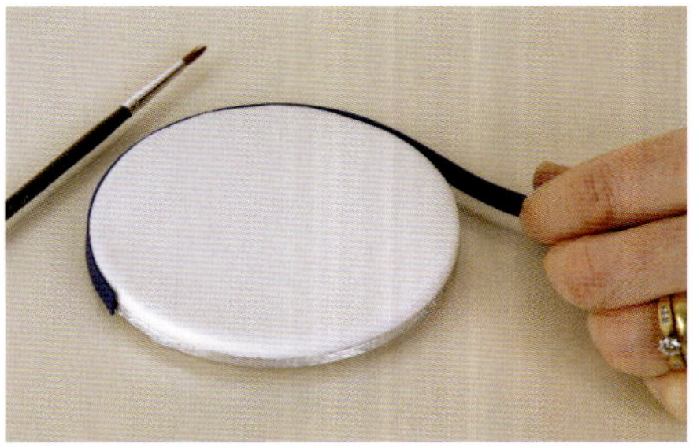

1 Decke ein Cake-Board mit weißem Fondant ein. Um die Flüssigkeit zu halten, befestige dünne Streifen Modellierpaste oben oder an der Seite des Boards. Passe sie mit einem Glätter gerade und anliegend an die Kanten des Boards an. Für runde Boards ist das nicht zwangsläufig erforderlich; die Flüssigkeit wird von der Oberflächenspannung gehalten. Aber bei viereckigen Boards ist es unerlässlich.

2 Verdünne die Farbpasten einzeln leicht mit abgekochtem Wasser oder klarem Alkohol. Trage jede Farbe mit einem Pinsel in runden Strichen auf das Board auf – lass dabei etwas Abstand.

Tipp
Probiere diesen Effekt zuerst auf einem Stück Fondant aus – glaub mir, es hört sich schlimmer an, als es ist

Cooles Blau
Die Fließtecknik sieht sehr effektiv aus, besonders dann, wenn sie mit dunklen Farben wie eine Folie unter einem helleren Kuchen liegt.

3 Gieße vorsichtig klaren Alkohol oder abgekochtes Wasser über das teilweise bemalte Board, dann verteile die Flüssigkeit mit einem Pinsel über das gesamte Board. Die Pastenoberfläche wird leicht aufgelöst, so dass die Farben einziehen – habe Geduld, es dauert eine Weile.

4 Wenn der Fondant sirupartig ist – nach ca. 30 bis 60 Minuten oder je nach Arbeitstemperatur und Luftfeuchtigkeit auch später – ziehe mit einem Zahnstocher oder Pinsel Muster durch die Paste, um die Farben von einem Feld in ein anderes zu übertragen. Lass es auf einem ebenen Untergrund gründlich austrocknen.

Hintergrund-Malerei

Statt die Oberfläche Deines Fondants leer zu lassen, kannst Du mit den folgenden Techniken auch die Farbe intensivieren oder interessante Strukturen hinzufügen.

Tupfen

Tupfen ist das Auftragen kleiner Farbpunkte, die zusammen eine gleichmäßige Schattierung ergeben. Du brauchst einen Pinsel mit mittelfesten Haaren – zu weich und der Effekt geht verloren, zu hart und Du beschädigst die Paste. Die Größe hängt von dem zu bemalenden Teil ab. Im Beispiel benutze ich einen ziemlich festen Künstlerpinsel No. 10. Für Kuchen und Cake-Boards verwende besser einen Rundkopf-Pinsel mit 2,5 cm Durchmesser, um die Fläche effektiver abzudecken.

Schneeflocken-Strumpf
Tupfen ist eine der einfachsten Arten, Farbe aufzutragen.

1 Verdünne Deine Farbpasten einzeln mit abgekochtem Wasser oder klarem Alkohol. Ich verwende hier zwei Blautöne. Wenn Deine Paste auch geprägt wurde, übermale die geprägte Fläche, damit die Farbe die Vertiefungen ausfüllt. Bei größeren Flächen stellst Du immer erst kleine Teile fertig, da die Farbe jetzt noch nicht trocknen soll.

2 Nimm einen trockenen Tupfpinsel und verteile die Farbe mit kurzen senkrechten Strichen über und um die geprägte Fläche herum, um ein gepunktetes Design zu bekommen. Fahre fort und wechsele in der Farbtiefe und –schattierung.

Glatte Oberfläche: Beim Bemalen einer glatten Oberfläche tauche den Tupfpinsel direkt in die verdünnte Farbpaste, streife überschüssige Flüssigkeit ab und betupfe den Fondant.

Tipp

Probiere mal ein Knittermuster aus, bei dem Du ein verdrehtes oder zerknülltes Kuchenpapier zum Auftragen verwendest.

Ein kleines Schweinchen...
Das Muster auf diesem Keks wurde mit einem Schwamm aufgetragen

Mit dem Schwamm auftragen

Es ist ähnlich wie Tupfen, aber Du benutzt einen Schwamm zum Auftragen und Entfernen von Farbe. Probiere Kunst- und Naturschwämme aus.

1 Verdünne Deine Farbpaste einzeln mit abgekochtem Wasser oder klarem Alkohol. Ich verwende hier ein Pfirsich-Pink mit Weiß gemischt für eine milchige Farbe. Tauche einen Schwamm passender Größe in die Farbe und trage sie mit kurzen senkrechten Strichen auf den Fondant auf.

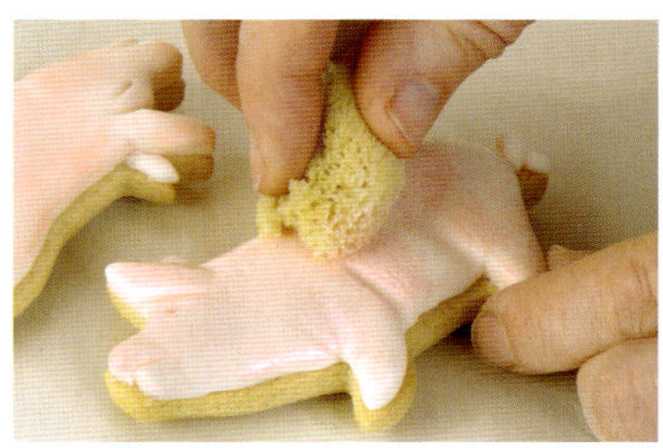

2 Dann entferne die Farbe teilweise mit einem sauberen feuchten Schwamm, um die Farbe verwischt aussehen zu lassen. Dazu kannst Du auch mit dem Schwamm über die Paste streichen.

Farbe auswischen

Das Auswischen von Farbe ist eine ausgezeichnete Methode, Deinen Kuchen und Keksen zarte Farbspiele zu geben. Die Farbe wird im allgemeinen mit Pinseln über einer festen Farbe aufgetragen, mit langen wischenden Strichen, um die Farben ineinander laufen zu lassen.

1 Decke Keks, Cake-Board oder Kuchen mit Fondant in passender Farbe ein. Mische Deine Farben an und denke daran, sie mit Weiß milchiger machen zu können. Trage die erste Farbe in langen wischenden Strichen in einem Bereich des Fondants auf.

2 Trage weitere Farben auf, die sich dann vermischen und ineinander fließen. Bevor die Farbe getrocknet ist, trage keine weitere Farbe auf die gleiche Stelle auf, sonst wirst Du mit dem Pinsel wahrscheinlich mehr Farbe entfernen als auftragen – außer wenn Du Weiß untergemischt hast.

Ein Apfel am Tag
Grüntöne wurden mit wischenden Strichen auf den grünen Fondant des Kekses aufgebracht und das Rouge wurde mit ganz leichten wischenden Strichen und einem trockenen Pinsel aufgetragen.

Auswischen auf einer geprägten Oberfläche

Diese Technik ist so einfach wie effektiv. Zum Prägen der Paste habe ich Spitze benutzt, aber viele Prägewerkzeuge sind dafür gut geeignet (siehe Kapitel Prägen).

1 Präge die Oberfläche des Fondants und decke den Keks oder das Cupcake ein. Bei einem Kuchen oder Cake-Board prägst Du die Oberfläche nach dem Eindecken. Verdünne die Farbpasten mit abgekochtem Wasser oder klarem Alkohol und trage die Farbe mit einem geeigneten Pinsel auf, wobei alle Vertiefungen mit Farbe gefüllt sein sollten. Lass sie gründlich trocknen.

2 Nach dem Trocknen feuchte ein Küchenpapier mit Alkohol an und wische damit sanft die Farbe von den hochliegenden Teilen des Fondants ab, um einen Zweistufen-Effekt zu bekommen.

Killer High Heels
Je detaillierter das Prägemuster, desto effektiver ist das Ergebnis.

Tipp

Wenn der Fondant zu nass wird, kann er sich auflösen und das Muster wird beschädigt. Unterbreche dann sofort und lass die Paste trocknen, bevor Du weitermachst.

Mit Prägewerkzeugen ein Bild malen

Die Technik ist wie „Malen nach Zahlen" – die ganze Vorarbeit ist gemacht und Du musst nur die Leerräume füllen! Es gibt sehr viele Prägewerkzeuge, also wähle aus, was in der Größe passt und Dir am besten gefällt.

1 Präge den Fondant mit dem ausgewählten Design. Verdünne Deine Farbpasten mit abgekochtem Wasser oder klarem Alkohol und male die Felder mit den gleichen Farben aus – variiere in der Farbintensität.

2 Fahre mit anderen Farben und weiteren Details wie gewünscht fort. Am besten übst Du vorher, denn eventuell müssen Teile erst trocknen, bevor Du angrenzende Farben aufträgst.

Nicht von dieser Welt
Die Alien- und Planeten-Motive passen perfekt auf die Cupcakes, es kann aber auch reizvoll sein, ein Motiv nur teilweise zu nehmen.

Lebensmittelfarbstifte

Lebensmittelfarbstifte sind in allen Regenbogenfarben erhältlich, manche sogar mit zwei verschiedenen Spitzen. Die dickere Spitze eignet sich hervorragend zum schnellen Beschriften von Kuchen oder Keksen oder zum Ausmalen, während Du mit der feinen Spitze sehr gut feine Details zeichnen kannst. Die Stifte werden genauso wie Filzstifte benutzt und sind am besten auf leichtgefärbter Paste.

Tipp

Lagere die Stifte am besten mit der Spitze nach unten. Stifte mit zwei Spitzen am besten liegend.

Zeichnen auf Fondant

Decke Deinen Kuchen mit Fondant ein und lass ihn trocknen. Je fester die Oberfläche ist, desto einfacher ist der Gebrauch der Stifte. Nimm die Kappe des Stifts ab und schreibe etwas oder zeichne und male ein Design. In diesem Beispiel (vom Kuchen am Kapitalanfang) habe ich Mohn auf eine mit Schwamm gewischte Form gezeichnet.

Drucken

Unter Drucken versteht man den Vorgang, ein Bild oder eine Form mit Hilfe eines Werkzeuges, z.B. eines Stempels, herzustellen. Unten sind zwei Methoden beschrieben, beide auf weichem Fondant. Ich habe hier hölzerne Stützen und Prägewerkzeuge benutzt.

Sonnenaufgang in der Wüste
Diese Cupcakes sind den Aborigines nachempfunden – ein einfaches Kreismuster, aufgestempelt mit Farbpaste

Drucken mit Farbpasten

Mische Deine Farbpasten mit abgekochtem Wasser oder klarem Alkohol zu einer ziemlich dicken Konsistenz. Tauche den Stempel in die Farbe und drücke ihn dann vorsichtig , senkrecht zur Fondant-Oberfläche ein, um die Paste aufzudrucken. Vielleicht solltest Du vorher üben, um den richtigen Druck und die korrekte Menge an Farbe zu kennen. Wiederhole den Vorgang mit anderen Farben für ein interessantes Muster.

Drucken mit Farbpudern

Bei dieser Technik stellst Du mit Prägewerkzeugen schöne lineare Muster auf Fondant her. Probiere verschiedene Werkzeugtypen aus, da hier sehr feine Detailarbeit möglich ist.

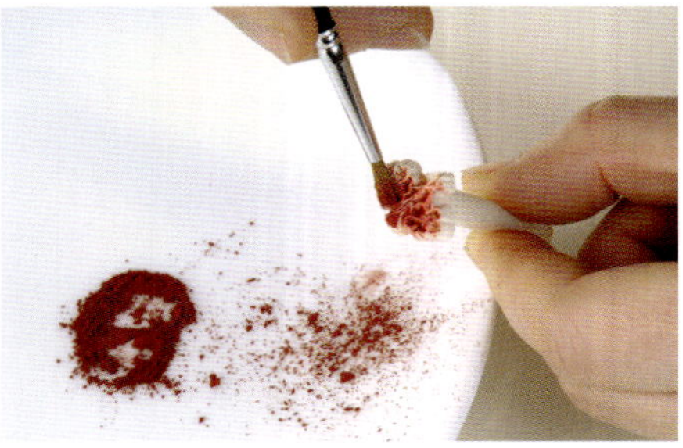

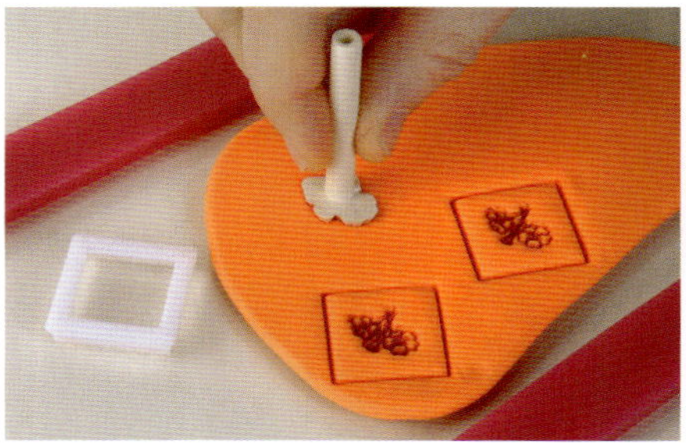

1 Tauche das Prägewerkezeug Deiner Wahl in trockenes Farbpuder. Klopfe überschüssiges Puder ab, damit das Werkzeug gleichmäßig bedeckt ist. Entferne mit einem Pinsel Puder, das in kleinen Öffnungen festsitzt – sonst hast Du einen Klumpen Farbe statt einer feinen Linie auf Deiner Dekoration.

2 Halte das Werkzeug senkrecht zum Fondant und presse es leicht hinein. Das Puder wird von der Kante des Prägewerkzeuges auf die weiche Paste übertragen und ergibt ein schöngefärbtes lineares Design.

3 Speziell bei größeren Prägungen kann es nötig sein, mit dem Finger oder Glätter sanft rund um die Prägung zu streichen, um den Spalt etwas zu schließen und das Design sauberer zu machen.

Tipp
Experimentiere mit verschiedenfarbigen Pudern und Fondants um herauszufinden, was Dir gefällt

Patchwork Druck
Es wurden sehr filigrane Mini-Präger mit Puderfarben verwendet, um das feine Muster dieser Cupcakes herzustellen.

Ein Bild übertragen

Nicht viele Menschen trauen sich zu, frei Hand direkt auf einen Kuchen zu malen. Der einfachste Weg ist dann, die Umrisse des Bildes auf die Fondant-Oberfläche zu übertragen. Dafür stehen Dir diverse Optionen zur Verfügung, aber zuerst musst Du entscheiden, was Du malen möchtest und dann musst Du das Bild oder Muster der Kuchengröße anpassen. Die ersten beiden Methoden sind für getrockneten Fondant geeignet, die dritte für frischen.

Einen Scriber benutzen

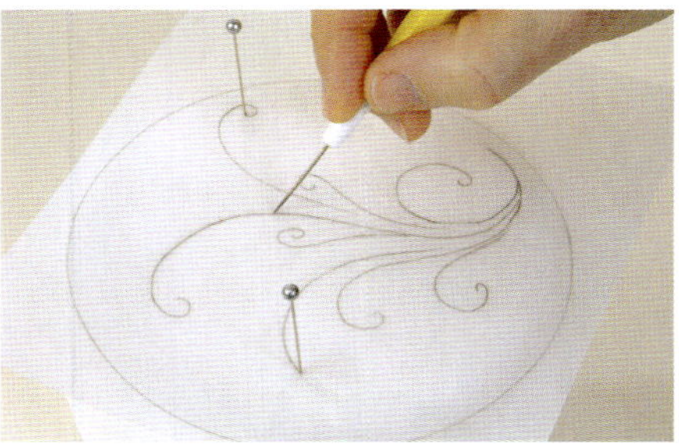

1 Zeichne Dein Muster auf Wachs- oder Pergamentpapier und befestige es auf dem Kuchen. Ziehe den Scriber über alle Linien des Musters mit so viel Druck, dass die Oberfläche des Kuchens markiert wird.

2 Entferne vorsichtig das Papier, das Muster sollte nun als schwacher Umriss sichtbar sein. Diese Methode ist gut für Umrisse, aber weniger geeignet für komplexe Muster oder kleine Details.

Mit Nadel oder Stichrädchen arbeiten

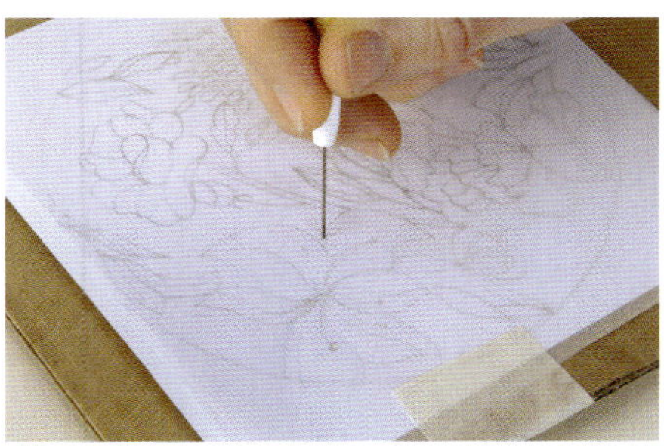

1 Lege Wachs- oder Pergamentpapier auf Dein Muster und packe beides auf eine Schneidmatte oder einen festen Karton. Befestige beides, dann stich mit einer Nadel oder einem Stichrädchen kleine Löcher durch das Papier, den Musterlinien folgend. Je feiner das Muster, umso enger liegen die Löcher zusammen – und umso mehr brauchst Du.

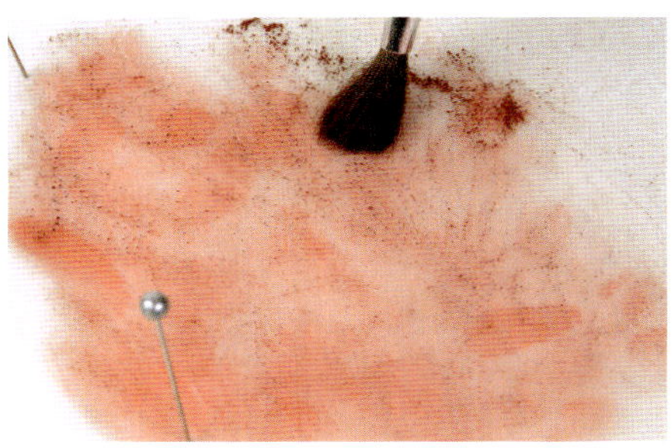

2 Lege das Papier auf den Kuchen und streiche mit einem kleinen weichen Pinsel farblich passendes Puder durch die Löcher auf den Kuchen

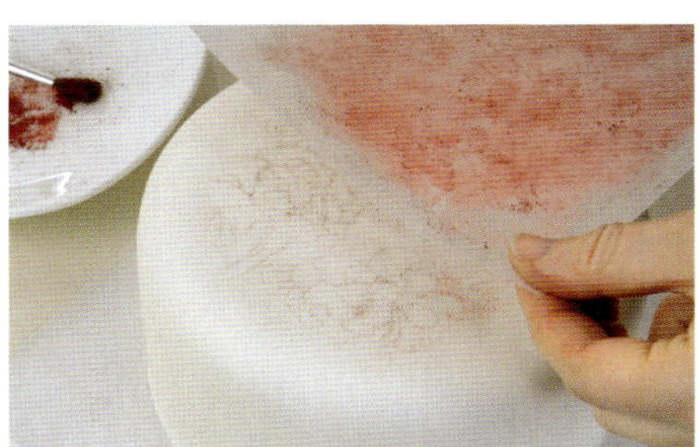

3 Entferne das Papier – Dein Muster ist jetzt auf dem Kuchen. Diese Technik kann für sehr komplexe und detaillierte Muster verwendet werden.

Farbstifte verwenden

1 Zeichne vorsichtig das Spiegelbild Deines gewünschten Musters oder Bildes mit Lebensmittelfarbstiften auf Wachs- oder Pergamentpapier. Sobald Du eine Linie gezogen hast, löst sich die Tinte ab und bildet eine Reihe von Punkten, das ist normal!

2 Drehe das Muster sofort um auf die Oberseite oder die Seiten Deines Kuchens. Streiche mit dem Glätter über die Rückseite des Papiers, damit sich das Muster auf den Kuchen überträgt.

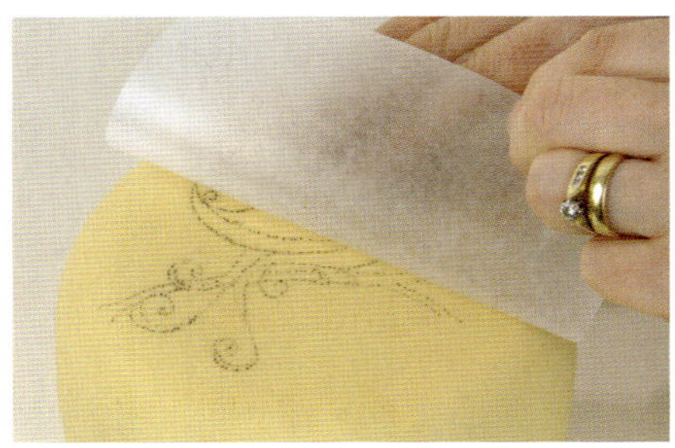

3 Ziehe das Papier vorsichtig ab, um das Muster freizulegen. Diese Methode ist am besten geeignet für frisch eingedeckt Kuchen, da der Fondant dann die Farbe besser aufnimmt, es funktioniert aber auch auf getrockneten Fondant-Oberflächen.

Ein Bild malen

Am besten malst Du Dein Bild in Etappen, damit die Farbe jeweils trocknen kann – das verhindert, dass Farben ineinanderlaufen und Du kannst mehrere Farben übereinander malen.

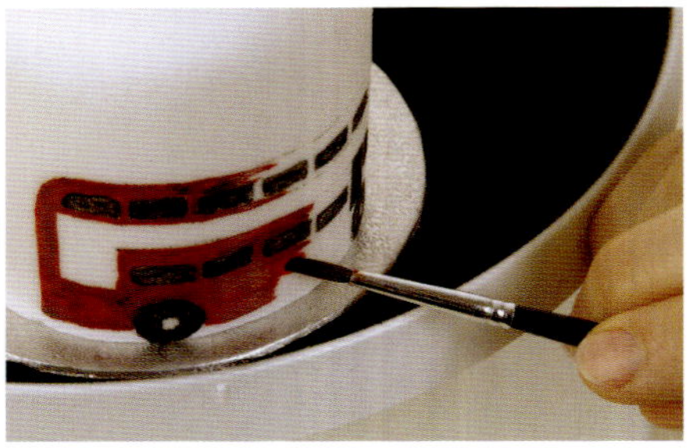

1 Mische Deine Farbpaste mit klarem Alkohol und wähle unterschiedliche Pinsel aus. Trage Streifen oder Farbblöcke in Dein Design ein, beginne mit dem Hintergrund und arbeite Dich nach vorne durch. Lass die Flächen erst trocknen, bevor Du angrenzende Flächen bemalst. In den Beispielen habe ich die Fenster vor der Karosserie des Busses gemalt und die Dächer und Fenster der Häuser vor den Wänden.

2 Ergänze mit einem guten feinen Pinsel die feinen Details auf den gemalten Flächen – das bringt Leben in das Bild.

Tipp

Bevor Du das Original bemalst, ist es klug, erst auf einem Stück Fondant zu üben, um Farben und Techniken auszuprobieren

London ruft

Für diesen Entwurf habe ich eine Bildcollage auf dem Computer erstellt, sie auf die passende Größe reduziert und das Bild dann mit der Farbstift-Methode übertragen.

Glanz zum Schluss

Verleihe Deinen Kuchen mit einer der folgenden Methoden Glanz und Prunk:

Ein Hauch Midas
Metallpuder verleiht diesen wirbelnden Cupcakes augenblicklich Glanz.

Essbare Glanzpuder

Essbare Glanz- oder Metallpuder gibt es in einer Auswahl von Farben, die leicht gemischt werden können. Abhängig vom gewünschten Effekt gibt es unterschiedliche Möglichkeiten, sie auf der Oberfläche Deiner Paste aufzubringen. Am besten färbst du den Fondant in einer ähnlichen Farbe ein, bevor Du den Puder aufträgst. Damit wird die Farbe intensiviert und es sieht am Ende nicht fleckig aus.

Methode 1 Bepudere einen frisch eingedeckten Kuchen mit einem großen weichen Pinsel und Metallpuder. Das gibt Deinem Fondant einen schönen Glanz. Für angetrockneten Fondant ist dies nicht geeignet, siehe Methode 2.

Methode 2 Streiche weißes Pflanzenfett auf angetrockneten Fondant und trage den Puder mit einem großen weichen Pinsel auf das Fett auf. Du erhältst eine intensive Farbe, die (abhängig von der Marke des Puders) zu echtem Glanz poliert werden kann.

Methode 3 Mische den Puder mit klarem Alkohol zu einer dicken Paste und bemale damit Deinen Kuchen. Alternativ kannst Du den Puder mit Confectioner's Glaze (flüssiger Glanz) mischen, um noch strahlenderen Glanz zu erhalten.

Blattgold

24 Karat Blattgold gibt ein atemberaubendes Aussehen, denn es spiegelt wunderschön das Licht. Das Material stellt hohe Ansprüche im Gebrauch, also lass Dir viel Zeit.

Eine Flasche voller Perlen
Blattgold gibt diesem lustigen Keks seine schimmernde Note.

1 Zeichne Deine Form auf die Rückseite der Gold-Transferfolie. Schneide die Form mit einer scharfen Schere vorsichtig aus und vermeide zu viel Fingerkontakt mit dem Gold.

2 Streiche die Oberfläche Deiner Paste dünn mit Zuckerkleber ein, etwas größer als Deine Form. Lass den Kleber leicht anziehen. Keine Eile – wenn der Kleber noch nass ist, wird das Gold nicht richtig übertragen. Lege die Folie an den richtigen Platz und drücke sanft – Du kannst nicht korrigieren, also sei sorgfältig.

3 Lass es ein bis zwei Minuten ruhen, dann ziehe das Papier mit den Fingern oder einer Pinzette in einer Aufwärtsbewegung ab. Danach lass es trocknen.

Schablonen

Mit Schablonen kannst Du schnell und effektiv beeindruckende Dekorationen auf Deine Kuchen und Kekse bringen. Um beste Resultate zu erzielen, solltest Du lasergeschnittene Lebensmittel-Schablonen aus haltbarem und lebensmittelechtem Kunststoff verwenden. Wie Du das Muster der Schablone aufträgst, hängt von dem gewünschten Effekt und der Größe des zu dekorierenden Teils ab. Dieses Kapitel zeigt Dir verschiedene Techniken, sowohl für Glanzpuder wie auch für Royal Icing; es zeigt Dir auch die Herstellung eigener Schablonen und weitere Einsatzmöglichkeiten.

Kapitelinhalt:

Lebensmittelschablonen

Verwendung von essbarem Farbpuder

- ★ Metallglanzpuder
- ★ Matte Puder
- ★ Mehrfarbige matte Puder

Verwendung von Royal Icing

- ★ Auf Keksen
- ★ Auf Cupcakes
- ★ Auf der Oberseite von Boards und Kuchen
- ★ An der Seite des Kuchens
- ★ Mehrfarbige Effekte

Anpassen einer Schablone

Verzierungen

Eigene Schablonen herstellen

- ★ Mit vorhanden Materialien
- ★ Spezielle Werkzeuge

Andere Einsatzmöglichkeiten

Ein Stapel Hutschachteln
Die schönen, feinen Muster dieser Hutschachteln wurden ganz einfach mit Schablonen, Royal Icing und Farbpuder erstellt. Im Kapitel Anleitungen findest Du die schrittweise Anleitung für diesen Kuchen, sowie Materiallisten und Anleitungen für alle Kuchen und Kekse diese Buches.

Lebensmittel-Schablonen

Es gibt eine riesige Auswahl von Lebensmittel-Schablonen, da fällt die Auswahl manchmal ein bisschen schwer. Die erste Überlegung gilt der Größe des zu dekorierenden Teils. Um einen Keks oder einen Cupcake zu verzieren, brauchst Du ein viel kleineres Muster als für ein Board. Allerdings kann ein Teil eines Musters auf einem Keks oder Cupcake sehr effektvoll aussehen und die Wiederholung eines kleinen Musters an der Kante eines Boards sieht ebenfalls sehr gelungen aus.

Essbares Farbpuder

Wenn Du Farbpuder mit Schablonen auf Deinen Kuchen und Keksen verwendest, ist es sehr wichtig, dass die Puder essbar sind. Lies das Kleinedruckte auf den Puderdöschen, um sicherzustellen, dass sie nicht nur für Dekorationszwecke geeignet sind. Essbare Puder haben eine Zutatenliste und ein Mindeshaltbarkeitsdatum - MHD.

Silbrige Wirbel
Diese glamourösen Kekse wurden mit Metallglanzpuder dekoriert, das ihnen einen sehr modernen Anstrich gibt.

Metallglanzpuder

1 Rolle Fondant 5 mm dick aus, am besten mit Ausrollhölzern. Lege Deine Schablone darauf. Um saubere, scharfe Kanten zu bekommen, lege den Glätter darauf und drücke ihn fest auf, damit der Fondant durchdrückt und mit der Oberfläche der Schablone abschließt.

2 Streiche eine dünne Schicht weißen Pflanzenfettes über die Oberfläche des Fondantmusters, d.h. auf die hochgedrückte Paste. Nimm dazu einen Finger oder einen passenden Pinsel.

3 Tauche einen großen weichen Puderpinsel in essbaren Glanzpuder, klopfe den Überschuss ab und verteile den Puder großzügig über der Schablone. Streiche überschüssigen Puder ab, damit er beim Entfernen der Schablone nicht herunterfällt und das Muster verdirbt. Wenn der Puder es hergibt, poliere ihn mit dem Pinsel, damit er richtig glänzt

4 Nimm die Schablone vorsichtig herunter, eventuell mit zwei Händen.

5 Steche mit dem Keksausstecher die Form aus. Entferne die überschüssige Paste. Dann schiebe eine Winkelpalette mit einer schnellen, wischenden Bewegung unter den Fondant – ohne die Form zu verziehen.

6 Hebe den dekorierten Fondant vorsichtig hoch und lege ihn auf den mit Piping Gel bestrichenen Keks. Entferne die Palette und drücke mit einem sauberen Finger die Paste wenn nötig an, damit sie überall gut aufliegt. Wenn Du das wiederholst, achte darauf, dass Deine Finger keine Farbspuren haben, damit Du das Muster nicht verdirbst.

Tipp

Verwende einen weichen Pinsel – harte Borsten können auf der Oberfläche Spuren hinterlassen.

Matte Puder

1 Rolle Fondant 5 mm dick aus. Lege die Schablone darauf und drücke sie mit dem Glätter sanft fest, damit sie nicht verrutscht.

2 Mische essbare Farbpuder zu einem passenden Ton – ich habe für ein mittleres Pink Weiß und dunkles Pink genommen. Tauche Deinen Pinsel in den Puder, klopfe den Überschuss ab und pudere vorsichtig über die Schablone. Variiere die Farbintensität, indem Du stellenweise mehr oder weniger Farbe aufträgst. Entferne den überschüssigen Puder sorgfältig, damit er Dir beim Entfernen der Schablone nicht das Muster verdirbt.

3 Nimm die Schablone vorsichtig ab. Steche aus dem dekorierten Fondant einen Kreis aus, der auf Dein Cupcake passt, dann hebe ihn mit einer Winkelpalette vorsichtig auf das Cupcake. Drücke mit einem sauberen Finger die Paste wenn nötig an, damit sie überall gut aufliegt. Wenn Du das wiederholst, achte darauf, dass Deine Finger keine Farbspuren haben, damit Du das Muster nicht verdirbst

Liebende Herzens

Diese weiche, romantische Design wurde mit mattem Puder hergestellt.

Mehrfarbige matte Puder

1 Rolle den Fondant aus wie bei matten Pudern. Mische verschiedene Farbpuder zu passenden Farben. Tauche einen weichen Pinsel in einen Puder, klopfe Überschuss ab, dann pudere vorsichtig über Teile der Schablone. Variiere die Farbintensität, indem Du stellenweise mehr oder weniger Farbe aufträgst, z.B. dunkles Lila für das Blütenherz, dann mit einer helleren Farbe die Blütenblätter und Blattränder.

2 Tauche einen sauberen Pinsel in eine andere Farbe und pudere weitere Teile des Musters, z.B. helles Pink auf die äußeren Blütenblätter. Nimm Farben, so viele du willst, aber verwende für jede neue Farbe einen sauberen Pinsel und entferne jedes Mal die Puderüberschüsse, damit die Farbe nicht schmutzig wird.

3 Nimm die Schablone vorsichtig von der Paste. Lege die Paste wie unter "Matte Puder" beschrieben auf das Cupcake.

Perfekte Pfingstrosen

Für dieses atemberaubende Cupcake wurde eine Anzahl unterschiedlicher matter Puder verwendet.

Royal Icing verwenden

Das Geheimnis bei der Verwendung von Royal Icing auf Schablonen (siehe Pasten, Füllungen und mehr) liegt in der richtigen Konsistenz. Es sollte eher steif mit weichen Spitzen sein, damit es nicht unter die Schablone rutscht oder aber zerfließt, wenn sie weggenommen wird. Zur Veränderung der Konsistenz füge Puderzucker hinzu, um es fester zu machen, oder abgekochtes Wasser, damit es weicher wird. Experimentiere auf einem Stück Fondant, bevor Du direkt am Kuchen oder Board arbeitest. Manche Schablonenmuster sind weniger anspruchsvoll, aber je feiner das Muster, umso steifer muss das Icing sein.

Schräge Hochzeit
Die „Felder" auf diesem Topsy Turvy Keks können mit einer Unmenge verschiedener Farben und Muster dekoriert werden, also sei nicht ängstlich, experimentiere und kreiere etwas Einzigartiges.

Auf Keksen

1 Rolle den Fondant 5 mm dick aus. Steche die Form mit dem Keksausstecher aus, aber lass die Paste außenherum liegen, damit die Schablone flach aufliegt. Lege die Schablone auf und verteile das Royal Icing mit einer Palette vorsichtig über den entsprechenden Bereichen. Streiche ein- oder zweimal von einer Seite zur anderen. Ziehe die Palette nicht hoch, sonst könnte die Schablone sich abheben und das Muster verschmieren.

2 Ist das Icing gleichmäßig dick aufgetragen, entferne vorsichtig die Schablone. Die Stärke des Icings ist Geschmackssache. Dünn aufgetragen, entsteht ein zweifarbiger Effekt, wenn der Fondant durchschimmert. Wird das Icing dicker aufgetragen, hat das Muster einen mehr dreidimensionalen Effekt.

3 Falls erforderlich, schneide die Paste mit der Winkelpalette zu. Hier im Beispiel wurde die untere Etage der Topsy Turvy zugeschnitten. Entferne alle überschüssige Paste. Bestreiche den Keks mit Piping Gel zum Ankleben.

4 Schiebe eine saubere Winkelpalette mit einer schnellen, wischenden Bewegung unter den Fondant – ohne die Form zu verziehen – hebe sie an und lege sie auf den Keks. Fahre mit Fondant und Royal Icing in anderen Farben fort und kombiniere Farben und Muster, die zusammen passen.

Tipp

Reinige Deine Schablonen in einer Schüssel Wasser, um das Icing zu lösen und tupfe sie dann trocken.

Auf Cupcakes

1 Rolle Fondant 5 mm dick aus. Steche einen Kreis passend zur Oberseite des Cupcakes aus, aber lass die Paste außenherum liegen, damit die Schablone flach aufliegt. Verteile das Royal Icing mit einer Palette vorsichtig über den entsprechenden Bereichen. Streiche ein- oder zweimal von einer Seiter zur anderen. Ziehe die Palette nicht hoch, sonst könnte die Schablone sich abheben und das Muster verschmieren.

2 Ist das Icing gleichmäßig dick aufgetragen, entferne vorsichtig die Schablone und die überschüssige Paste.

Tipp

Gib bei weißem Royal Icing etwas Superwhite dazu, um eine eher milchige als durchsichtige Wirkung zu erzielen.

Tee im Ritz
Ein gestyltes Cupcake mit farbigem Hintergrund und weißem Icing, das durch die glänzenden Papierförmchen noch aufgewertet wird

3 Schiebe eine saubere Winkelpalette mit einer schnellen, wischenden Bewegung unter den Fondant, hebe sie an und lege sie auf das Cupcake. Lass das Royal Icing einige Minuten trocknen – widerstehe der Versuchung, es anzufassen.

4 Der Fondant sollte sich mehr oder weniger am Platz befinden. Aber eventuell muss der Rand etwas angedrückt werden, damit er überall haftet. Wenn das Icing getrocknet ist, kann das Muster nicht zerstört oder verschmiert werden.

Auf der Oberseite von Boards und Kuchen

Zum Dekorieren der Oberfläche eines Kuchens oder Cake-Boards gelten die gleichen Regeln. Wähle eine Schablone und folge den beschriebenen Schritten. Für ein Board kannst Du eine Schablone nehmen, die größer ist als das Board. Du musst dann die Kanten des Musters säubern, das geht sehr effektiv mit einem feuchten Pinsel.

1 Färbe etwas Royal Icing entsprechend Deinem Farbschema mit Farbpaste oder flüssiger Farbe ein. Lege die Schablone mittig auf den eingedeckten Kuchen oder das Board, dann gib Dein Icing in die Mitte der Schablone, so dass sein Gewicht sie am Rutschen hindert.

2 Mit einer Winkelpalette oder einem breiten Kuchenspachtel verteilst Du das Icing vorsichtig von der Mitte aus mit runden Streichbewegungen, die bis zum Rand gehen. Entferne jedes Mal die Icing-Reste von Deiner Winkelpalette oder dem Spachtel.

3 Ist die Schablone komplett bedeckt, streife vorsichtig jeglichen Überschuss ab, um eine gleichmäßige Stärke zu erhalten. Wenn Du zufrieden bist, nimm die Schablone vorsichtig ab.

Tipp

Kleine Fehler in einem Royal Icing Schablonenmuster kannst Du mit einem feuchten Pinsel korrigieren, solange das Icing noch nass ist.

Pretty in Pink

Bei diesem Pfingstrosen-Kuchen wurde das Icing nur ein paar Töne dunkler gefärbt als der Fondant, Du kannst für eine aufregendere Wirkung auch Kontrastfarben nehmen.

An der Seite des Kuchens

Mit einer Schablone an der Seite des Kuchens zu arbeiten, kann eine große Herausforderung sein. Es gibt zwei Methoden: einmal das Muster mit Royal Icing direkt auf den Kuchen bringen; zum andern einen Streifen Modellierpaste mit Farbpuder oder Royal Icing dekorieren und an der Seite des Kuchens befestigen. Die Wahl der Methode hängt von der erwünschten Wirkung und dem Schablonenmuster selbst ab. Wickele die Schablone um den Kuchen – falls Teile des Musters vom Kuchen abstehen, ist es besser, mit dem Streifen Modellierpaste zu arbeiten. Der dekorierte Streifen kann mit Hilfe eines zweiten Paars Hände am Kuchen angebracht werden – diese Methode wurde beim mittleren Kuchen der Hutschachteln (sieh Anfang des Kapitels) verwendet. Die folgenden Schritte zeigen die direkte Arbeit am Kuchen.

Tipp

Übe an einem Dummy oder einer Backform, bevor Du diese Methode an einem Kuchen anwendest.

1 Benutze beim Eindecken Deines Kuchens ein Geodreieck, damit die Seite genau senkrecht sind (s. Kuchen und Boards eindecken), dann lass den Fondant antrocknen. Befestige die Schablone mit einem Fixierungsset. Um ein Verrutschen zu verhindern, kannst Du auch an einem Ende ein paar Stecknadeln einstechen.

2 Nimm Royal Icing auf einen Kuchenspachtel, beginne am festgesteckten Ende und verteile das Icing vorsichtig entlang der Schablone. Falls nötig, nimm mehr Icing, um das Muster komplett abzudecken. Streiche vorsichtig jeglichen Überschuss ab, um eine gleichmäßige Schicht zu erhalten.

3 Wenn Du zufrieden bist, entferne die Nadeln und das Fixierungsset. Um das Muster fortzusetzen, lass das Icing trocknen, bevor Du weitermachst.

Seite an Seite

Um die verschiedenen Stufen des Hutschachtel-Stapels zu dekorieren, musst Du Deine Schablonen mehrmals benutzen und sie den hier beschriebenen Techniken anpassen.

Mehrfarbige Effekte

Spannende mehrfarbige Effekte kannst Du durch verschiedenfarbiges Royal Icing in einer Schablone erzielen. Die Farben vermischen sich leicht, dadurch sieht das Ergebnis jedes Mal etwas anders aus – perfekt für Cupcakes oder Kekse, da alle ähnlich aber trotzdem einzigartig sind.

Geisha Girls
Bei diesem japanisch inspirierten Muster wurden unterschiedliche Rosatöne – von sehr hell bis sehr dunkel – verwendet.

1 Färbe kleine Mengen Royal Icing einzeln ein, nimm Superwhite zum Aufhellen, wenn nötig, und Farbpaste oder flüssige Farbe zum kolorieren. Lege die Schablone auf den Fondant, dann gib Icing in verschieden Farben auf verschiedene Felder und benutze am besten verschiedene Winkelpaletten zum Verteilen.

2 Verteile und mische das Icing mit ein paar Strichen mit einer sauberen Winkelpalette. Die Verteilung der Farben über der Schablone wird bestimmt durch die Art, wie Du das machst – also überlege Dir vorher gut, welche Wirkung Du erzielen willst.

3 Wenn Du zufrieden bist und das Icing gleichmäßig verteilt ist, nimm vorsichtig die Schablone ab. Für die Dekoration einer ganzen Anzahl Cupcakes zum Beispiel plane genug Icing in jeder Farbe ein. Du kannst zwar das überschüssige Icing von der Schablone verwenden, aber die Farben sind nicht mehr so sauber abgegrenzt.

Schablonen anpassen

Das ausgewählte Schablonenmuster hat nicht immer die richtige Größe oder Form für den Kuchen. Also passe es an durch Wiederholung oder Abdecken des Musters. Hier siehst Du die Techniken, die Du einzeln oder zusammen einsetzen kannst.

Tipp

Reinige, trockne und lagere Deine Schablonen immer sorgfältig, damit Du sie lange nutzen kannst.

Musterwiederholung Das ist besonders zum Dekorieren der Kuchenseite hilfreich und die meisten Seitenschablonen sind so gestaltet, dass das Muster immer nahtlos zusammenpasst. Das Geheimnis ist, das erste Muster trocknen zu lassen und die Schablone vor dem Ansetzen zu spülen und zu trocknen. Setze die Schablone dann so an, dass das Muster fortläuft und trage Icing wie vorher beschrieben auf.

Abdecken Um einen perfekten Abschluss bei Musterwiederholungen zu erhalten, kann Abdecken erforderlich sein. Auch, wenn Du nur einen Teil des Musters verwenden willst. Um eine Schablone abzudecken, brauchst Du nur den entsprechenden Teil mit Kreppband abzukleben. Dann kannst Du das Icing verteilen, ohne mehr von dem Muster zu übertragen, als Du wirklich willst.

Verzierungen

Hübsche schablonierte Muster können sehr leicht zu atemberaubend schönen Zuckerdekorationen werden. Hier sind für den Anfang ein paar einfache Ideen.

Gestylte Blümchen
Du kannst Kekse nach Lust und Laune aufhübschen – hier durch ausgestochene Blümchen auf einer kleinen Schablone.

Spritzen Spritze einige Icing-Punkte auf, in der gleichen, in einer abgetönten oder in Kontrast-Farbe (siehe Kapitel Spritzen). Auf oder um das Muster herumgespritzt sind sie sehr wirkungsvoll. Experimentiere auf einem kleinen Stück Fondant, um herauszufinden, wie Du das Aussehen eines Musters dadurch verändern kannst.

Applikationen Du kannst Deinen Mustern mit Applikationen noch mehr Struktur und Farbe geben. Wähle die Farben sorgfältig aus und beachte das Größenverhältnis – Muster und Applikationen sollen wie eine Einheit aussehen. Keine Angst – eine ausgestochene Applikation kann leicht entfernt werden (siehe Kapitel Ausstecher).

Modellierformen Mit geformten Verzierungen (siehe Kapitel Modellierformen) bringst Du schnell und wirkungsvoll mehr Farbe und Aufsehen in Dein schabloniertes Muster. Probiere mit Formen und Blumen aus, was am besten zu Deinem Design passt.

Eigene Schablonen herstellen

Wenn Du keine passende Schablone findest oder ein sehr persönliches Muster haben möchtest, hilft die eigene Schablone weiter. Du kannst dazu bereits vorhandene Materialien verwenden oder spezielle Werkzeuge benutzen.

Reine Freude
Beschränke Dich nicht auf kommerzielle Schablonen, wenn Du eigene machen kannst.

Vorhandene Materialien nutzen

Du brauchst Material für die Schablone und irgendeinen Ausstecher. Nimm, was vorhanden ist. Hier wird Karton, ein Skalpell und eine Papierstanze benutzt – probiere es ruhig mit anderen Materialien, die Du bereits hast.

Skalpell Zeichne oder übertrage Dein Muster – hier habe ich mit Bleistift auf Karton gezeichnet – ganz einfach, auch für Logos. Lege den Karton auf eine Schneidmatte oder passende Unterlage und schneide das Muster mit dem Skalpell aus.

Papierstanzen Diese Hilfsmittel sind sehr gut für Muster entlang von Kanten geeignet. Aber nicht alle können Karton lochen, dann weiche auf andere Materialien aus, wie z.B. Wachspapier.

Spezielle Werkzeuge

Du brauchst Schablonenfolie und einen Schablonenschneider, um damit die Folie heiß zu schneiden

1 Lege Dein Muster unter die Folie und klebe es fest. Heize den Schablonenschneider auf – das dauert ca. 5 Minuten. Achtung Verbrennungsgefahr! Die Werkzeugspitze wird extrem heiß! Beachte die Gebrauchsanleitung des Herstellers.

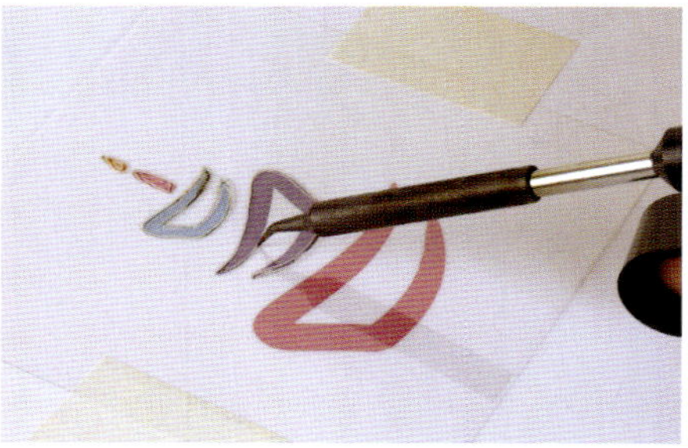

2 Halte das Werkzeug wie einen Stift in der Hand und lass Deine Hand auf der Arbeitsfläche ruhen. Zeichne die Umrisse mit ganz leichtem Druck schnell und weich nach (es wird durch die Hitze geschnitten, nicht durch Druck). Nicht zu lange auf einem Punkt verweilen, da ständige Hitze die Schablone zerstören kann.

3 Wie bei jeder Technik wirst Du durch Übung besser, deshalb probiere zuerst kleine Muster aus, bevor Du Dich an große Projekte wagst. Wenn Du mit Deinen Schablonen zufrieden bist, verwende sie, wie es hier im Kapitel beschrieben ist.

Logo!
Das Logo von Lindy's Cakes auf diesem Cupcake wurde mit Schablonenschneider aus Folie geschnitten.

Weitere Einsatzmöglichkeiten

Du kannst mit Schablonen auch Fondant prägen. Ich finde das sehr nützlich, wenn ich ein zartes Muster auf eine große Fläche wie z.B. ein Cake-Board bringen möchte. Die Paste ist ruckzuck geprägt, aber es geht natürlich auch auf kleineren Teilen, wie Kekse und Cupcakes.

1 Rolle Fondant 5 mm dick aus, am besten mit Ausrollhölzern. Lege die Schablone darüber, dann presse mit einem Glätter fest darauf, damit die Paste bis an die obere Kante der Schablone hochgedrückt wird. Wiederhole diesen Vorgang für das ganze Muster.

2 Nimm die Schablone vorsichtig ab und lege sie eventuell neu an, um das Muster fortzusetzen. Steche die gewünschte Form aus.

Funky Flip Flops
Das leicht erhöhte Muster wurde mit einer Schablone auf die Sohlen geprägt.

Ausstecher

Mit ausgestochenen Formen kannst Du Kuchen und Kekse einfach und wirkungsvoll dekorieren. Sei kreativ: Wiederhole die Formen, lege sie übereinander, aneinander oder ineinander. Nutze Deine Vorstellungskraft: Du nimmst einen Blütenausstecher, aber muss er eine Blüte darstellen? Welche Muster kannst Du alle mit einer Form herstellen? Was passiert, wenn Du eine asymmetrische Form mit ihrem Spiegelbild kombinierst? Betrachte nicht nur die Muster, die Du durch Formen herstellst, sondern auch die Räume zwischen diesen Mustern.

Kapitelinhalt:

Flower Power

Eine ganze Menge verschiedener Ausstecher wurden für die Blüten und den Rand dieses auffälligen und stolzen Kuchens benutzt. Tobe Dich aus und sei kreativ! Im Kapitel Anleitungen findest Du die schrittweise Anleitung für diesen Kuchen sowie Materiallisten und Anleitungen für alle Kuchen und Kekse dieses Buches.

Tipp

Anregungen findest Du überall – Muster auf Karten, Geschenkpapier, Vorhangstoff, Gebäuden, Schmiedeeisen, farbigen Glasfenstern …Lass Dich inspirieren und kopiere nicht nur!

Wissenswertes über Ausstecher

Es gibt eine große Menge spezieller Ausstecher für die Zuckerkunst – Deine Auswahl hängt von Deinem persönlichen Geschmack und Deinen Projekten ab.

Kunststoff-Ausstecher

Diese werden normalerweise in großen Mengen hergestellt und sind meistens in den gängigen Basisgrößen und –formen erhältlich, z.B. Herzen und Blüten. Ihr Vorteil ist, dass sie bei Gebrauch nicht verbogen werden können. Trotzdem solltest Du sie sogfältig lagern, damit ihre Schneidkanten nicht durch andere Ausstecher und Werkzeuge beschädigt werden. Die Qualität der Schneidkanten ist oftmals sehr unterschiedlich und sie sind nicht so scharf wie Metallausstecher.

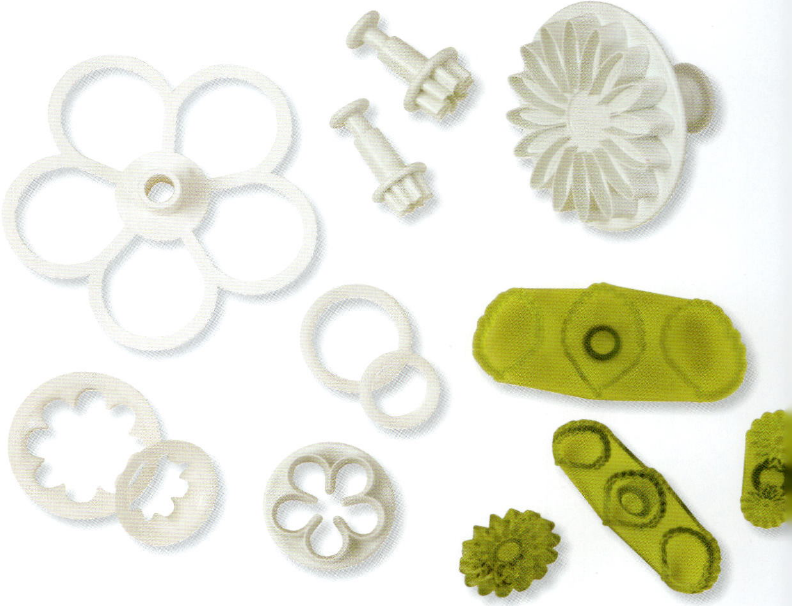

Metall-Ausstecher

Metall-Ausstecher sind in einer breiten Vielfalt erhältlich. Die Qualität ist sehr unterschiedlich, also kaufe die besten, die Du Dir leisten kannst. Günstige Ausstecher sind oft aus Weißblech, sie können bei Feuchtigkeit rosten. Lass sie nach dem Spülen nicht an der Luft trocknen, sondern trockne sie entweder gründlich mit einem Tuch oder in einem warmen Ofen. Ausstecher aus Edelstahl sind einfacher zu handhaben, können auch in die Spülmaschine, haben aber ein höheres Preisniveau. Es gibt sie in unterschiedlichen Stärken: dünnere ergeben einen schärferen Schnitt, lassen sich aber auch leichter verformen, während dickere robuster sind, aber auch nicht so sauber schneiden.

Formen ausstechen

Mit dünn ausgerollter Modellierpaste und Deiner Auswahl an Ausstechern sind Formen sehr einfach herzustellen. Ich empfehle normalerweise, die Paste 1,5 mm dick auszurollen und für eine gleichmäßige Stärke Ausrollhölzer zu verwenden. Manche Muster jedoch müssen dünner sein oder sehen dicker ansprechender aus. Der Gebrauch einer Auswahl verschiedener Ausstecher wird Dir im Folgenden erklärt.

Liebe ist...
... einfach ausgestochene Formen auf einem Cupcake

Einfache Formen ausstechen

1 Rolle die Modellierpaste zwischen engen Hölzern aus, am besten auf einer Antihaft-Arbeitsplatte. Drücke den Ausstecher in die Paste und bewege ihn ganz leicht hin und her, damit er die Paste richtig durchtrennt – das ist besonders bei Kunststoff-Ausstechern sehr wichtig.

2 Entferne die überschüssige Paste und lass die Formen ein paar Sekunden ruhen – damit sie sich nicht verziehen. Nimm die ausgestochenen Teile mit einer Winkelpalette von der Arbeitsfläche ab. Bevor Du sie mit Zuckerkleber auf den Kuchen klebst, streiche mit dem Finger mögliche ausgefranste Kanten nach unten um.

Ausstecher mit Auswerfer schneiden normalerweise sehr saubere Formen aus. Drücke den Ausstecher in die ausgerollte Modellierpaste, wackele schnell ein bisschen hin und her. Hebe den Ausstecher mitsamt der Paste hoch, streiche mit dem Finger eventuell kleine Pastenreste vom Rand ab, dann drücke mit dem Auswerfer die Paste heraus.

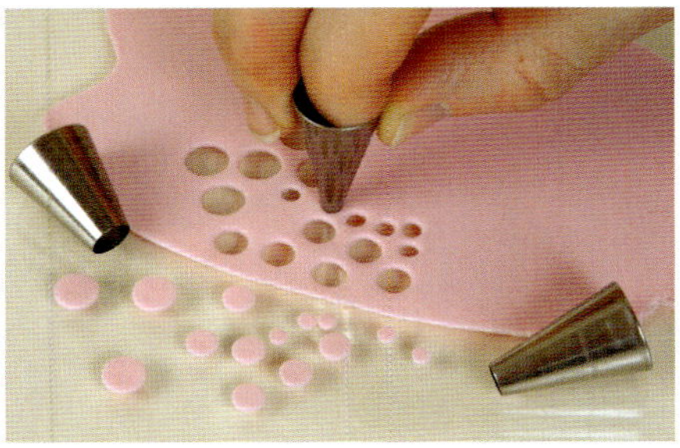

Spritztüllen eignen sich ausgezeichnet als kleine Ausstecher. Ich finde die glatten runden besonders nützlich. Setze die Tülle auf Deinen Zeigefinger und steche damit frisch ausgerollte Modellierpaste aus. Bleibt die Paste in der Tülle hängen, drücke sie mit einem weichen Pinsel heraus.

Komplizierte Formen ausstechen

1 Für eine saubere Schnittkante drückst Du nicht den Ausstecher in die Modellierpaste, sondern legst die Paste über den Ausstecher und rollst mit dem Ausrollstab darüber.

2 Streiche mit dem Finger entlang der Kante, dann dreh den Ausstecher herum und drücke die Paste vorsichtig mit einem weichen Pinsel heraus.

Mehrere Schichten

Viele meiner Kuchendesigns sind in Schichten aufgebaut – das mag auf den ersten Blick kompliziert aussehen, aber wenn Du die Elemente zerlegst, sind es nur einfache Formen, die aufeinander gelegt wurden.

Rose von Rajasthan
Zwei verschiedene Blüten wurden auf diesem Mini-Cake aufeinandergelegt, ein dritter Ausstecher prägte die Paste.

Nur einen Ausstecher verwenden

1 Wenn Du dieselbe Form übereinander legen willst, wobei die untere leicht größer sein soll, Du aber keine zwei Ausstecher hast, dann rolle Modellierpaste in zwei Farben zwischen schmalen Hölzern aus und steche die Formen mit demselben Ausstecher aus. Drücke dann mit dem Glätter die Formen einer Farbe flacher, um sie so gleichmäßig zu vergrößern.

2 Streiche Zuckerkleber auf die vergrößerte Form. Hebe die andersfarbige Form mit einer Winkelpalette an und lege sie vorsichtig auf die größere Form, damit ein sichtbarer Rand entsteht. Dann bringe sie am Kuchen an.

Tipp

Knete die Modellierpaste vor dem Ausrollen warm. Ist sie zu fest oder zu krümelig, gib ein wenig weißes Pflanzenfett und/oder abgekochtes Wasser dazu - sie sollte fest, aber elastisch sein.

Mehrere Ausstecher

Steche Formen aus Modellierpaste in verschiedenen Größen und Farben aus - wie zuvor beschrieben. Lege die Formen schichtweise aufeinander und befestige sie mit Zuckerkleber oder Wasser. Das Foto zeigt vier Schichten, der Mini-Kuchen trägt Formen in drei Schichten, während der Flower Power Kuchen zu Beginn dieses Kapitels sogar fünf Schichten hat. Probiere aus, welche Formen, Größen und Farben Du magst und was Dir am besten gefällt.

Aneinanderlegen

Durch das Aneinanderlegen einfacher Formen kannst Du verblüffende Muster herstellen. Am einfachsten ist es, zwei Formen so nebeneinander zu legen, dass sich ihre Kanten berühren. Da Formen aber nicht immer nahtlos zueinander passen, schneide die eine mit dem Ausstecher der anderen Form ab, damit sie aneinanderstoßen. Das kann – besonders bei komplizierten Mustern – etwas Zeit und Geduld kosten, ergibt aber hinreißende Resultate. Im Folgenden siehst Du, wie Du mit einem Kreisausstecher Reihen angrenzender Formen herstellst. Du kannst diese Technik sehr vielseitig einsetzen, indem Du z.B. nur zwei Formen nebeneinander legst oder einen ganzen Kuchen damit eindeckst.

Tipp

Für Cupcakes legst Du das Muster auf frisch ausgerollten Fondant und stichst Kreise aus, die auf das Cupcake passen.

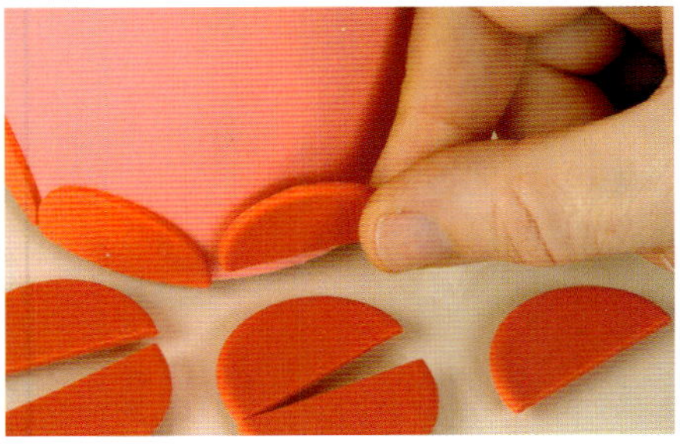

1 Rolle Modellierpaste zwischen schmalen Hölzern gleichmäßig aus. Steche einige Kreise aus, halbiere sie und lege sie an die untere Kante des Kuchens, so dass sie mit der geraden Kante auf dem Board aufliegen und die Kreise sich gerade berühren.

2 Jetzt rolle eine andersfarbige Modellierpaste in der gleichen Stärke aus und steche eine Reihe Kreise so aus, dass sie sich gerade berühren. Mit demselben Ausstecher stichst Du die nächste Reihe wie hier gezeigt aus. Lege die erhaltenen Formen als zweite Reihe um Deinen Kuchen.

3 Wiederhole das Ganze mit einer weiteren Modellierpaste. Steche zuerst die Reihe Kreise aus, bevor Du die Endform ausstichst, damit die Formen gut angrenzen. Bilde so viele Reihen wie Du möchtest.

Orient Express

Für faszinierende Muster benötigst Du nicht viele Ausstecher – dieses Muster entstand nur mit einem einzigen Kreisausstecher, die obendrauf geschichteten Blumen aus einfachen Blütenausstechern.

Einlege-Arbeiten

Bei dieser Technik müssen zwei Ausstecher ineinander passen, um das Muster herzustellen. Kleine Muster, wie das hier gezeigte, kannst Du auf der Arbeitsfläche fertigstellen, bevor Du sie auf den Kuchen bringst. Bei größeren Mustern macht es mehr Sinn, sie direkt auf dem Kuchen anzufertigen, wobei die Fondant-Oberfläche möglichst fest sein sollte und Du Zuckerkleber nur dort aufträgst, wo die Paste nicht mehr entfernt und ersetzt wird.

Tip

Vergiss nicht: Spritztüllen sind hervorragende Ausstecher für kleine runde Formen.

1 Rolle verschiedenfarbige Modellierpaste zwischen schmalen Hölzern aus und schütze sie mit Folie oder einer Frischhaltematte vor dem Trocknen. Steche mit dem größten Kreisausstecher einen Kreis aus einer der Pasten aus. Lass ihn liegen, damit er sich nicht verzieht und entferne die überschüssige Paste.

2 Nimm einen etwas kleineren Ausstecher und steche mittig einen Kreis aus dem großen Kreis aus. Mit dem Scriber kannst Du den ausgestochenen Kreis gut herausnehmen.

3 Ersetze den Kreis durch einen andersfarbigen und streiche die Ränder mit dem Finger glatt, damit kein Spalt entsteht. Steche weiter aus und ersetze durch andere Farben.

4 Stelle konzentrische Kreise in verschiedenen Größen und Farbvarianten her. Hebe die fertigen Kreise vorsichtig mit der Winkelpalette an und befestige sie auf dem Kuchen mit Zuckerkleber. Wenn sie aneinander liegen sollen, wie hier auf dem Cupcake gezeigt, schneide entsprechende Flächen vorher aus.

Abnehmende Kreise
Dieses auffallende Muster sind ineinandergelegte Kreise aus Paste.

Mosaik

Mosaik lässt sich gut aus Zucker herstellen, Du brauchst nur etwas Zeit zum Trocknen zwischen den einzelnen Etappen. Gestalte Dein eigenes Muster mit verschiedenen Ausstechergrößen und -formen. Für mehr Plättchen schneide größere Formen in Stücke. Lass Dich von dem Architekten Antoni Gaudi anregen. Hier wird beschrieben, wie Du eine mehrfarbige Blume auf blauem und grünem Hintergrund gestaltest, aber die Technik ist für jedes Design gleich.

Mosaik Wunder
Gestalte Dein Muster mit Modellierpaste, dann „verfuge" die Plättchen mit weichen Fondant.

1 Knete verschiedenfarbige Modellierpaste weich und rolle sie zwischen schmalen Hölzern dünn aus, damit alle Mosaikplättchen gleich stark sind. Steche Blüten in den gewünschten Farben aus und lege sie auf den eingedeckten Kuchen oder auf das Board.

2 Für die Hintergrund-Plättchen rollst Du Blütenpaste einer anderen Farbe aus. Dann stellst Du einen kleinen Bereich des Musters mit den Ausstechern in der Hintergrundfarbe her. Schneide die verbleibende Fläche mit einem Skalpell oder Schneidrädchen in Stücke für den Hintergrund.

3 Hebe und trenne einige Mosaikplättchen mit der Winkelpalette an, dann bringe die Plättchen mit Hilfe eines feuchten Pinsels auf dem Kuchen oder Board in Position. Achte darauf, dass zwischen allen Plättchen ein kleiner Spalt ist. Schneide die Größe notfalls zurecht. Lass die Plättchen gründlich durchtrocknen.

4 Wenn alles trocken ist, gib Fondant in einer Kontrastfarbe – hier weiß – auf Deine Arbeitsfläche. Gib etwas abgekochtes Wasser dazu und vermenge es mit einer Palette. Gib soviel Fondant und Wasser hinzu, bis Du eine weiche streichfähige Konsistenz hast.

5 Verstreiche die weiche Zuckerpaste schrittweise über die getrockneten Plättchen, um alle Fugen damit auszufüllen. Entferne mit der Palette so viel Überschuss wie möglich.

6 Zuletzt entfernst Du mit einem gefalteten feuchten Küchentuch die restliche Paste von den Plättchen und lässt alles trocknen. Wiederhole den Vorgang, bis alle Flächen fertig sind.

Blumen und Blüten

Blumen sind bei der Dekoration von Kuchen die erste Wahl. Es wurden schon viele Bücher über die Kunst der Zuckerblumen-Herstellung geschrieben, deshalb möchte ich dieses Thema hier nur streifen. Die einfachste Darstellung einer Blume ist, sie auszustechen (siehe Kapitel Ausstecher). Andere Möglichkeiten sind Stoffblumen aus Paste nachzustellen oder Du versuchst es mit naturgetreuen Blumen.

Kapitelinhalt:

Tipp

Ob Du einfach nur ausgestochene Blumen oder naturgetreue Blüten machst, hängt von der beabsichtigten Wirkung und Deiner Zeit ab.

Fuchsia Fashionista

Dreidimensionale Stoffrosen, Dahlien und Blüten dekorieren diesen umwerfenden Handtaschen-Kuchen, der das Herz jeder modebewussten Frau höher schlagen lässt. Im Kapitel Anleitungen findest Du die schrittweise Anleitung für diesen Kuchen sowie Materiallisten und Anleitungen für alle Kuchen und Kekse dieses Buches.

Stoffblumen

Viele Bastelideen sind austauschbar, viele kannst Du anpassen, und das trifft sicherlich auf Stoffblumen zu. Diese drei Beispiele hier werden oft aus Stoff oder Leder hergestellt, sind aus Zucker aber sehr wirkungsvoll auf einem Kuchen. Du brauchst dafür nur dünn ausgerollte Modellierpaste. Die Paste kannst Du mit einem Präge-Rollstab in Stoffmuster o.ä. prägen, um sie noch echter wirken zu lassen.

Zarte Rosen
Bei diesem romantischen Cupcake geben Stoffrosen in warmen Farben den Ton an

Rose

1 Rolle die Modellierpaste dünn aus. Sie soll fest, aber dehnbar sein – gib etwas weißes Pflanzenfett und/oder abgekochtes Wasser hinzu, wenn sie zu trocken oder unelastisch ist. Falte einen Teil der Paste um und schneide einen Streifen von 1,5 cm für eine kleine Rose, oder 7 cm für eine große Rose oder für eine andere Größe irgendwo dazwischen.

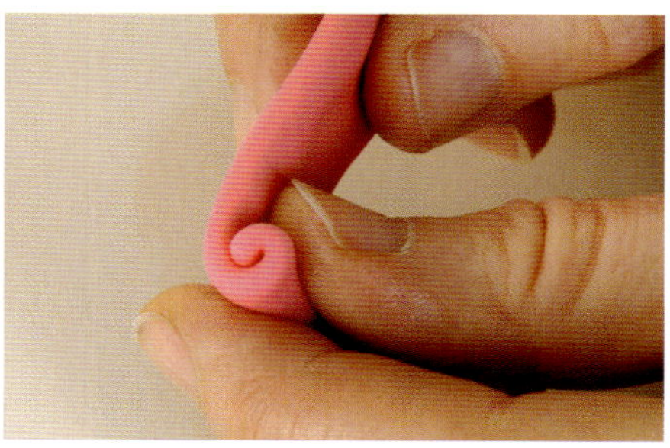

2 Beginne an einem Ende den gefalteten Streifen zu einer Spirale aufzurollen.

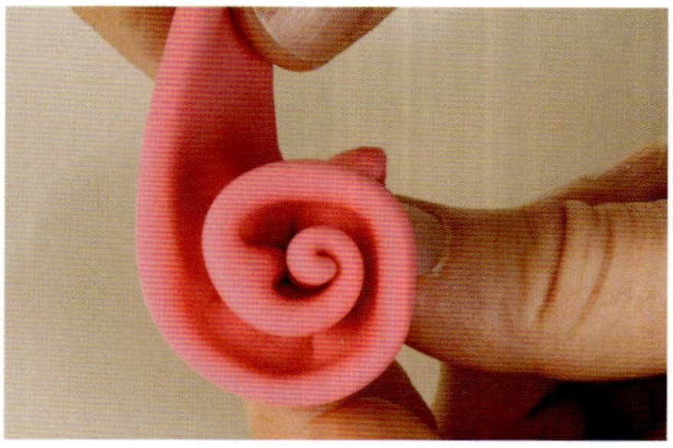

3 Drücke die geschnittene Kante beim Aufrollen zusammen und raffe die Paste etwas, um mehr Fülle und Raum in die Blume zu bekommen.

4 Begradige die Rückseite durch Abschneiden des Überschusses mit einer Schere.

Rose

Blüte

Dahlie

Stoffblumen
Der Kuchen zu Beginn dieses Kapitels zeigt alle diese Blumen auf einem lebensechten Handtaschen-Design. Probiere aus, welche Wirkungen Du mit verschiedenen Kombinationen erzielen kannst.

Blüte

Für diese Blüte brauchst Du auch einen ovalen Ausstecher – seine Größe bestimmt die Größe der fertigen Blume.

Hübsch in Pastell
Ordne Blüten in Dreiergruppen für dieses süße und einfache Cupcake-Design an.

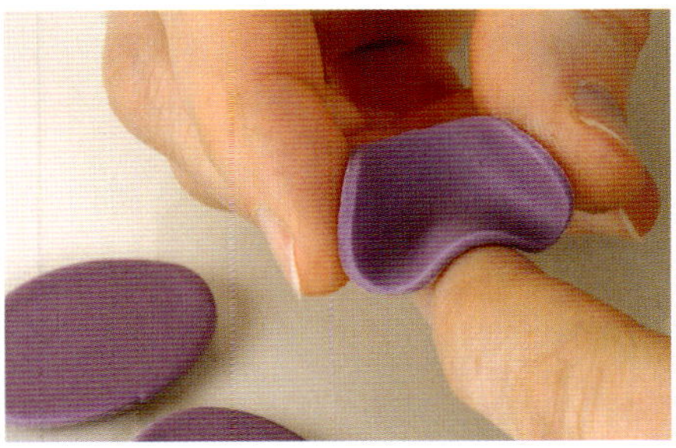

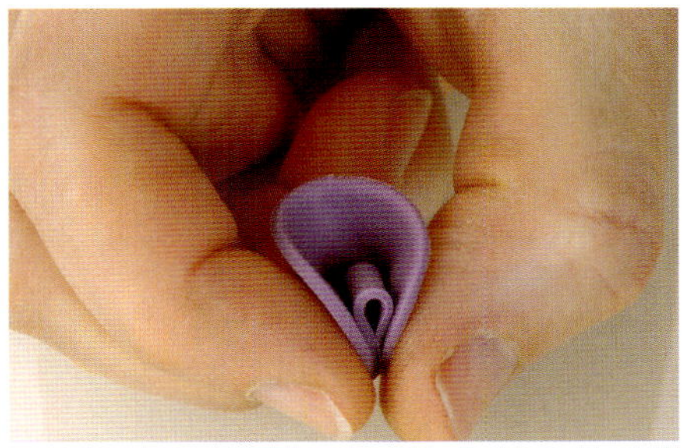

1 Rolle die Modellierpaste dünn zwischen schmalen Hölzern aus und steche sechs Ovale je Blüte aus. Nimm ein Oval zwischen Daumen und Zeigefinger und hebe mit der anderen Hand die Mitte einer Seite des Ovals an.

2 Nimm den Finger weg und lege Daumen und Zeigefinger zusammen. Drücke die Paste fest zusammen, damit die Blüte zusammenklebt. Wiederhole es für die restlichen Ovale.

3 Klebe die Blütenblätter mit einem Pinsel und Zuckerkleber zu einem Kreis zusammen. Zum Schluss rollst Du eine Kugel aus Paste und klebst sie mit Zuckerkleber in die Mitte der Blüte.

Dahlie

Du brauchst für diese Blume nur etwas Modellierpaste, ein Quilting Tool und einen Kreisausstecher. Dieser bestimmt die Größe der Blume – probiere verschiedene Größen aus, bis Du die passende findest.

Liebling Dahlie
Eine Stoffdahlie, hergestellt mit einem kleinen Kreisausstecher, schmückt dieses Cupcake. Nimm Modellierpaste im Farbton des Papierförmchens oder wähle einen größeren Kontrast.

1 Rolle Modellierpaste dünn zwischen schmalen Hölzern aus und steche acht Kreise je Blume aus. Falte jeden Kreis zur Hälfte und stapele sie mit etwas Zuckerkleber aufeinander – nicht zu viel, sie sollen kleben, nicht rutschen.

2 Lege die gestapelten Kreise auf die Faltung, öffne den Stapel etwas, dann bringe und klebe die beiden Enden zusammen. Ordne die Blume so an, dass die Blütenblätter gleichmäßig geöffnet sind.

3 Ziehe mit dem Quilting Tool eine Naht in der Mitte jedes Blütenblattes. Lass die Paste etwas trocknen, bevor Du die Blume auf dem Kuchen anbringst.

Einfacher Blütenkelch

Ihre Herstellung ist ganz einfach – Du brauchst nur Modellier- oder Blütenpaste, einen Blütenblatt – Ausstecher, ein Ball Tool, ein Foam Pad (feste Schwammunterlage) und einen Blütenformer.

Tipp
Wenn Du kein Foam Pad hast, kannst Du auch die Innenfläche Deiner Hand nutzen.

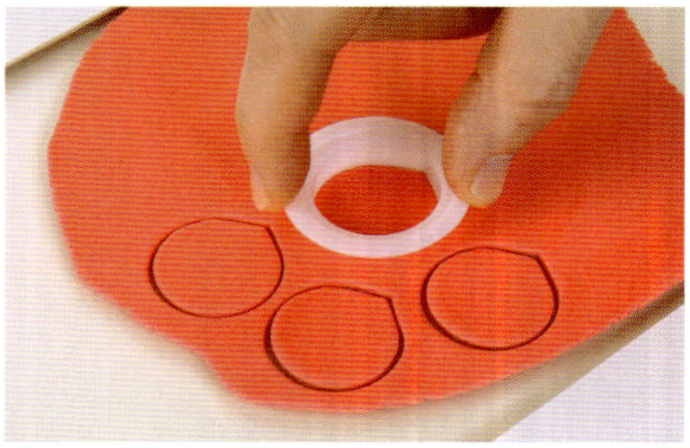

1 Rolle die Paste dünn aus und steche einige Blütenblätter aus. Die Anzahl hängt von der Größe Deines Ausstechers ab und davon, wie voll Deine Blume werden soll. Hier sind es sechs Blätter.

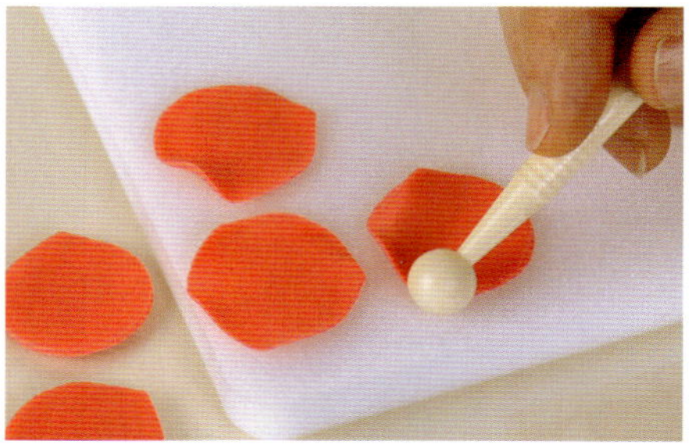

2 Wenn Du Blätter und Blüten mit Ausstecher ausstichst, musst Du immer den Rand verdünnen. Lege die Blätter auf das Foam Pad und fahre mit dem Ball Tool die Kanten entlang, drücke es dabei halb auf die Paste und halb auf das Pad. Für einen leicht gerüschten Rand drücke etwas fester, damit die Paste noch dünner wird und sich in Rüschen legt.

3 Damit die Blume in Kelchform trocknet, brauchst Du einen Former. Im Handel sind Styroporformer erhältlich, Du kannst aber auch Aluminiumfolie über einen Kreisausstecher, eine Tasse, Glas oder jedes andere runde Objekt legen.

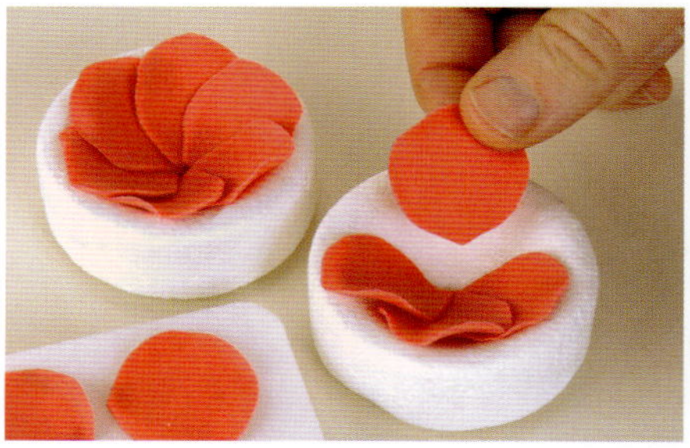

4 Lege die Blätter überlappend in den Former und fixiere sie mit einem Hauch Zuckerkleber. Es gibt viele Arten, die Blumenmitte zu bilden – hier habe ich Kugeln aus Modellierpaste in der Farbe des Kuchens gerollt und diese mit Zuckerkleber befestigt.

Florale Eleganz
Ein simpler Blütenkelch obenauf verwandelt diesen Mini-Kuchen in eine Schönheit.

Naturgetreue Blumen

Diese Blumen sind aus Blütenpaste, weil diese sehr dünn ausgerollt werden kann und sehr hart wird. Blumen aus Blütenpaste behalten ihre Form und sind nicht so feuchtigkeitsanfällig wie Blumen aus anderen Pasten. Allerdings ist getrocknete Blütenpaste sehr zerbrechlich, also behandele Deine Blumen mit äußerster Vorsicht. Obwohl die Blumen essbar sind, schmecken sie nicht gut, werden aber zu wunderbaren Andenken

Sehr überzeugend
Die Mohnblüte auf den „Perfekter Mohn"-Kuchen im Kapitel Malen ist so realistisch, dass man sie leicht für echt halten kann!

Mohnblume

Ich liebe den Glanz und die Einfachheit des Mohns, deren Blüten in ihrer Farbvielfalt zu Kuchen in vielen verschiedenen Farbschemata passen. Mohn hat normalerweise vier bis sechs Blütenblätter. Für diese strahlend rote Blüte brauchst Du rote, grüne und schwarze Blütenpaste, einen Ausstecher, eine zweiseitige Prägeform für Mohnblüten, einen Former und einige Modellierwerkzeuge.

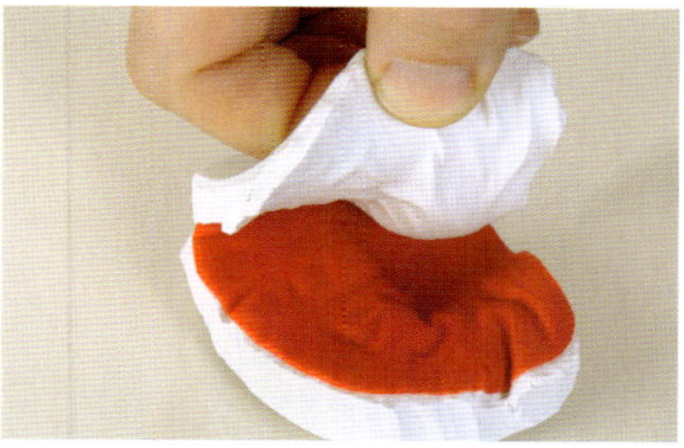

1 Steche aus dünn ausgerollter Blütenpaste vier Blütenblätter je Blume aus. Lege sie auf ein Foam Pad und rolle mit dem Ball Tool die Kante entlang, halb auf der Paste und halb auf dem Pad. Lege das Blatt zwischen die beiden Hälften der Prägeform und achte darauf, dass die Seiten genau aufeinander liegen. Drücke fest darauf, damit das Blatt geprägt wird.

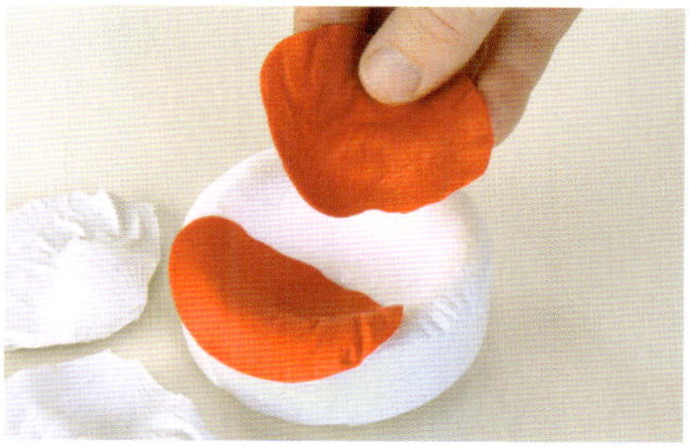

2 Nimm das Blatt heraus und lege es in den Former. Präge das zweite Blatt und lege es dem ersten gegenüber. Präge zwei weitere Blätter und lege sie im rechten Winkel auf die ersten beiden.

3 Roter Mohn ist manchmal schwarz gezeichnet – pudere dafür die Basis jeden Blütenblattes mit schwarzer Puderfarbe ein. Als nächstes drehst Du schmale, aus Küchenpapier geschnittene Streifen auf und legst sie zwischen die Blätter, um Bewegung in die Blüte zu bringen und sie echter wirken zu lassen.

4 Für die Blütenmitte rollst Du eine Kugel grüner Blütenpaste zu einem Kegel, dann kneifst Du mit einer Pinzette acht gleichgroße Grate in die Oberseite des Kegels. Mit dem Dresden Tool markierst Du leichte Rillen am Kegel entlang.

5 Für die Staubgefäße rollst Du schwarze Blütenpaste dünn aus und schneidest mit dem Schneiderädchen schnell vor- und rückwärts durch die Paste, um ein enges Zickzackmuster zu bekommen.

6 Schneide auf beiden Seiten des Zickzacks gerade Linien, um zwei gezackte Streifen zu bekommen und wickele diese um die Blütenmitte. Ich habe dem Mohn zwei Lagen gegeben, aber Du brauchst auch nur eine zu nehmen.

Pfingstrose

Farbenprächtig und auffallend – die Königin der Blumen. Die Pfingstrose ist eine wundervolle Blüte auf Kuchen. Verglichen mit anderen Blumen hat eine Pfingstrose eine beträchtliche Anzahl von Blütenblättern, die aber alle mit einem Ausstecher gemacht werden. Für die Pfingstrose braucht Du Blütenpaste in der gewünschten Farbe, Farbpuder zur Vervollständigung, einen großen Ausstecher für eine fünfblättrige Blüte, ein Keramikprägewerkzeug, ein Foam Pad, ein Ball Tool, einen Former und die Basis-Modellierwerkzeuge, sowie Zuckerkleber und Küchentücher.

1 Steche aus dünn ausgerollter Blütenpaste zwei große fünfblättrige Blütenblätter aus. Schneide mit dem Cutting Wheel kleine V-förmige Ausschnitte an den Kanten aus – wie hier gezeigt. Bedecke die Blüte, an der Du nicht arbeitest, mit Folie oder einer Frischhalte-Matte, um sie vor Austrocknen zu schützen.

2 Gib den Blütenblättern Struktur, indem Du mit dem Keramik-Prägewerkzeug über beide Seiten rollst. Dafür legst Du die Spitze des Werkzeugs in die Blütenmitte und rollst es mit einer kreisenden Bewegung unter leichtem Druck über jedes Blatt.

3 Lege die geprägte Paste auf des Foam Pad und rolle mit dem Ball Tool die Kanten dünner – das Werkzeug dabei halb auf der Paste, halb auf dem Pad bewegend. Je mehr Druck Du ausübst, desto mehr Bewegung erhalten die Blütenblätter.

4 Lege die erste fünfblättrige Blüte in den Former, dann lege die zweite so darüber, dass die Blätter zwischen den Blättern der ersten liegen. Lege kleine Stücke Küchenpapier zwischen die Lagen, um den Blütenblättern mehr Raum und Bewegung zu geben.

Leuchtende Blüte

Eine Pfingstrose verziert den Kuchen mit einer schwungvolle Blüte, wie zu sehen ist auf dem Stapel Hutschachteln im Kapitel Schablonen.

5 Für die inneren Blüten schneidest Du fünf große Blütenblätter aus dünn ausgerollter Paste aus und deckst alle bis auf eine zum Schutz vor Austrocknen ab. Gebrauche das Prägewerkzeug und das Ball Tool wie zuvor. Falte die Kanten der Blätter zur Mitte hin zweimal ein, um eingerollte Blätter zu bekommen. Nimm eventuell etwas Zuckerkleber, aber drücke sie nicht zu eng zusammen – Du sollst sie nicht zusammenkleben, sondern nur formen.

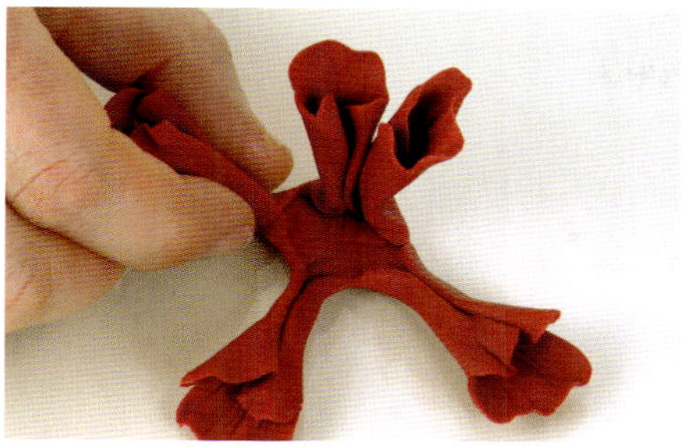

6 Wiederhole das Formen für die restlichen Blütenblätter, dann stelle sie alle auf, damit sie im rechten Winkel zur Mitte der Basisblüte stehen.

7 Drücke die Blütenblätter am unteren Ende zusammen und befestige sie in der Mitte der vorbereiteten äußeren Blätter mit etwas Zuckerkleber. Wiederhole dies mit den restlichen vier Blütenblättern.

Pfingstrose in Pink
Pfingstrosen aus Zucker sind vielseitig – in kräftigen oder zarten Farben passen sie zu einer Vielzahl von Mustern.

8 Öffne die Blütenblätter mit dem Dresden Tool und bringe sie in die richtige Position, um ein natürliches Aussehen zu erhalten. Bepudere die Mitte einiger Blütenblätter mit einem Puderpinsel und etwas Farbpuder, um der Blume mehr Tiefe zu geben.

9 Lege kleine Stückchen gedrehten Küchenpapiers zwischen die Blätter, damit sie während des Trocknens in Position bleiben. Lass die Blüten fast ganz aushärten. Nimm die Pfingstrose aus dem Former – die Blütenblätter sollten noch etwas formbar sein, nicht brüchig und hart. Wenn gewünscht, befestige einen Blütenkelch und lege sie dann auf den Kuchen. Stütze sie notfalls mit noch mehr Küchenpapier ab und lass sie völlig trocknen.

Prägen

Um Kuchen oder Kekse mit strukturierten Mustern zu versehen, empfiehlt es sich, die Paste zu prägen. Prägen heißt, ein Muster in weiche Paste zu pressen, um einen spiegelbildlichen Abdruck zu hinterlassen. Du kannst im Handel erhältliche Prägewerkzeuge, Deko-Werkzeuge oder Ausstecher dafür benutzen oder Du stellst Deine eigenen Prägewerkzeuge her – je nach dem gewünschten Effekt. Dieses Kapitel soll Dich anregen, verschiedene Methoden auszuprobieren.

Kapitelinhalt:

Tipp

Präge immer auf frischer Paste – wenn sie bereits trocken oder angetrocknet ist, gelingt das Prägen nicht mehr sauber.

Kissenstapel

Diese mit geprägtem Fondant eingedeckten, geschnitzten Kissen-Kuchen werden durch Formen aus geprägter Modellierpaste verziert. Im Kapitel Anleitungen findest Du die schrittweise Anleitung für diesen Kuchen sowie Materiallisten und Anleitungen für alle Kuchen und Kekse dieses Buches.

Im Handel erhältliche Prägewerkzeuge

Die folgenden Seiten zeigen Dir, dass es viele Möglichkeiten gibt, weiche Paste zu prägen. Am einfachsten ist es, die im Handel erhältlichen Produkte zu verwenden. Diese werden normalerweise aus lebensmittelechtem Kunststoff hergestellt. Sie haben eine gemusterte Oberfläche, die oft ein kompliziertes Muster bilden und einen Griff auf der Rückseite. Es gibt eine riesige Auswahl – von winzigen Schmetterlingen über elegante Randmuster zu lebensgroßen Blumen und gestylten Seitenmustern - Deine Wahl hängt natürlich von der Art des Kuchens oder des Kekses ab, die Du gestalten willst.

Präge-Ausstecher

Prägesticks

Kleinformatige Prägewerkzeuge

Wähle Dein Prägewerkzeug sorgfältig aus. Du musst es fest und sicher in der Hand halten können. Für kleinformatige Muster sind die Prägesticks einfach zu handhaben.

1 Rolle den Fondant 5 mm dick aus – am besten mit Ausrollhölzern – und decke den Kuchen ein oder lass die Paste für Kekse auf der Arbeitsfläche liegen. Halte den Prägestick zwischen Daumen und Zeigefinger und drücke ihn rechtwinklig zum Fondant in die weiche Paste. Wiederhole es, wobei Du immer den gleichen Druck ausübst, damit das Muster eine gleichmäßige Tiefe hat.

2 Für einen Keks steche die Form aus dem geprägten Fondant aus und lege die Paste auf den Keks.

Hochzeitsweste

Durch Prägen erhältst Du schnell eine interessante Struktur auf Deiner Paste - wie hier auf dieser Weste.

.

Großformatige Präge-Ausstecher

Viele großformatige Präge-Ausstecher haben unterschiedlich tiefe Prägekanten, wodurch sie sowohl Ausstecher wie auch Prägewerkzeug sind. Das folgende Beispiel zeigt diese Technik auf einem Cupcake

Hinreißende Blüten

Für das Muster auf diesem Cupcake wurde des Prägewerkzeug auch als Ausstecher verwendet.

1 Rolle den Fondant 5 mm dick aus – am besten zwischen Ausrollhölzern – und steche einen Kreis aus, der auf Dein Cupcake passt. Präge mit ein paar passenden Präge-Ausstechern ein Muster in die weiche Paste. Es ist kein Problem, wenn sich die Muster überlagern. Lege den Kreis auf Dein Cupcake.

2 Rolle Modellierpaste dünn aus – Du musst ausprobieren, welche Stärke am besten für Deinen Präge-Ausstecher geeignet ist. Die Außenkanten sollen die Paste durchschneiden, aber der innere Teil soll intakt bleiben. Du kannst die Form auch mit einem Skalpell ausschneiden. Nimm genau die gleichen Formen, die Du in den Fondant geprägt hast.

3 Lege die geprägten Teile auf den geprägten Fondant, immer die Formen genau passend aufeinander. Baue dabei das Muster vom Hintergrund zum Vordergrund auf. Abschließend kannst Du die Formen noch mit Farbpulver oder –paste bemalen (siehe Kapitel Malen).

Rollstäbe mit Struktur

Mit einem Rollstab mit Struktur kannst Du leicht und schnell ein Prägemuster auf eine große Fläche Fondant übertragen. Es gibt viele verschiedene Größen und Muster, wähle einen aus, der zu Deinem Budget und Design passt.

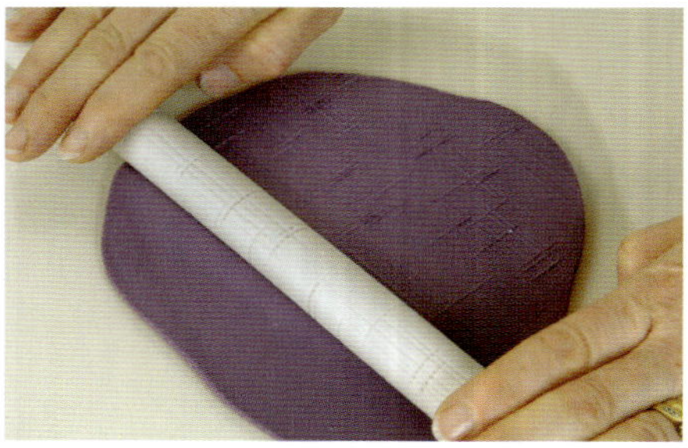

Herkömmliche Anwendung Rolle Fondant oder Modellierpaste aus, am besten mit Ausrollhölzern. Entferne die Hölzer und rolle mit dem ausgewählten Rollstab mit gleichmäßigem Druck über die Paste, um ein einheitliches Muster zu erhalten. Nicht überrollen, das kann das Muster zerstören.

Experimentelle Anwendung Habe keine Angst vor Experimenten, z.B. durch Überrollen mit verschiedenen Stäben auf der gleichen Paste. Variiere den Druck für eine Wellenstruktur oder halte ein Ende des Stabes fest, während Du mit dem anderen Ende rollst und so ein kreisförmiges Muster bekommst.

Zarte Rosen

Jedes einzelne Stückchen Paste auf diesem Cupcake wurde fein mit Struktur-Rollstäben geprägt.

Ausstecher als Prägewerkzeug

Viele Ausstecher für Zuckerkunst sind sehr gut zum Prägen von Paste geeignet; probiere die aus, die Du bereits hast. Ich persönlich denke, dass feine Metall-Ausstecher effektiver sind als dicke, aber Deine Wahl hängt davon ab, welche Optik Du haben willst.

1 Rolle den Fondant 5 mm dick aus, am besten mit Ausrollhölzern und decke entweder Deinen Kuchen ein oder lass die Paste für Kekse auf der Arbeitsfläche liegen. Halte den Ausstecher rechtwinklig zum Fondant und drücke ihn vorsichtig in die Paste, ohne durchzuschneiden.

2 Wiederhole den Vorgang und achte darauf, immer den gleichen Druck auszuüben, damit das Muster gleichmäßig tief wird. Um den Keks einzudecken, schneide die Form aus dem geprägten Fondant aus und lege sie auf den Keks.

Blüten für die Braut

Für diesen Keks in Form einer Hochzeitstorte wurde die Paste mit kleinen Blumenausstechern geprägt und eine weitere Struktur dazu benutzt, größere Tiefe zu bekommen.

Prägen mit Werkzeugen

Mit Zuckerkunst-Werkzeugen kann man sehr effektiv weiche Paste prägen. Viele geeignete Werkzeuge können auf ganz verschiedene Art benutzt werden, also nimm Dir Zeit und probiere die aus, die Du bereits hast. Hier sind drei Beispiele.

Wundervolle Gummistiefel
Die Linien auf diesen Gummistiefel-Keksen wurden mit dem Cutting Wheel / Schneidroller geprägt.

Ball tool / Kugelwerkzeug

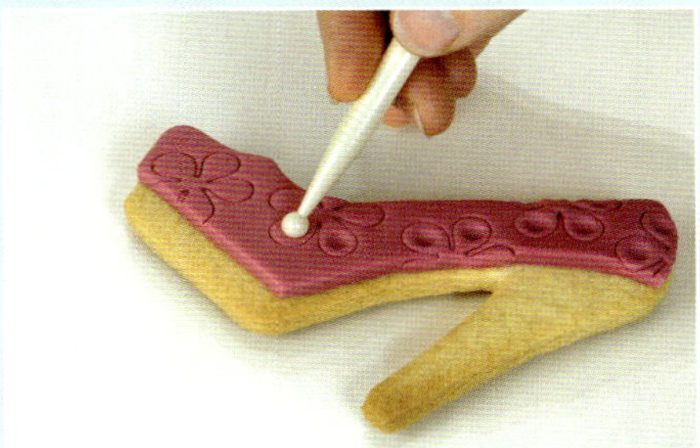

Drücke die Kugel leicht in die weiche Paste, um eine runde Vertiefung zu bekommen. Sehr attraktiv, um interessante Schatten zu gestalten. Alternativ kannst Du das Ball Tool über die Oberfläche der Paste ziehen, um Muster, Konturen und Rippen in die Paste zu prägen (siehe Kapitel Werkzeuge).

Haute-Couture Heels
Mit den Vertiefungen in den Blüten erzielst Du einen 3D-Effekt auf dem Keks.

Schneidroller

Statt die Paste durchzuschneiden, übe weniger Druck aus und kerbe nur die Oberfläche ein. So kannst Du erstaunliche Muster auf Deine Paste bringen oder Details auf Formen ergänzen.

Tipp

Nimm Dir Zeit zum Experimentieren – Du weißt nie, was Du entdecken könntest!

Piping tubes / Spritztüllen

Versuche, mit den Spitzen verschiedener Spritztüllen Muster und Eindrücke in die Paste zu bringen. Ich habe hier einige Lochtüllen verwendet, aber Stern- und Blütentüllen sind auch sehr hübsch.

Alles ist rosarot
Das Punktmuster auf diesem Keks wurde mit verschiedenen Lochtüllen geprägt.

Dinge aus anderen Bereichen

Es gibt viele Haushaltsgegenstände, die Du zum Prägen von Fondant verwenden kannst: Löffelgriffe, Knöpfe, Flaschenverschlüsse, Broschen, harte Bürsten, Spitze, Tapete – eigentlich alles, was die passende Größe und ein klares Muster hat, vorausgesetzt, es ist absolut sauber oder kann mit einem geeigneten Produkt wie Confectioner's Glaze (flüssiger Glanz) versiegelt werden. Schau nach, was in Deinen Schränken ist!

Tipp

Scheuerschwämme geben ein hervorragend feines Muster auf Fondant – es erübrigt sich wohl zu sagen, dass sie nagelneu sein müssen!

Strukturtapete

Viele Leute denken nicht an Tapeten als Werkzeug zum Prägen, aber es funktioniert gut - vorausgesetzt, die Tapete wurde vorher versiegelt. Auch Tapeten unterliegen der Mode, aber momentan gibt es eine ganze Anzahl strukturierter Tapeten, die Du, wie hier gezeigt, verwenden kannst.

1 Wähle Deine Tapete aus und beachte die Größe Deiner Arbeit. Ich setze die hier gezeigte Methode oft für Cake Boards ein, aber nichts hindert Dich, mehr zu versuchen. Schneide die Tapete auf die passende Größe zu und versiegele die Oberfläche durch ein- bis zweimaliges Auftragen von Confectioner's Glaze (flüssiger Glanz).

2 Decke Dein Board mit Fondant ein und schneide die Paste zurecht. Lege das Papier auf die weiche Paste und drücke es in der Mitte mit dem Glätter fest hinunter. Dann kreise mit dem Glätter mit gleichmäßigem Druck über das Papier, um das Muster zu übertragen.

3 Entferne das Papier und schneide die Paste zurecht, wo sie leicht über den Rand des Boards gedrückt wurde. Lass sie trocknen.

Florale Eleganz
Das geprägte Blattmuster auf dem Board dieses Mini-Kuchens stammt von einer Strukturtapete.

4 Wenn Du das geprägte Muster hervorheben möchtest, dann mische Fondant in einer Kontrastfarbe mit abgekochtem Wasser zu einer streichfähigen Konsistenz. Streiche diese mit einer Palette oder einem Teigschaber über das Board und entferne den Überschuss mit einem feuchten Tuch. Lass es trocknen.

Mach Dein eigenes Werkzeug

Manchmal findet man nicht das richtige Prägewerkzeug, also warum nutzt Du nicht Dein Gespür und Deine Originalität, um Dein eigenes Muster zu entwerfen? Du brauchst ein Muster, ein Stück Acryl, das gespült und mit kochendem Wasser sterilisiert wurde, Royal Icing, einen Spritzbeutel und Lochtüllen, z.B. PME Nr. 1.

Tipp

Prägemuster dieser Art kannst Du auch gut für Pinsel-Spitzenarbeit verwenden (siehe Kapitel Spritzen).

1 Zeichne Dein Muster oder passe es Deinem Zweck an. Beachte, dass Du ein Spiegelbild gestaltest. Wenn Du für Dein Design eine bestimmte Richtung brauchst, dann wende Dein Original entsprechend um. Ich habe zum Beispiel eine Spitzentischdecke fotografiert und das Bild verkleinert, damit es auf ein Board passt. Das Muster habe ich durchgepaust, damit die Außenlinien klarer sichtbar sind.

2 Lege die Acrylplatte über das Muster und befestige sie mit Klebeband oder ein paar Punkten Royal Icing. Stecke die Tülle in den Spritzbeutel und fülle ihn halb mit frischem Royal Icing, das zu weicher Konsistenz ausgestrichen wurde. Dann spritze die Außenlinien des Musters nach (siehe Kapitel Spritzen).

3 Lass das Icing über Nacht an einem warmen, trockenen Platz trocknen. Dann lege Dein Prägewerkzeug mittig auf ein frisch eingedecktes Board oder Kuchen und drücke es fest und gleichmäßig ein.

4 Entferne das Prägewerkzeug und lege das Muster frei. Für den Kuchen links habe ich mit Royal Icing farbige Linien auf das geprägte Muster gespritzt, um meine Spitzentischdecke nachzustellen.

Zugeschnittene Sensation

Das Prägewerkzeug für das Muster auf diesem Cake-Board wurde speziell für diesen Zweck hergestellt.

Modellierwerkzeuge

Werkzeuge für die Zuckerkunst gehören zur grundsätzlichen Ausstattung jedes Zuckerkünstlers, egal ob Anfänger oder Profi. Dieses Kapitel zeigt Dir, wie einige dieser speziellen Werkzeuge sehr effektiv genutzt werden können. Ich habe weder alle marktgängigen Werkzeuge, noch alle meine besonderen Favoriten berücksichtigt, da einige sehr speziell sind. Stattdessen habe ich die ausgewählt, die Du besonders nützlich zum Dekorieren Deiner eigenen Kuchen finden wirst

Kapitelinhalt:

A la Gaudi

Die Wellenlinien an den Seiten dieses von Gaudi inspirierten Kuchens wurden mit den runden Scheiben der Sugarcraft Gun hergestellt. Im Kapitel Anleitungen findest Du die schrittweise Anleitung für diesen Kuchen sowie Materiallisten und Anleitungen für alle Kuchen und Kekse dieses Buches.

Zuckerkunstwerkzeuge

In meiner Ausstattung habe ich Werkzeuge von ganz verschiedenen Herstellern, da ich oft ein Werkzeug ganz eigener Art den anderen vorziehe. Manchmal gefällt mir, wie es in der Hand liegt, manchmal mag ich die bessere Ausführung oder die Griffigkeit und dann wiederum die Exklusivität eines Werkzeuges. Wenn Du Dir zum Probieren Werkzeuge ausleihen kannst, umso besser. Wenn nicht, kaufe die besten, die Du Dir leisten kannst. Mit den richtigen Werkzeugen fällt manches sehr viel leichter.

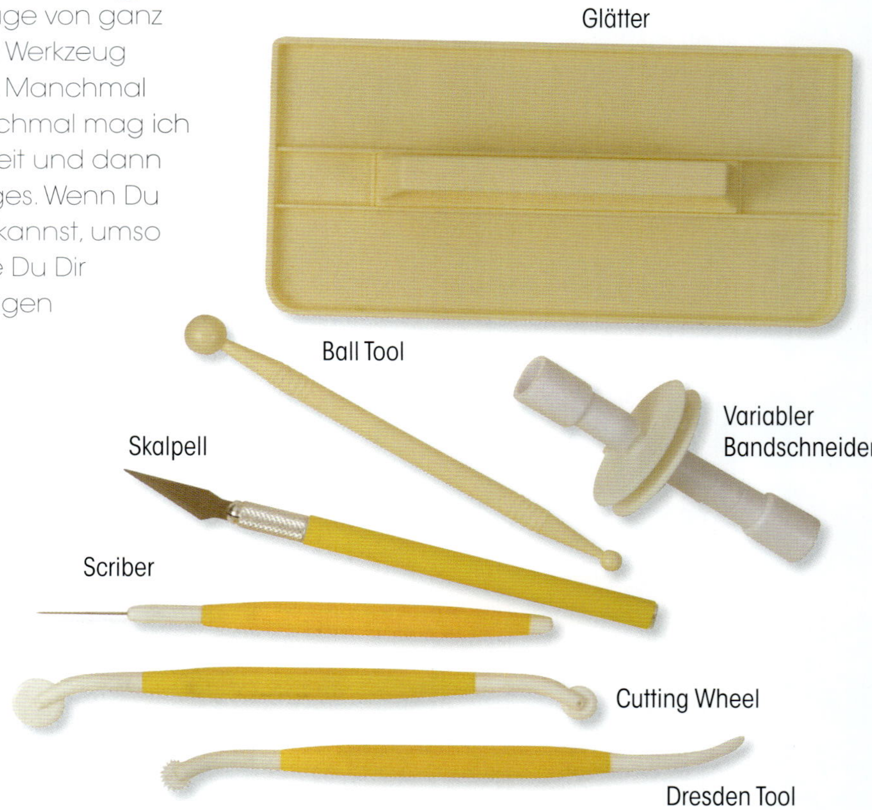

Tipp

Wähle Deine Werkzeuge sorgfältig aus und verzichte auf billige Sets – sie sind ihr Geld nicht wert. Kaufe immer professionelle Werkzeuge von namhaften Herstellern.

Dresden Tool

Das wahrscheinlich meistbenutzte Werkzeug in meiner Werkzeugbox! Es ist sehr vielseitig – hier siehst Du einige mögliche Verwendungszwecke.

Randgestaltung

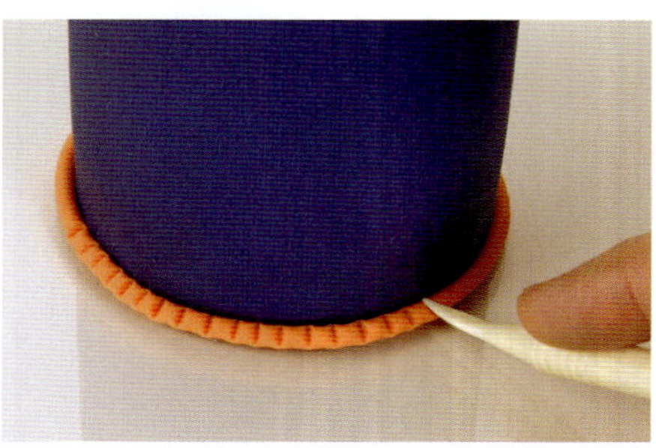

Ich verwende das Dresden Tool oft in Kombination mit der Sugarcraft Gun für eine strukturierte Randgestaltung. Stelle mit einer runden Scheibe einen Strang her, wie auf der übernächsten Seite beschrieben, und befestige ihn am Kuchen. Dann erstelle mit dem Dresden Tool ein Muster in der Paste.

Falten in Stoff

Ich finde diese Technik sehr nützlich. Decke Deinen Kuchen oder Keks mit weichem Fondant ein, ziehe dann das Dresden Tool wiederholt durch die Paste, wechsele die Enden, um verschiedene Effekte zu erhalten. Halt die Striche nahe beieinander, damit es wie gerüschter oder geraffter Stoff aussieht.

Glamour Kleid
Die echt wirkenden Falten und Drapierungen auf diesem Keks entstanden mit dem Dresden Tool.

Ball Tool

Eines der wichtigsten Werkzeuge ist das Ball Tool. Es hat zwei unterschiedlich große Kugeln an seinen Enden. Das Werkzeug gibt es in verschiedenen Größen. Für Deine Auswahl ist die Größe Deiner Arbeit ausschlaggebend. Ich empfehle Dir, mit der Grundgröße zu beginnen, das sind Kugeln von 6 mm und 12 mm.

Pfirsichblüte
Die Blüten und Blätter auf diesem Mini-Kuchen wurden mit dem Ball Tool geformt.

Kontur geben

Rolle weichen Fondant aus und decke damit ein Cake-Board, Kuchen oder Keks ein. Drücke Vertiefungen mit dem Ball Tool in die Oberfläche der weichen Paste – entweder durch einmaliges Drücken einer Mulde oder durch Ziehen von Linien.

Blüten ausdünnen

Wenn Du Blüten und Blätter aussstichst, entsteht immer eine scharfe Schnittkante, die Du mit dem Ball Tool ausdünnen solltest. Lege das Blatt auf ein Foam Pad. Ziehe das Ball Tool die Kanten entlang, halb auf der Paste liegend und halb auf dem Pad.

Paste aushöhlen

Mit dem Ball Tool kann eine zweidimensionale Form in eine dreidimensionale verwandelt werden. Steche aus dünn ausgerollter Modellierpaste eine Form aus, z.B. eine Blume. Drücke das Ball Tool in die Mitte eines Blütenblattes und ziehe es zur Mitte hin – die Paste wellt sich dann in Zugrichtung.

Sugarcraft Gun

Ein fantastisches Werkzeug – auch als Strangpresse, Tonextruder oder Handtonpresse bekannt. Jeder Kuchendekorateur sollte sie haben. Mit der patentierten Pumpe lässt sich Paste in diverse Formen und Größen pressen. Fast alle Pasten können damit verarbeitet werden, aber die besten Ergebnisse erzielt man mit Modellierpaste und Pastillage. Für Fondant eignen sich die großen und die Gitterscheiben, aber meist hat man unsaubere Kanten

Die Scheiben und ihre Verwendung

Mit der Sugarcraft Gun und ihren 16 Scheiben kannst Du Bänder, Buchstaben, Rahmen, Ziegelsteine, Körbe, Weinreben, Gras, Seile usw. herstellen. Benutze die

★ Gitterscheiben für Haare, Gras und Staubgefäße.
★ rechteckige Scheiben für Bänder, Gitter- und Korbmuster.
★ kleeblattförmigen Scheiben für Seile.
★ quadratischen und halbrunden für Ziegelstein und Klötze.

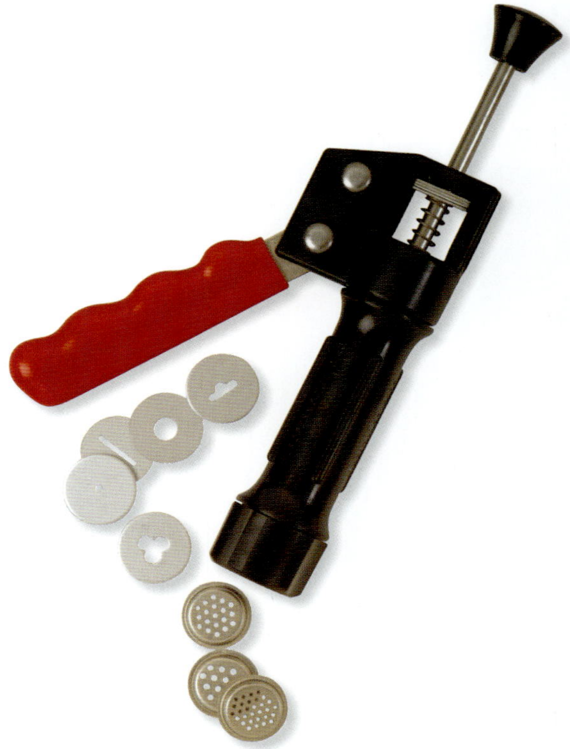

Spritztüllen

Probiere mal die PME Tüllen als Alternative zu Scheiben – sie passen perfekt in die Gun. Ich nehme oft die Nr. 1 oder 1,5 wenn mir die kleine runde Scheibe noch zu groß ist. Die Paste muss dann aber sehr weich sein.

1 Knete zuerst etwas weißes Pflanzenfett unter die Paste, damit sie nicht mehr klebt. Achtung: Bei zu viel Fett härtet sie nicht mehr aus! Tauche die Paste dann in einen Behälter mit abgekochtem Wasser und knete es unter, solange bis die Paste sich weich und elastisch anfühlt.

2 Fülle die weiche Paste in das Rohr der Gun, lege eine Scheibe auf und schließe den Schraubverschluss.

3 Drücke mit dem Kolben die Luft heraus und baue durch Pumpen mit den Handgriff Druck auf. Die Paste sollte sich leicht und geschmeidig durchpressen lassen – wenn nicht, stimmt die Konsistenz nicht. Dann nimm die Paste heraus und knete mehr Fett und / oder Wasser unter.

Tipp

Je kleiner das Loch in der Scheibe, desto weicher muss die Paste sein - stelle Dir gekauten Kaugummi vor und Du liegst richtig.

Runde Scheiben

Sie sind wahrscheinlich die vielseitigsten Scheiben. Du kannst damit Randabschlüsse und viele andere Dekorationen herstellen. Aus Pastillage kannst Du damit auch freistehende Zucker-Objekte wie z.B. Locken und Spiralen gestalten, um diese in Cupcakes zu stecken oder Deinen Kuchen mehr Höhe zu geben. Hier folgen ein paar Ideen zum Ausprobieren.

Tipp

Achte darauf, dass die Paste wirklich weich ist. Alle Materialien außer Marzipan müssen mit Pflanzenfett und abgekochtem Wasser weichgeknetet werden.

Idee 1 Fülle weiche Modellierpaste und eine runde Scheibe in die Sugarcraft Gun. Drücke etwas Paste heraus und verwende sie direkt als Randabschluss für Kuchen oder Kekse. Mit dieser Technik decke ich den Spalt zwischen Kuchen und Board ab, das geht viel schneller als alles andere und sieht sehr gut aus.

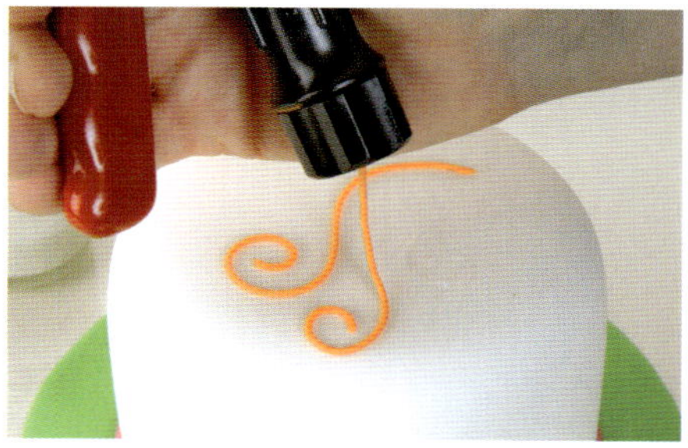

Idee 2 Für Leute, die nicht gern mit Spritzbeutel arbeiten, ist die Gun eine gute Alternative. Zeichne mit einem feinen Pinsel und Zuckerkleber Dein Muster auf Kuchen oder Kekse. Drücke etwas Paste aus und lege sie auf den Kleber. Wenn erforderlich, korrigiere die Form mit Finger und / oder Pinsel. Schneide die Paste zu. Diese Technik eignet sich auch sehr gut für die Kuchenseiten.

Idee 3 Manchmal ist es besser, den Pastenstrang erst auf einer Antihaft-Oberfläche etwas antrocknen zu lassen, bevor man sie auf den Kuchen legt. Dann kannst Du Deine Paste nach Vorlagen in Form bringen. Sobald Du die Paste sich nicht mehr verformt, kannst Du sie auf den Kuchen kleben. Die Wellenlinien auf dem Kuchen zu Beginn dieses Kapitels sind so entstanden.

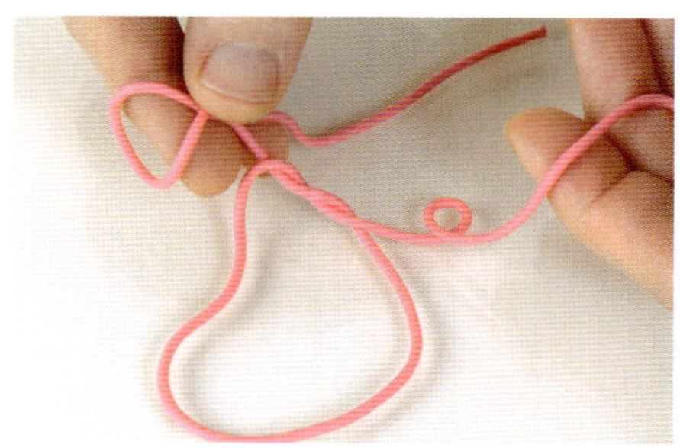

Idee 4 Du kannst die durchgepresste Paste auch auf Deine Arbeitsfläche legen und etwas trocknen lassen, um sie leichter zu bearbeiten. Nun kannst Du sie wie ein Band für Schleifen, Locken usw. verwenden.

High-Heels in Pink

Die Schnürung dieses Schuhmusters wurden durch die kleine runde Scheibe der Gun gedrückt.

Gitterscheiben

Sie eignen sich hervorragend für Haare, Gras, Blütenzentren, Schafswolle, Quasten, usw. …die Liste ist endlos!

Krause Blümchen
Viel Spaß beim Experimentieren – diese Blümchen entsprechen nicht der Norm, sehen aber sehr gekonnt aus!

Kleine Stücke Fülle weiche Modellierpaste (wie zuvor beschrieben) in die Gun mit einer Gitterscheibe. Drücke ein wenig Paste heraus und trage mit dem Dresden Tool kleine Bündel ab, die Du direkt auf Kuchen oder Keks setzt.

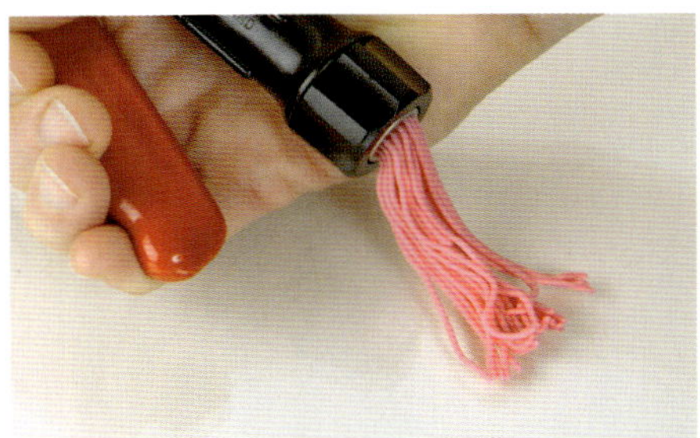

Längere Stränge Starte wie für kurze Stücke, aber presse die Paste bis zur gewünschten Länge heraus, dann nimm sie mit dem Dresden Tool ab. Für eine Quaste drückst Du die Enden zusammen. Für Haare nimmst Du die Stränge portionsweise ab, um sie anzubringen.

Süßes zum Tee
Seilmuster eignet sich für unzählige Designs und gibt diesen Teekannen-Keks den abschließenden Kick.

Seilscheibe

Sieht im Profil wie ein Kleeblatt aus.

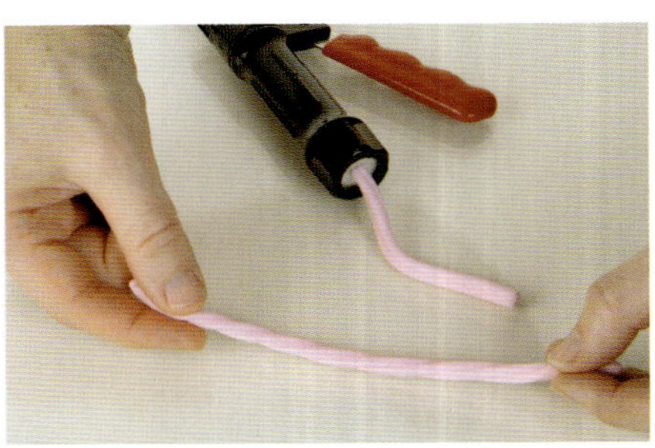

Um ein Seil zu bekommen, verdrehst Du den Pastenstrang vorsichtig.

Liebesbändchen? Versuch's mal …

★ Für ein mehrfarbiges Seil verdrehst Du drei verschiedenfarbige Stränge aus einer runden Scheibe miteinander.

★ Versuche auch mal Stränge anderer Formen miteinander zu verdrehen, wie z.B. viereckig oder rechteckig.

Variabler Bandschneider

Mit diesem Werkzeug sparst Du Dir viel Zeit. Du kannst damit einfach und schnell Streifen in der gleichen Größe schneiden. Das Schöne daran ist, dass die Schneidräder auf Breiten zwischen 3,5 mm und 54 mm verstellbar sind und Du damit sowohl dünne Bänder wie auch breite Streifen schneiden kannst.

1 Setze Dein Werkzeug mit der gewünschten Schnittbreite zusammen. Rolle Modellierpaste dünn aus. Halte die Griffe in beiden Händen und rolle die Schneidrädchen fest und gleichmäßig über die Paste.

2 Du solltest ein sauber geschnittenes Band haben. Ist die Paste nicht ganz durchgeschnitten – evtl. durch wechselnden Druck – schneide mit einem Skalpell die Kanten sauber nach. Lass die Paste vor Verwendung einen Moment antrocknen.

Café Crème
Aus Bändern kann man viele Verzierungen herstellen, wie diese auffallende Schleife auf dem besonderen Cupcake.

Tipp

Probiere die Wellen- und Stichrädchen aus – Streifen mit einer graden und einer Wellenkante sind toll, um den Spalt zwischen Kuchen und Board abzudecken.

Cutting Wheel

Ein sehr nützliches Werkzeug, um Modellierpaste freihändig zu schneiden. Sein Vorteil liegt darin, dass es die obere Schnittkante etwas abrundet und die Formen dadurch weicher wirken. Mit dem Cutting Wheel kannst Du der Paste auch Struktur geben.

Freihändig schneiden

Rolle Modellierpaste zwischen schmalen Ausrollhölzern aus, am besten auf einer Antihaft-Oberfläche. Halte das Rädchen wie einen Stift in der Hand und rolle es mit ausreichend Druck über die Paste, um sie durchzuschneiden. Entferne den Pastenüberschuss und lass die ausgeschnittene Form kurz antrocknen, bevor du sie auf Kuchen oder Kekse legst.

Federn zuschneiden

Rolle das Schneidrädchen mit schnellen, schmalen Strichen vorwärts und rückwärts über dünn ausgerollte Modellierpaste, um ein federnartiges Aussehen zu bekommen. Verwende es so oder wickele es auf, um ein Blütenzentrum zu bekommen, wie es für den Kuchen "Perfekter Mohn" im Kapitel Malen beschrieben ist.

Kätzchen Pumps
Das Fellmuster für diesen schicken Schuh wurde mit dem Cutting Wheel frei Hand aus Modellierpaste ausgeschnitten.

Tipp

Durch mehrfaches Rollen des Schneidrädchens über Paste erzeugst Du eine Struktur auf der Paste.

Skalpell

Das Skalpell ist ein sehr nützliches Werkzeug, da seine scharfe spitze Klinge ganz einfach komplizierte Details und große Formen exakt ausschneidet. Verwende es sorgsam und schneide immer auf schnittfesten Oberflächen, die nicht beschädigt werden können. Ich verwende und schätze Corian Platten, aber sie sind teuer und es gibt andere Möglichkeiten. Verwende am besten dünn ausgerollte Modellierpaste. Ich empfehle eine Pastenstärke von 1,5 mm und Ausrollhölzer für eine gleichmäßige Dicke. Manche Designs verlangen jedoch eine dünnere Stärke und dann passt wieder ein dickeres Aussehen besser. Hier findest Du ein paar Beispiele zur Verwendung des Skalpells, probiere aber auch selbst, wie Du dieses vielseitige Werkzeug nutzen kannst.

Sonnenrad
Die schrägen Streifen auf diesem Mini-Kuchen wurden alle mit dem Skalpell geschnitten.

Grundformen schneiden

Rolle Modellierpaste zwischen schmalen Hölzern aus. Halte das Skalpell sicher und schneide die Form aus, ggfs. mit einer Vorlage. Hier z.B. habe ich mit dem Skalpell und einem Geodreieck gleichmäßige Streifen geschnitten.

In Form schneiden

Mit dem Skalpell kannst Du hervorragend Pastenformen zurechtschneiden, die bereits auf dem Kuchen liegen, da die scharfe Klinge ohne Druck auf die Kuchenoberfläche auszuüben, Teile abschneidet.

Komplizierte Formen

Ein Skalpell ist das beste Werkzeug, um komplizierte Formen auszuschneiden. Mit der feinen Klinge kann man kleinste Details schneiden wie bei dieser Silhouette. Beachte: Eine komplizierte Form muss während des Schneides gedreht werden. Außerdem erhältst du bessere Ergebnisse, wenn Du eine Negativ-Vorlage anfertigst, die Du außerhalb der gewünschten Form festhältst.

Professionelle Silhouette
Schneide mit dem Skalpell komplexe Formen aus, wie diese Silhouette vom Patchwork-Herz aus dem Kapitel Farbgestaltung.

Tipp

Wechsele die Klinge regelmäßig, um immer scharfe Schnitte zu bekommen.

Andere Werkzeuge

Die Bastelwelt ist voller interessanter Werkzeuge. Wenn Du demnächst in einem Bastelladen oder im Internet bist, schau, was Du für Zuckerkunst „entfremden" kannst – stelle aber sicher, dass die Werkzeuge gereinigt oder sterilisiert werden können und lebensmittelgeeignet sind. Hier siehst Du, welche tollen Effekte Du mit Motivstanzen erzielen kannst.

1 Rolle Deine Paste zwischen schmalen Hölzern dünn aus, evtl. muss sie noch etwas fester und dünner als üblich sein. Lass die Paste ein paar Minuten antrocknen, dann schiebe sie in die Motivstanze.

2 Drücke die Stanze fest nach unten und lass los. Ziehe die Paste vorsichtig heraus. Du kannst sowohl das gestanzte Muster wie auch die Stanzteile verwenden. Bevor Du die filigrane geschnittene Paste auf Kuchen oder Keks legst, lass sie ein bisschen antrocknen.

Blattgold verarbeiten

Großartige Ergebnisse bekommst Du, wenn Du Blattgold mit Motivstanzen bearbeitest. Rolle Modellierpaste auf Pflanzenfett dünn aus und lege die gefettete Seite vorsichtig auf das Blattgold. Drück sanft auf die Paste, damit die beiden Materialien gut aufeinander haften. Dreh die Paste um und entferne die Folie vom Blattgold. Lass die Paste etwas antrocknen, dann schiebe sie in die Stanze (siehe 2).

Tipp

Wähle Deine Motivstanze sorgfältig aus – Eckstanzen sind nicht einfach zu benutzen und prägende Stanzen sind für Zucker nicht so gut geeignet.

Filigran gestanzt
Dieses ungewöhnliche filigrane Muster entstand durch eine Motivstanze.

Spritzen

Gespritzte Details können ein einfaches Design in einen atemberaubenden Kuchen verwandeln und trotzdem schrecken viele davor zurück, Spritzen auch nur auszuprobieren. In diesem Kapitel lernst Du das Geheimnis dieser Kunst kennen und Du lernst diese Technik zu perfektionieren. Die Grundlagen sind einfach – der Schlüssel sind das richtige Werkzeug und die Konsistenz des Icings, egal, ob Buttercreme oder Royal Icing. Dann musst Du nur noch lernen, den richtigen Druck beim Spritzen auszuüben.

Kapitelinhalt:

Tipp

Die Technik des Spritzens ist für Buttercreme und Royal Icing die gleiche – der Maßstab ist verschieden. Wenn Du statt einer großen Buttercreme-Rose lieber eine kleine möchtest, nimm eine kleinere Blütentülle und Royal Icing.

Kreation in korallenrot

Spritzen führt zu unermesslich vielen verschieden Effekten – so wie die Pinsel-Stickerei und die gespritzten Punkte hier auf dieser erstaunlichen Kreation. Im Kapitel Anleitungen findest Du die schrittweise Anleitung für diesen Kuchen sowie Materiallisten und Anleitungen für alle Kuchen und Kekse dieses Buches

Ausstattung

Unabhängig davon, ob Du Buttercreme oder Royal Icing spritzen willst, benötigst Du eine Grundausstattung

Spritztüllen

Es gibt eine große Auswahl an Spritztüllen. Die Wahl der Form und Größe hängt vom Material und dem Muster ab, das Du spritzen willst. Im Allgemeinen sind die Spritztüllen für Buttercreme jedoch viel größer als die für feine Arbeiten mit Royal Icing.

Tüllen werden aus Kunststoff oder Metallen hergestellt, z.B. vernickeltes Messing und Edelstahl. Um gute Ergebnisse zu erzielen, verwendest Du am besten Profi-Tüllen ohne Nähte. Wenn es Dein Budget erlaubt, kaufe möglichst Tüllen aus Edelstahl - sie rosten und brechen nicht und sollten ein Leben lang halten. Beachte bitte auch, dass die Nummerierung der Tüllen nicht genormt ist, deshalb hat jeder Hersteller sein eigenes Nummernsystem. Zum Beispiel entspricht eine Wilton Nr. 10 einer PME Nr. 16. Prüfe immer vor dem Gebrauch einer Tülle, ob sie auch gründlich sauber und trocken ist.

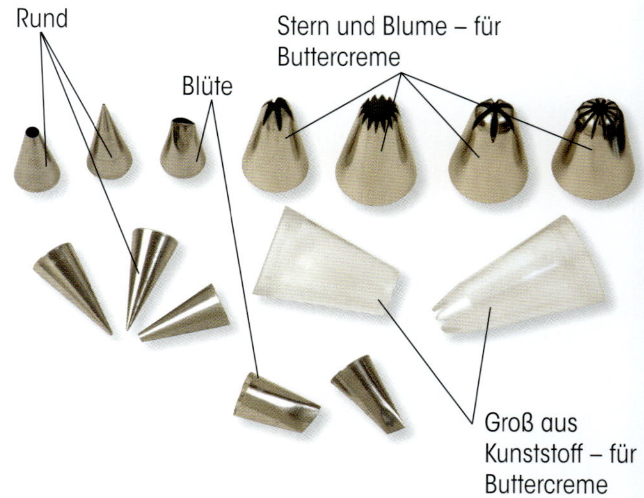

Spritzbeutel-Adapter

Diese cleveren Hilfsmittel sparen Dir viel Zeit. Sie werden in den Spritzbeutel gesteckt, um Tüllen einfach auswechseln zu können, ohne jedes Mal einen neuen Spritzbeutel füllen zu müssen.

Spritzbeutel

Es gibt zwei Hauptvarianten: wiederverwendbare Beutel, jetzt eher aus geprüftem Nylon als aus herkömmlicher Baumwolle produziert, die noch durch Kochen sterilisiert werden musste, und Einwegbeutel aus klarem Kunststoff oder Wachspapier. Ich persönlich bevorzuge große Kunststoff-Einwegbeutel für Buttercreme und kleine Mehrweg-Beutel aus geprüftem Nylon für Royal Icing. Es ist jedoch wichtig, dass Du herausfindest, was Dir liegt. Viele falten sich ihre Spritzbeutel auch selbst aus Wachspapier – Du hast die freie Wahl.

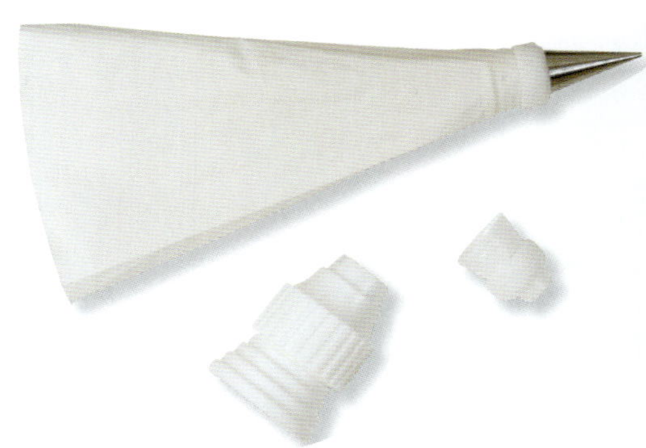

Tipp

Suche nach Spritzbeuteln mit geschlossener Spitze - diese kannst Du dann selbst für Deine Tülle oder Adapter passend abschneiden.

Buttercreme

Viele bemühen sich um wunderschöne Spiralen aus leichter und fluffiger Buttercreme (siehe Rezeptteil), aber es gibt noch andere Möglichkeiten! Es ist wichtig, dass Deine Buttercreme die richtige Konsistenz und Temperatur hat. Ist sie zu steif und kalt, ist es schwierig, gut zu spritzen, dann musst Du sie erneut aufschlagen und etwas Wasser oder Milch zufügen. Ist sie zu weich und warm, wird sie nicht in Form bleiben, dann musst Du sie herunterkühlen, notfalls etwas Puderzucker zugeben und neu aufschlagen.

Gedrehte Rosen
Übung macht den Meister – übe Buttercreme zu spritzen, bis Du nahtlose Rosen wie diese hinbekommst.

Spiralen

Um Spiralen zu spritzen brauchst Du eine große Stern- oder Blumentülle. Ich schlage vor, Du experimentierst mit verschiedenen Tüllen, da Du unterschiedliche Wirkungen mit ganz ähnlichen Tüllen erzielen wirst.

1 Stecke die gewählte Tülle in einen großen Spritzbeutel und fülle ihn zur Hälfte mit Buttercreme. Verschließe den Beutel oben durch Verdrehen. Halte den Beutel senkrecht dicht über der Mitte des Cupcakes.

2 Gib Druck auf den Beutel und führe die Tülle zum Rand des Cupcakes, dann führe sie entgegen dem Uhrzeigersinn rund um die Mitte, die Tülle immer über der Oberfläche, so dass die Creme auf ihren Platz gleitet.

3 Für eine einfache Rose -wie hier gezeigt- nimmst Du den Druck weg und entfernst den Spritzbeutel nach einem vollen Kreis.

Variation Alternativ spritzt Du einen oder zwei kleinere Kreise Buttercreme auf den ersten obendrauf.

Tipp

Wenn Du die Grundlagen beherrscht, fülle zum Erzielen eines auffallenden Effektes Buttercreme in zwei Farben gleichzeitig in den Beutel.

Türmchen

Je mehr Zacken / Bögen die Tüllenspitze hat, umso besser funktioniert diese Technik. Deshalb schlage ich vor, dass Du es mit großen Tüllen mit mindestens acht Zacken / Bögen mal ausprobierst. Vergiss nicht, dass mit sehr ähnlichen Tüllen ganz unterschiedliche Wirkungen erzielt werden.

1 Stecke die gewählte Tülle in einen großen Spritzbeutel und fülle ihn mit Buttercreme. Verschließe den Beutel oben durch Verdrehen. Halte den Beutel senkrecht dicht über die Mitte des Cupcakes. Halte den Beutel am Platz, drücke kontinuierlich und lass die Creme bis an den Rand des Cupcakes gleiten.

2 Dann hebe den Beutel langsam an und behalte den gleichmäßigen Druck bei. Wenn die gewünschte Höhe erreicht ist, lass den Druck nach und nimm den Spritzbeutel weg.

Variation 1 Alternativ zu Schritt 2 kannst Du das Cupcake in der Hand drehen, während Du den Spritzbeutel anhebst – dann wird das Muster leicht gedreht.

Variation 2 Statt eines hohen Türmchens kannst Du auch viele kleine Sterne / Blumen mit der gleichen Tülle spritzen. Du drückst dann immer nur kurz, bevor Du den Beutel wegziehst.

Gipfel der Perfektion
Gespritzte Buttercreme-Türmchen sind die ideale Basis für diese mit kleinen Blumen und einem roten Schnörkel aus Pastillage dekorierten Cupcakes.

Gänseblümchen

Eine sehr hübsche Technik, die ein Cupcake sehr schnell verwandelt. Es funktioniert mit einer ganzen Reihe von Blatt- und Blütentüllen, deshalb probiere aus, welche Dir am besten gefallen und zum Stil des Kuchens passen.

1 Stecke die gewählte Tülle in einen großen Spritzbeutel und fülle ihn mit Buttercreme. Verschließe den Beutel oben durch Verdrehen. Halte den Beutel senkrecht dicht über die Mitte des Cupcakes. Beginne in der Mitte des Cupcakes und halte den Spritzbeutel so, dass die breite Öffnung der Tülle nach innen zeigt, die schmale nach außen. Drücke den Beutel und ziehe ihn nach außen zum Rand und dann zurück zur Mitte.

2 Spritze mit gleichmäßigem Druck weitere Blütenblätter und drehe den Cupcake dabei in Deiner Hand.

3 Spritze eine zweite Lage kürzerer Blütenblätter darüber und falls Du möchtest, auch eine dritte oder vierte Lage. Die Anzahl der Lagen hängt von der Größe des Cupcakes und der Größe der Tülle ab.

Göttliche Gänseblümchen
Diese wunderschön gespritzten Gänseblümchen brauchen zur Vervollständigung nicht mehr als eine Kugel Fondant in ihrer Mitte.

Tipp

Wenn die Buttercreme zu warm wird und schmilzt, lege den Spritzbeutel für fünf Minuten in den Kühlschrank.

Rosen

Klassische Rosen sind immer beliebt. Jahrhundertelang wurden sie aus Royal Icing gespritzt, die Technik ist aber für Buttercreme identisch. Wähle Blütentüllen in einer passenden Größe aus – es gibt sie von sehr klein bis sehr groß. Ich empfehle Dir eine Tülle mit ca. 1 cm Länge. Um die Rose während des Spritzens schnell drehen zu können, brauchst Du auch einen Rosennagel.

Alte Rosen
Eine volle Rosenblüte ist die ultimative Cupcake-Dekoration und schmeckt köstlich aus gespritzter Buttercreme.

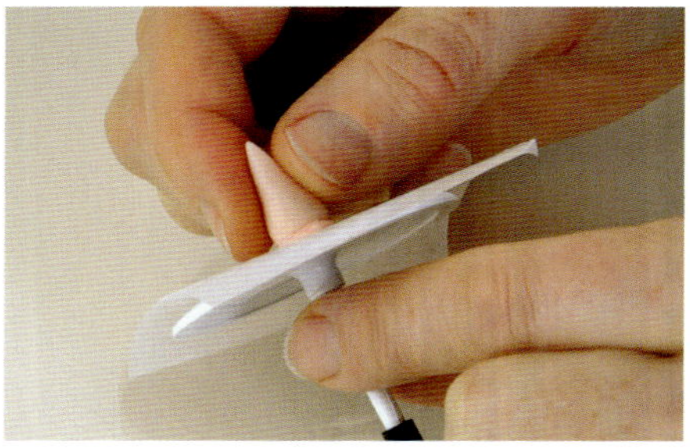

1 Schneide aus Pergament- oder Wachspapier kleine Quadrate zu und befestige sie mit etwas Buttercreme auf Deinem Rosennagel. Als erstes machst Du einen Kegel in passender Größe – Du kannst ihn aus Buttercreme spritzen, aber ich finde, dass Kegel aus Fondant der Rose mehr Stabilität geben. Spritze oder befestige einen Kegel in der Mitte des Rosennagels

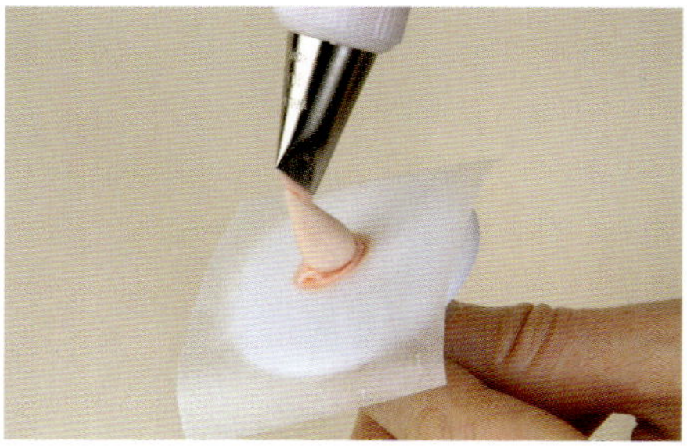

2 Stecke die gewählte Blütentülle in einen großen Spritzbeutel und fülle ihn zur Hälfte mit Buttercreme. Halte den Spritzbeutel rechtwinklig zum Rosennagel, mit der breiteren Tüllenöffnung nach unten und der schmaleren nach oben. Hebe die Tülle an, bis die Spitze des Kegels an der Hälfte der Tülle liegt. Jetzt kannst Du beginnen.

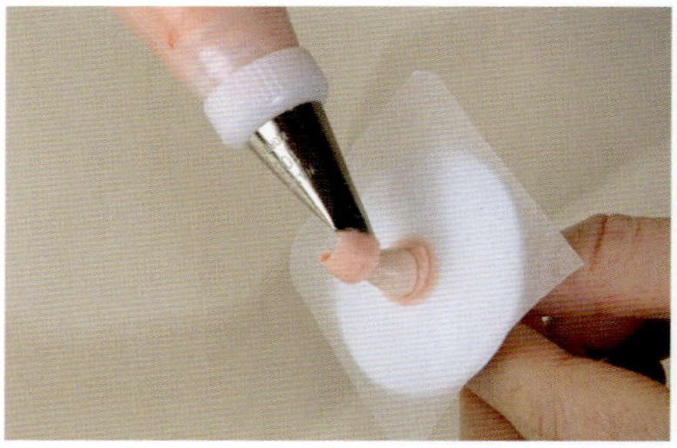

3 Drücke den Spritzbeutel und drehe dabei den Nagel. Um den enggewickelten Kern der Rose zu spritzen, ungefähr 1 ½ Runden.

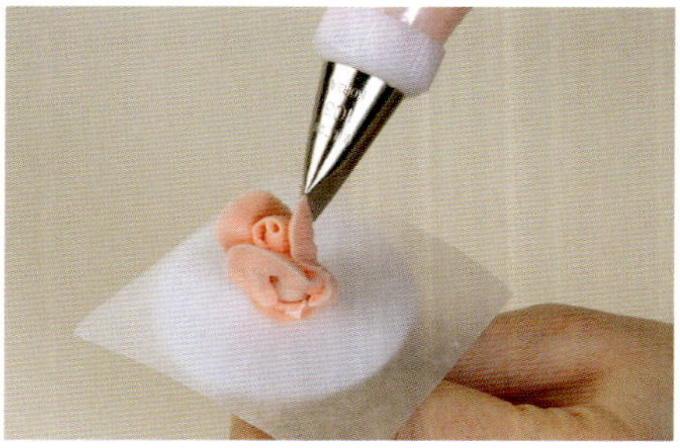

4 Halte den Nagel senkrecht und spritze drei weitere ineinander greifende Blütenblätter um den Kern. Beginne für das erste Blatt an der Basis des Kegels, drücke den Beutel und hebe die Tülle zur Spitze des Kerns an, dann führe sie zur Basis zurück. Vervollständige den Kreis mit zwei weiteren gespritzten Blättern.

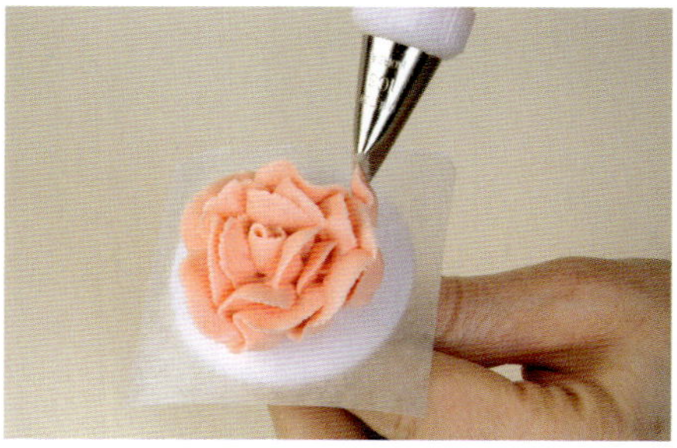

5 Spritze die nächste Reihe Rosenblätter etwas mehr geöffnet, indem Du den Nagel etwas kippst, nicht die Tülle. Diese Reihe bekommt fünf Blätter. Spritze so viele Reihen wie Du möchtest und erhöhe dabei die Anzahl der Blütenblätter um zwei je Reihe.

6 Ziehe das Pergament- oder Wachspapier vom Nagel und lass die Rose trocknen. Wenn sie trocken genug zum Anfassen ist, dann entferne vorsichtig das Papier und lege die Rose auf das Cupcake oder den Kuchen.

Royal Icing

Viele halten Royal Icing (siehe Rezeptteil) für altmodisch, ich möchte aber dagegenhalten, dass einfach gespritzte Details und Akzente aus Royal Icing ein modernes Kuchendesign sehr schön ergänzen können. Für die folgenden Seiten habe ich einige Spritztechniken mit Royal Icing ausgewählt, die Du bestimmt sehr nützlich finden wirst.

Mit Royal Icing spritzen

Das Wichtigste beim Arbeiten mit Royal Icing ist, dass die Konsistenz für die ausgewählte Technik stimmt. Für die folgenden Technik brauchst Du sowohl normales als auch weiches Icing.

★ **Normales Royal Icing (soft peak)**: Nach dem Schlagen des Icings forme Türmchen im Icing mit einer Palette. Fallen die Spitzen der Türmchen um, ist die Konsistenz richtig. Wenn nicht, schlage das Icing weiter auf. Dieses Icing wird für Linien verwendet.

★ **Weiches Royal Icing**: Verstreiche etwas normales Icing mit der flachen Seite einer Palette auf einer Antihaft-Oberfläche, damit alle Luftbläschen verschwinden. Wenn nötig gib ein paar Tropfen abgekochtes Wasser dazu, um ein perfekt weiches Icing zu bekommen. Es wird verwendet für kleine Formen und Pinsel-Stickerei.

Tupfen

Für diese Technik ist die richtige Konsistenz des Icings ausschlaggebend – Du willst Tupfen oder Perlen spritzen, nicht spitze Kegel. Je kleiner die Tüllenöffnung ist, desto schwieriger ist es.

Ganz viele Tupfen
Tupfen aus Royal Icing sind einfach, effektvoll und vielseitig für unzählige Dekorationen.

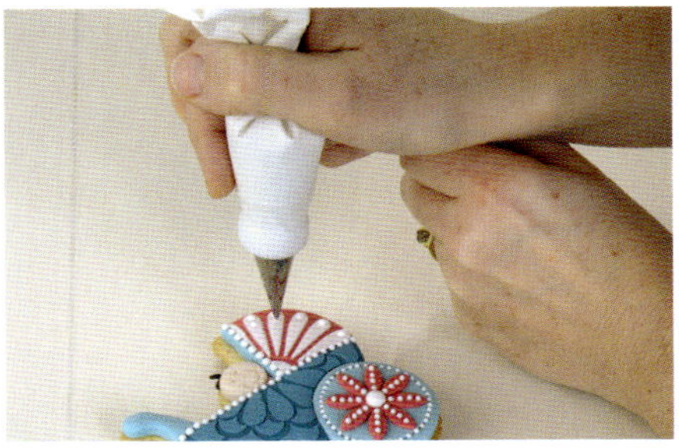

1 Stecke eine kleine runde Spritztülle, z.B. PME Nr. 1 oder 2 in einen kleinen Garnierbeutel und fülle ihn halb mit frisch verstrichenem weichem Royal Icing. Stütze die Hand ab, entweder auf der Arbeitsfläche, dem Drehteller oder der anderen Hand und halte den Beutel dicht über der Oberfläche, auf die Du spritzen willst.

2 Drücke den Beutel bis der Tupfen die gewünschte Größe hat, nimm den Druck weg und ziehe erst dann die Tülle weg – damit vermeidest Du unerwünschte Spitzen. Merke: drücken – loslassen – wegnehmen.

Tipp

Frisches Icing ist immer besser als altes – es behält beim Spritzen die Form, ist steifer und deshalb einfacher zu kontrollieren.

Herzen

Eine einfache Variante der Tupfen. Am besten nimmst Du frisch verstrichenes weiches Royal Icing ohne Luftblasen.

1 Spritze einen Tupfen mit weichem Royal Icing, aber ziehe die Tülle durch die Mitte des Tupfens für eine Tropfenform, bevor Du die Tülle wegnimmst.

2 Spritze einen zweiten Tupfen nahe dem ersten und ziehe die Tülle durch die Mitte, um dann das schmale Ende des ersten Tropfens zu treffen und eine Herzform zu erhalten.

Babysöckchen
Gespritzte Herzen auf Fondantherzen ergeben einen charmanten Schichteffekt.

Linien

Bei dieser Technik „fallen" Linien aus Icing auf die Kuchenoberfläche – man braucht ein bisschen Übung, aber das ist es wert. Ich finde diese Technik ist hervorragend geeignet, um einen modernen Spitzeneffekt zu erzielen.

Tipp

Damit die Linien nicht reißen, benutze den Spritzbeutel nicht länger als 15 – 20 Minuten, denn das Icing wird durch die Hand zu warm. Schlage das Icing immer neu auf, bevor Du fortfährst.

Zauberhafte Spitze
Die floralen Motive auf diesem Mini-Kuchen wurden mit Icing-Linien zu einem Spitzenmuster verbunden

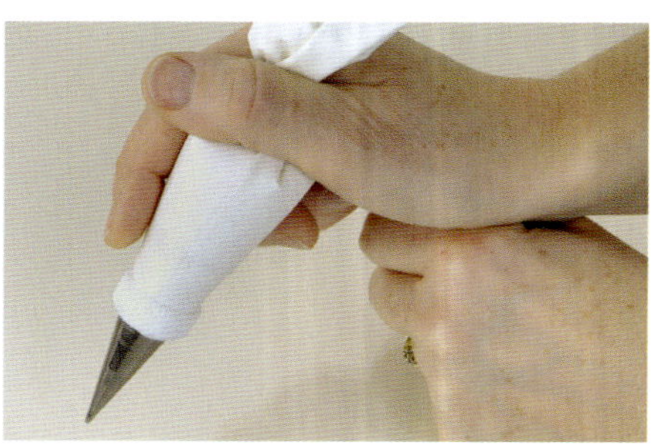

1 Stecke eine dünne runde Spritztülle, z.B. PME Nr. 1, in den kleinen Garnierbeutel und fülle ihn halb mit frisch geschlagenem normalem Royal Icing. Halte den Beutel mit dem Zeigefinger vorne nach unten deutend und nur mit dem Daumen drückend.

2 Setze die Tülle auf die Oberfläche des Kuchens, wo die Linie beginnen soll und drücke gleichzeitig leicht auf den Spritzbeutel. Sobald das Icing fließt, hebe die Tülle vom Kuchen ab auf mind. 4 cm über der Oberfläche.

3 Wenn die Icing-Linie die nötige Länge hat, lass den Druck nach und setze das Icing auf der Oberfläche des Kuchens ab. Merke: Berühren, anheben, absetzen.

Brushwork embroidery („Pinsel-Stickerei")

Diese Technik habe ich vor vielen Jahren gelernt und immer geliebt. Im Prinzip ist es ein gespritzter Umriss, der in den Fondant verwischt wird. Die größte Wirkung erzielst Du mit dunklem Fondant und hellem Icing oder umgekehrt. Dein Royal Icing sollte eine weiche Konsistenz haben.

1 Präge oder zeichne zuerst Dein Muster auf den Kuchen oder Keks. Am schnellsten geht es mit einem fertigen Prägewerkzeug auf weichem Fondant. Für ein spezielles Muster kannst Du auch entweder Dein eigenes Prägewerkzeug herstellen (siehe Kapitel Prägen) und auf weichem Fondant verwenden oder Du überträgst Dein Muster auf den angetrockneten Fondant mit dem Scriber.

2 Stecke eine passende kleine runde Tülle, z.B. PME Nr. 1,5 oder 2, in einen Garnierbeutel und fülle ihn halb mit frisch zubereitetem weichem Royal Icing. Die Größe der Tülle hängt von der Stärke der Prägung ab. Die meisten Formen erarbeitest Du vom Hintergrund zum Vordergrund, also wähle einen kleinen Bereich im Hintergrund des Designs aus und spritze entlang der Außenlinie.

3 Befeuchte einen festen Pinsel in passender Größe mit abgekochtem Wasser und nimm überschüssige Feuchtigkeit mit einem Küchentuch weg. Lege den Pinsel in das nasse Icing und ziehe es mit langen Strichen zur Mitte hin, um dem Muster ein natürliches Aussehen zu geben.

4 Wenn Du durch das Icing pinselst, versuche die äußerste Linie nicht zu durchbrechen – Du kannst aber notfalls Icing nachspritzen. Arbeite weiter an dem Muster und pinsele immer gleich nach dem Spritzen die Bereiche aus, bevor das Icing trocknet.

Tipp

Wenn Deine Technik noch nicht ganz perfekt ist, gib ein wenig Piping Gel in das Royal Icing, um das Trocknen zu verzögern. Du hast dann mehr Zeit, an Deinem Muster zu arbeiten.

Schwarz-weiße Becher

Du brauchst nur einen feuchten Pinsel, um ein Muster in ein Meisterwerk des Brush-Embroidery zu verwandeln.

Modellierformen

Wenn Du wunderschöne Zuckerdekorationen herstellen willst, es Dir aber an Zeit mangelt, ist die Verwendung von Silikonformen eine der besten Lösungen. Dieses Kapitel deckt die Grundlagen des „mouldings" (Modellieren in einer Form) in einer einzelnen Farbe ab und zeigt Dir im weiteren, was durch Einsatz mehrerer Farben erreicht werden kann. Du lernst auch, wie man mit doppelseitigen Prägern lebensechte Blätter herstellt. Es endet mit Hinweisen, wie Du einzigartige Formen selbst herstellen kannst.

Kapitelinhalt:

Tipp

Es gibt verschiedene Modellierformen für Zucker, aber in diesem Kapitel werden nur Silikonformen verwendet, die überall erhältlich und bezahlbar sind.

Das hübscheste Gesteck

Die Rosen, Chrysanthemen und kleinen Blümchen auf diesem Kugelkuchen sind alle relativ schnell mit Modellierformen herzustellen. Im Kapitel Anleitungen findest Du die schrittweise Anleitung für diesen Kuchen sowie Materiallisten und Anleitungen für alle Kuchen und Kekse dieses Buches.

Silikonformen

Es gibt wirklich tausende verschiedener Modellierformen aus lebensmittelechtem Silikon, deshalb nimm Dir Zeit, um genau die zu finden, die Dir gefallen und die zu Deinem geplanten Design passen. Alle Silikonformen sind weich und flexibel, variieren aber in der Qualität. Einfachere Qualitäten neigen dazu, aufzureißen, während Formen in höherer Qualität größeren Temperaturschwankungen widerstehen, geruchlos und völlig nichthaftend sind.

Alle Formen sollten mit Respekt behandelt werden. Achte beim Herausnehmen der Paste darauf, die Seiten der Form nicht zu überdehnen. Silikonformen können mit Seifenwasser gespült, aber auch ins obere Fach der Spülmaschine gelegt werden. Zum Trocknen das Wasser ausschütteln und an der Luft trocknen lassen. Versuche nicht, eine Silikonform mit dem Handtuch zu trocken, sie nimmt zu viele Fussel vom Tuch auf.

Einfarbig Modellieren

Der direkteste Weg zum Modellieren ist, nur Paste in einer Farbe zu verwenden.

Auswahl der Pasten

Die Arbeit mit Modellierformen ist ganz leicht, vorausgesetzt Du nimmst die richtige Paste in der richtigen Konsistenz für die gewählte Form. Das Erfolgsrezept für viele Formen ist eine feste Paste. Ich bevorzuge Modellierpaste aus Traganth statt CMC (siehe Rezeptteil). Für manche sehr detaillierte Formen mit tieferen Bereichen empfiehlt sich eine weichere Paste, die die Form leichter völlig ausfüllt. Danach ist es hilfreich, die befüllte Form für 15 – 30 Minuten ins Gefrierfach zu legen. So wird die Paste fest und lässt sich leichter herausnehmen. Experimentiere und probiere auch andere Pasten aus, wie z.B. Marzipan mit etwas stabilisierendem Traganth, Blütenpaste und Modellierschokolade.

Rosen sind rot …
Diese in hübschen Papierförmchen gebackenen Cupcakes sind mit einfach modellierten Rosen und Blättern geschmückt.

1 Knete eine kleine Menge Modellierpaste warm und rolle eine kleine Kugel, etwas größer als die Vertiefung der Form. Lege die Pastenkugel in die Form, mit der völlig glatten Seite nach unten. Sollten kleine Risse sichtbar sein, sind sie wahrscheinlich auch auf dem fertigen Teil zu sehen.

2 Drücke die Paste fest in die Form, damit die tieferen Bereich gefüllt werden. Dann streiche die Paste am Rand der Form mit den Fingern glatt, um die Form vollständig auszufüllen.

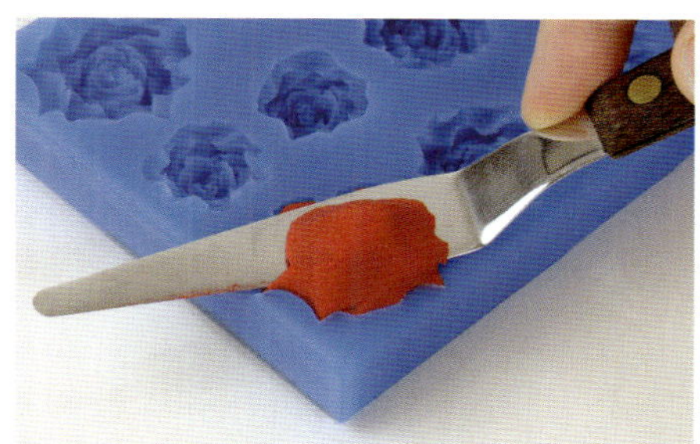

3 Entferne überschüssige Paste mit einer Winkelpalette, damit die Rückseite Deines Teils flach wird. Beachte: Einige Formen müssen etwas kuppelartig gefüllt werden, sonst brechen die Teile beim Ausformen auseinander.

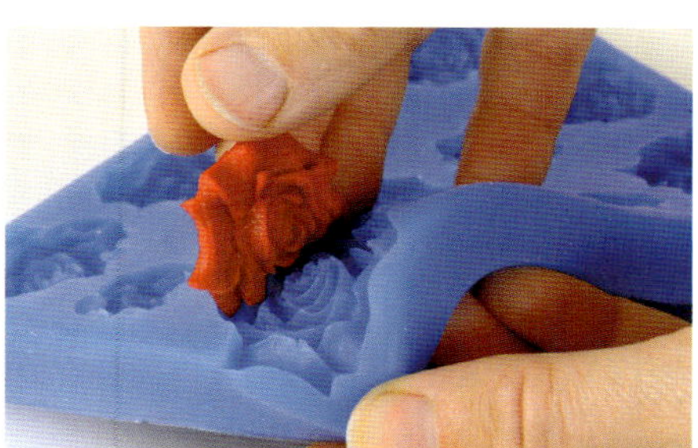

4 Biege die Form vorsichtig, um die Paste zu lösen und herauszunehmen.

Tipp

Bei einer größeren oder komplizierten Form kann es leichter sein, die Paste portionsweise in die Form zu füllen. Dabei aber nach jeder Portion fest andrücken.

Zweifarbig Modellieren

Blumen sind gut für das Modellieren aus Formen geeignet und mit einem andersfarbigen Zentrum wirken sie sehr lebendig. Ich habe hier eine Gänseblümchen-Form verwendet, aber die Technik funktioniert auch für andere Formen.

Tipp

Gehen Dir Details verloren, dann prüfe, ob Du kräftig genug drückst oder ob die Paste nicht zu fest ist.

1 Knete eine kleine Menge Modellierpaste warm, dann forme einen Ball, der kleiner ist als das Blütenzentrum in der Form. Drücke den Ball in das Zentrum – ideal ist, wenn die Paste genau diesen Bereich ausfüllt und beim Hinzufügen der zweiten Farbe nicht in den äußeren Bereich verteilt wird. Falls nötig, ziehe die Ränder des Zentrums mit dem spitzen Ende des Dresden Tools nach.

2 Rolle einen Ball aus Paste, der etwas größer ist als die Vertiefung der Form. Prüfe, ob die Oberfläche des Balls vollkommen glatt ist und lege ihn in die Form. Dann drücke die Paste kräftig in die Form.

3 Entferne den Pastenüberschuss mit einer Palette, um eine flache Rückseite der Blume zu bekommen. Nimm dann das Dresden Tool und ziehe jedes Blütenblatt sauber nach, indem Du den Überschuss zwischen den Blättern zum Zentrum ziehst.

4 Löse die Paste zum Herausnehmen durch vorsichtiges Biegen der Form. Hat sich die farbige Paste des Zentrums auch außen verteilt, musst Du beim nächsten Mal weniger Paste nehmen.

Blumige Flip-Flops
Ein modelliertes Gänseblümchen ist die Attraktion auf diesen lustigen Keksen und ergänzt die geprägte Oberfläche.

Komplexe Formen

Das Geheimnis, eine Modellierform mit mehreren Farben zu füllen, liegt in der richtigen Menge jeder einzelnen Farbe. Du wirst wahrscheinlich ein paar Versuche benötigen, um diese herauszufinden. Durch Versuche findest Du auch heraus, in welcher Reihenfolge Du die unterschiedlichen Farben hinzufügst. Gewöhnlich füllt man die tiefsten Stellen der Form zuerst, aber Du musst mit der jeweiligen Form experimentieren. In diesem Beispiel werden zuerst die goldene Scheibe und der purpurfarbene Kringel gefüllt - sie sind die kleinsten und detailliertesten Bereiche dieses Gesichts

Maskenschönheit
Mit einer Form modelliert und danach bemalt – so entstand diese venezianische Maske.

1 Drücke einen kleinen Pastenball genau in das Formzentrum. Rolle purpurne Paste zu einen dünnen Strang und drücke ihn in Position, entferne dabei die meiste Paste, nur die Spitze des Kringels belassend. Wenn Du die Paste jetzt nicht in Form bringst, wirst Du beim Herausnehmen wahrscheinlich sehen, dass sich die purpurne Paste bis in das Gesicht verteilt hat.

2 Rolle weiße Modellierpaste zu einem Ball, der etwas größer ist als das Gesicht und drücke ihn in den Gesichtsbereich. Nimm für Feinheiten beim Modellieren das Dresden Tool zur Hilfe.

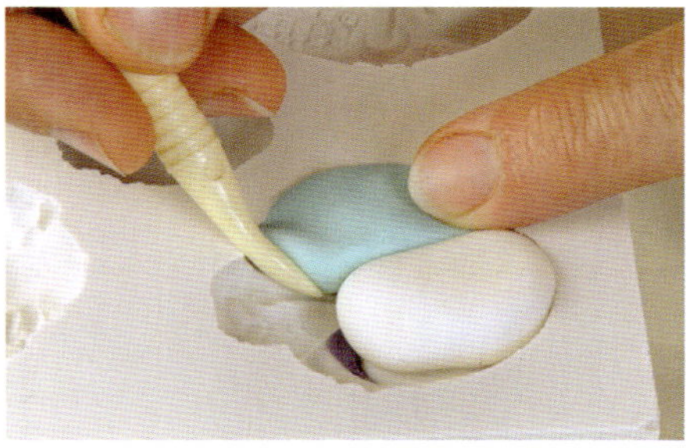

3 Drücke etwas wasserblaue Modellierpaste in die eine Seite der Form – achte darauf, dass sie passt und andere Bereiche nicht überlappt. Arbeite mit dem Dresden Tool saubere Grenzen zwischen den Bereichen heraus.

4 Rolle etwas dunkelblaue Paste zu einem Kegel und drücke ihn in den oberen Bereich. Fülle den Rest der Form mit purpurfarbener Paste und drücke alles fest, damit die Form eng gefüllt ist.

5 Entferne den Pastenüberschuss mit einer Palette, damit die Rückseite des Motivs flach ist. Zum Lösen biege die Form vorsichtig. Um immer perfekte Ergebnisse zu erzielen, bedarf es ein wenig Übung, also sei nicht enttäuscht, wenn sich beim ersten Versuch die Farben vermischt haben.

Doppelseitige Präger

Mit Prägern aus Silikon kannst Du hervorragend lebensechte Blätter und Blüten für Deine Kuchen machen. Es gibt hunderte von Prägern für Blüten und Blätter, von der allzeit beliebten Rose über vertraute Laubwaldblätter bis hin zu exotischen Orchideen. Vergiss nicht, Du musst nicht immer botanisch korrekt sein; viele Blüten und Blätter ähneln einander und Du kannst einen Präger für eine ganze Reihe von Blüten und Blätter verwenden. Am besten verarbeitest Du Blütenpaste mit den doppelseitigen Prägern (siehe Rezeptteil), obwohl feste Modellierpaste ähnliche Ergebnisse bringt.

Tipp

Lege die Blätter auf den Kuchen, solange sie noch etwas biegsam sind – ganz durchgetrocknet sind sie sehr zerbrechlich und schwierig anzuordnen.

1 Streiche etwas Pflanzenfett auf Dein Board, damit die Paste nicht anklebt, rolle dann dünn etwas goldbraune Blütenpaste oder feste Modellierpaste aus und steche Blätter mit passenden Ausstechern aus. Um die Blätter vor dem Austrocknen zu schützen, lege Plastikfolie oder eine Frischhaltematte darüber bis sie weiterverarbeitet werden.

2 Lege einige Blätter auf ein Foam-Pad. Streiche mit dem Ball Tool die Ränder der Paste entlang, um sie auszudünnen. Drücke das Tool dabei halb auf die Paste und halb auf das Pad (siehe Kapitel Werkzeuge).

3 Lege ein Blatt in einen doppelseitigen Präger, drücke ihn fest zusammen, öffne ihn und nimm das Blatt heraus. Du siehst jetzt, ob Deine Paste die richtige Stärke hatte – sieht das Blatt ein bisschen fleischig aus, war die Paste zu dick; ist das Blatt auseinandergebrochen, war die Paste wahrscheinlich zu dünn.

4 Lege die Blätter auf Noppenschaum, Former oder zerknülltes Küchenpapier, damit sie in einer natürlichen Form antrocknen.

5 Färbe die Blätter mit Lebensmittelfarbpuder ein. Tauche die Spitze eines trockenen Puderpinsels in burgunderrot, klopfe Puderüberschuss ab und pudere einige Blattränder ein. Dann färbe das Blattzentrum mit anderen Farben ein, damit sie natürlich aussehen. Fixiere das Puder durch vorsichtiges Bedampfen der Blätter und intensiviere damit die Farben.

Herbstlaub
Mit doppelseitigen Prägern gestaltest Du realistische Blätter in Minuten. Wie wäre es mit einem eigenen Herbstkuchen?

Eigene Modellierformen

Es kann sehr einträglich und kosteneffektiv sein, eigene Formen herzustellen. Nicht jeder Versuch wird ein Triumpf, aber experimentieren bringt viel Spaß und Du wirst sehr stolz auf Deine Erfolge sein. Neben Pastillage gibt es für Zuckerkünstler eine Reihe von Spezialprodukten zur Formenherstellung – mein Favorit ist Modellierformen-Gel. Wie auf den folgenden Seiten beschrieben, ist es einfach und schnell im Gebrauch und kann immer wieder neu verwendet werden.

Weihnachtspäckchen
Tapete und Spitze sind eine großartige Ausgangsbasis für Formen aus Pastillage, wie diese festlichen Kekse beweisen.

Mit Pastillage

Pastillage ist eine Zuckerpaste, die sehr hart wird und weniger feuchtigkeitsanfällig ist als andere Pasten (siehe Rezeptteil). Durch diese Eigenschaften ist sie am besten geeignet für die Herstellung wiederverwendbarer Formen.

1 Wähle als erstes ein Objekt aus, um daraus eine Form herzustellen. Am besten ist es, wenn es flach, aber strukturiert ist. Für mich sind Spitzen und strukturierte Tapeten ideale Kandidaten, aber Du findest bestimmt noch viele andere Objekte.

2 Sterilisiere das Objekt oder bringe einen lebensmittelgeeigneten Trennstoff auf. Bei Tapeten versiegelst Du die entsprechende Seite durch ein- oder zweimaliges Auftragen von Confestioner's Glaze (flüssiger Glanz).

3 Rolle etwas Pastillage dick auf einem Hardboard aus. Damit die Pastillage nicht antrocknet, lege schnell die Tapete darauf und rolle mit dem Ausrollstab oder streiche mit dem Glätter fest darüber. Entferne die Tapete und lasse die strukturierte Pastillage an einem trockenen warmen Ort komplett austrocknen. Sei geduldig, das kann ein paar Tage dauern.

4 Sobald die Pastillage vollständig getrocknet ist, rolle etwas Fondant auf Pflanzenfett aus und lege ihn mit der gefetteten Seite nach unten auf die Form – das verhindert, dass die Paste an der Form klebt.

5 Zum Übertragen des Musters drücke die Paste mit dem Glätter an – Du findest den erforderlichen Druck durch Experimentieren heraus, aber übe nicht zu viel Druck aus, das könnte die Form zerbrechen.

6 Nimm den Fondant, der mit erhöhtem Muster strukturiert ist, vorsichtig herunter und dekoriere damit Kuchen und Kekse. Lagere die Form trocken, dann kann sie immer wieder benutzt werden.

Mit Modellierformen-Gel

Dieses Produkt wurde speziell für die Kuchendekoration entwickelt, es ist lebensmittelecht und völlig harmlos, falls es aus Versehen geschluckt wird. Das Schöne daran ist die leichte Verwendung, und dass es ganz einfach eingeschmolzen und wiederverwendet werden kann, wenn die Form nicht mehr benötigt wird oder nicht gut gelungen ist. Arbeite immer auf sauberen Oberflächen, damit keine Fremdkörper in das Gel geraten, die seine Wirkung beeinträchtigen. Und lass das Gel nicht mit Wasser in Kontakt kommen! Eine Form machst Du sehr einfach mit einem passenden Objekt. Versuche es mit Knöpfen, Schmuck, Münzen, Kinderspielzeug oder Muscheln, wie ich hier.

Maritime Muscheln…
Diese Seemuscheln sehen so realistisch aus, weil sie echten Muscheln nachgeformt wurden.

1 Zuerst brauchst Du einen passenden Behälter um das Gel hinein zu gießen. Deine Optionen: Rolle etwas Modellierton nicht zu dünn aus, lege das Objekt in die Mitte, dann klappe die Seite hoch und drücke sie zu einem Gefäß zusammen; alternativ forme ein Gefäß aus Alufolie oder nimm einen Plastikbecher oder eine kleine Schüssel.

2 Schmelze das Gel gemäß der Anleitung des Herstellers und gieße es in den Behälter bis das Modell komplett bedeckt ist. Klopfe den Behälter sanft auf die Arbeitsfläche, damit Luftbläschen nach oben steigen.

3 Lass das Gel festwerden – für kleine Formen sind es oft nur 5 – 10 Minuten, jedoch kannst Du den Vorgang beschleunigen, indem Du das Gel im Gefrierschrank abkühlen lässt. Dann ziehe den Behälter vorsichtig ab und löse das Objekt aus der Form. Sollte etwas Gel unter das Objekt geflossen sein, entferne es mit einem Skalpell, bevor Du das Objekt entnimmst.

4 Knete etwas Modellierpaste warm, rolle sie zu einem Ball und drücke sie fest in die neu erschaffene Form.

5 Bringe die Paste auf gleiche Höhe mit der Form und löse sie vorsichtig heraus. Wenn die neue Form nicht gelungen ist, schmelze das Gel einfach ein und versuche es noch einmal.

6 Wenn die geformte Paste trocken ist, löse etwas Pastenfarbe in klarem Alkohol auf, dann bemale sie entsprechend (siehe Kapitel Malen).

Modellierformen mit Gel komplett selbst herstellen

Mit dieser Methode kannst Du ein einmal modelliertes Objekt leicht reproduzieren – eine tolle Zeitersparnis, wenn Du eine größere Menge Cupcakes dekorieren musst. Für die Herstellung Deiner Form brauchst Du etwas ungiftigen Modellierton, den es in Spielzeug- und Kunstläden gibt und einige Basis-Modellierwerkzeuge. Und Du musst Dich für ein Modell entscheiden. Recherchiere und wähle etwas Passendes aus. Für dieses Beispiel habe ich eine Teekanne gewählt, aber viele andere dreidimensionale Gegenstände wären auch geeignet.

Tee und Kuchen
Ein bestimmtes Design für eine ganze Landung Kekse oder Cupcakes herzustellen ist sehr zeitraubend, außer Du stellst Dir eine Form her.

1 Sammele Bilder der Gegenstände, die Du formen möchtest und verkleinere sie mit dem Computer oder Kopierer. Wähle eins aus. Da meine Form für Cupcakes verwendet werden soll, habe ich Kreise um die Fotos gezogen, um zu sehen, welche Teekanne in dieser Größe am besten aussieht.

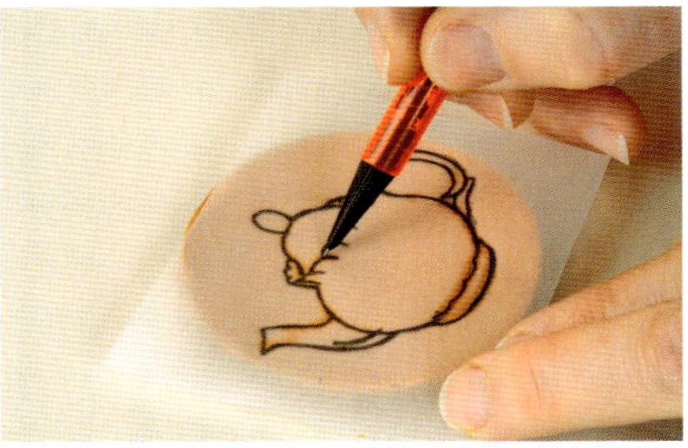

2 Zeichne die Umrisse und Details des Bildes mit Pergamentpapier und einem weichen Bleistift nach. Drehe das Papier um und zeichne die Linien nach. Rolle etwas ungiftigen Modellierton aus und lege das nachgezeichnete Bild mit der richtigen Seite nach oben darauf. Übertrage das Design auf den Ton durch nochmaliges Nachziehen der Linien mit einem Bleistift.

3 Entferne das Papier und beginne mit der Herstellung des Modells. Schau auf Dein Bild, um festzulegen, wo Du anfängst – die Teile, die am weitesten zurückliegen, kommen zuerst und zum Schluss die Teile, die am weitesten hervorstehen. Ich beginne mit Ausgießer und Griff, dann der Deckel und zum Schluss die Kanne.

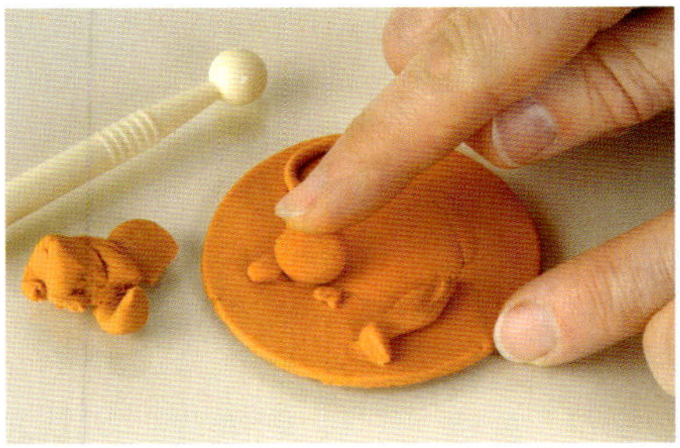

4 Mit der Zeichnung als Hilfe lege kleine Teile Ton auf, modelliere und verbinde sie mit den Fingern und den Modellierwerkzeugen. Anders als bei Zucker können Teile von Modellierton so miteinander verbunden werden, dass man keine Naht sieht.

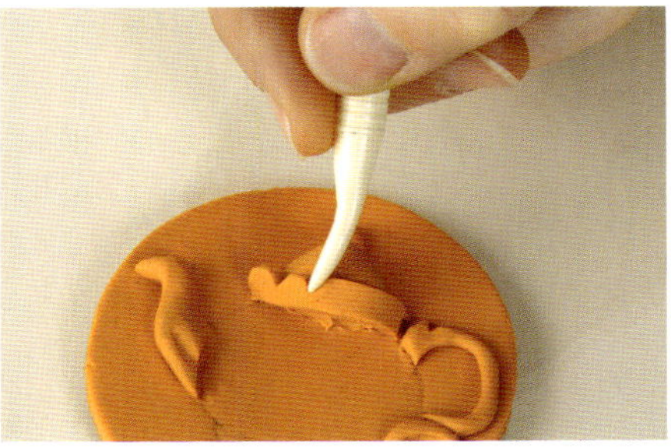

5 Du kannst mit Modellier- und Prägewerkzeugen Details einfügen. Hier modelliere ich mit dem Dresden Tool den Rand der Kanne. Die Rosen auf der Kanne wurden mit kleinen geprägten Formen erstellt (siehe Kapitel Prägen).

6 Ist Dein Modell fertig, lege Streifen aus Ton um das Modell als Behälter. Schmelze das Gel und gieße es über das Modell, bis es komplett bedeckt ist. Sobald das Gel fest ist, ziehe den Behälter und das Modell vorsichtig von der Form ab. Deine Form ist jetzt gebrauchsfertig.

Perlen und Juwelen

Juwelen bringen einen Hauch Glanz und Luxus auf Kuchen. Ob für sich alleine, oder in Kombination mit Zuckerdekorationen, wird er zum aufsehenerregenden Mittelpunkt. Kuchen mit Juwelen schmücken bereitet viel Vergnügen. Die Welt der Perlen ist sehr verlockend, mit all ihren wundervollen Farben, Formen und Auswahlmöglichkeiten. Für den Fall, dass Du noch nie mit Juwelenschmuck für Kuchen gearbeitet hast, startet dieses Kapitel mit einer Einführung in die Techniken. Wenn Du eine Kuchenkrone machen möchtest, ist hier eine Reihe sehr hilfreicher Techniken beschrieben – wähle aus, was Dir am besten gefällt.

Kapitelinhalt:

Prachtvolle Krone
Durch Juwelen bekommen Kuchen eine weitere Dimension – diese glamouröse Krone verleiht dem Kuchen Opulenz. Im Kapitel Anleitungen findest Du die schrittweise Anleitung für diesen Kuchen sowie Materiallisten und Anleitungen für alle Kuchen und Kekse dieses Buches.

Ein Ratgeber zu Drähten und Perlen

Bevor Du Dich Hals über Kopf in Deinen ersten Tortenschmuck stürzt, solltest Du die kurze folgende Einführung lesen, um Dich mit den Grundlagen vertraut zu machen.

Werkzeuge und Materialien

Mit den richtigen Werkzeugen und der passenden Ausstattung ist alles einfacher.

☆ **Seitenschneider** – unverzichtbar, wenn Du Dir nicht eine gute Schere ruinieren willst.

☆ **Flachzange** – wichtig für die Herstellung von Fontänen und einige Elemente der Kronen.

☆ **Rundzange** – werden für Spiralen verwendet. Sie ist nur erforderlich, wenn Du damit experimentieren willst.

☆ **Perlenmatte** – diese relativ neue Erfindung hält Deine Perlen zusammen. Wenn Du eine Perle fallen lässt, hält die Matte sie auf, statt sie wegrollen zu lassen.

☆ **Kleber** – Du brauchst einen starken, ungiftigen Schmuckkleber auf Acrylbasis.

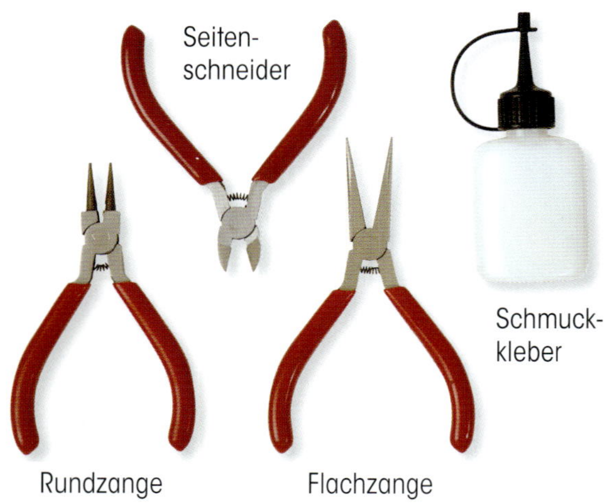

Tipp

Sämtlicher Juwelenschmuck sollte vor dem Anschneiden vom Kuchen entfernt werden. Stecke niemals nichtessbare Perlen oder Kristalle direkt in den Überzug eines Kuchen.

Drähte

Viele Leute finden das Thema Draht verwirrend, deshalb habe ich es zur Entmystifizierung in Gruppen unterteilt. Es ist sehr wichtig, dass Du den richtigen Draht für den richtigen Zweck einsetzt. Einige Drähte sind austauschbar, andere nicht. Für die Auswahl der Drähte gibt es zwei unterschiedliche Parameter:

☆ **Der Kern des Drahtes** – sagt Dir viel über seine Stärke. Zum Beispiel ist ein Draht mit Stahlkern viel stärker als ein Draht mit Kupferkern im selben Durchmesser.

☆ **Die Stärke des Drahtes** – d.h. seine Gauge-Zahl, bzw. sein Durchmesser.

Drähte werden sowohl in Gauge wie auch in Durchmesser gemessen, allerdings variieren diese Maße abhängig davon, wo Du lebst bzw. der Draht produziert wurde. In Europa wird Draht in Standard Wire Gauge (swg) und Millimeter (mm) gemessen, in USA dagegen in American Wire Gauge (awg) und Inches (in).

☆ Beachte: In den Anleitungen dieses Kapitels werden immer Standard Gauge und metrische Durchmesser verwendet – um diese umzurechnen, benutze die Tabelle auf der nächsten Seite.

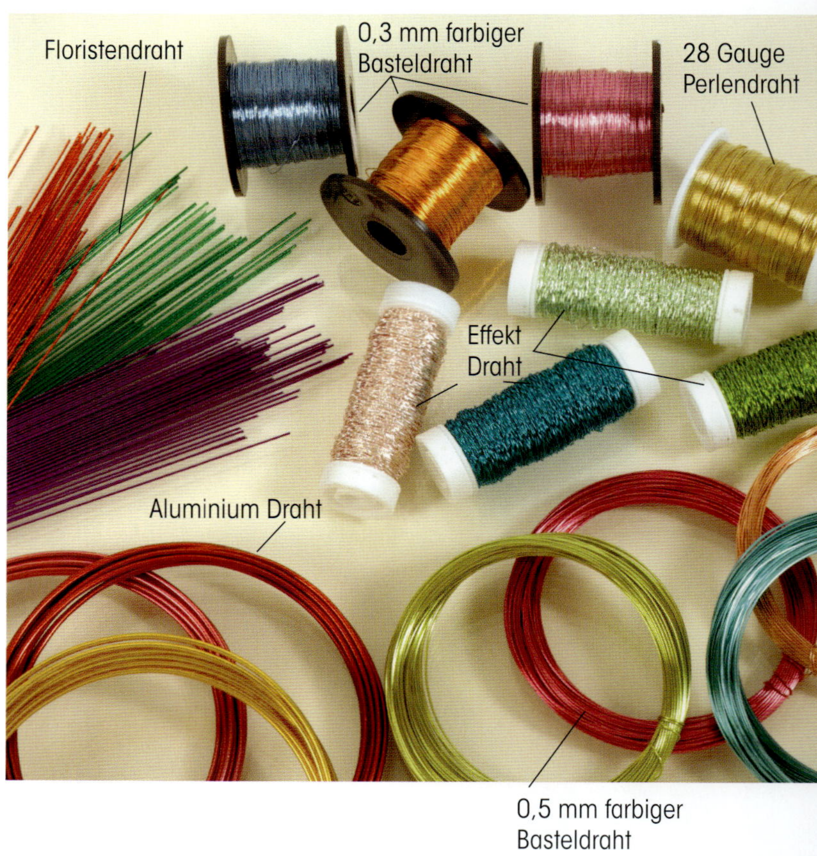

Umrechnungstabelle für Drahtstärken

Draht	(mm)	Standard wire gauge (swg)	American wire gauge (in)	
Weiche Perlen- und Bindedrähte				
Effektdraht	0,315	28	0,012	Dünn
0,3 mm farbiger Basteldraht	0,315	28	0,012	
28-gauge Schmuckdraht	0,315	28	0,012	
0,4 mm Schmuckdraht	0,4	26	0,015	
Drähte mittlerer Stärke				
24-gauge Floristendraht	0,5	24	0,020	
0,5 mm farbiger Basteldraht	0,5	24	0,020	
0,6 mm Schmuckdraht	0,6	22	0,025	
Starke Drähte				
1,2 mm Schmuckdraht	1,2	16	0,050	
Aluminiumdrähte				
1,5 mm	1,5	15	0,0571	
2 mm	2	12	0,0808	Dick

★ Weiche Perlen- und Bindedrähte

Diese weichen Drähte werden für Kronen und Perlengirlanden verwendet. Sie beinhalten:

☆ **0,3 mm Kupferbasteldraht** – ein wundervoll weicher Draht, in vielen Farben glasiert.
☆ **28-gauge Schmuckdraht** – mit dem Stahlkern kann er ganz schön hart zu Deinen Fingern sein.
☆ **0,4 mm Schmuckdraht** – etwas fester als der vorherige, aber ideal für kompaktere Effekte, nichts für Anfänger.
☆ **Effektdraht** – der gekräuselte Draht wird für viele Bastelarbeiten verwendet – gut für Perlengirlanden.

★ Drähte mittlerer Stärke

Diese stärkeren Drähte können etwas Gewicht tragen. Sie eignen sich für Fontänen, gedrahtete Kuchentopper und Kronenelemente wie z.B. Spirale.

☆ **Gerader, mit Papier umhüllter Floristendraht aus Stahl**, in vielen Stärken erhältlich, wobei 24 gauge die beste Stärke für Fontänen ist. Dieser Draht ist nicht für Kronen geeignet.
☆ **0,5 mm farbiger Basteldraht und 0,6 mm Schmuckdraht**, ideal zum Perlentragen in Kronen. Dieser Draht ist auch dünn genug, um die meisten Perlen aufzufädeln und bietet sich daher für Kuchentopper mit Perlen an. Der Unterschied zwischen beiden besteht im weicheren Kupferkern des Basteldrahtes und dem Stahlkern des härteren Schmuckdrahtes.

★ Starke Drähte

Belastbare Drähte für die Basis der Kronen.

☆ **1,2 mm Schmuckdraht** – an diesen Draht befestigst Du alle Elemente der Krone. Ideal für Anfänger, weil er seine Form behält, jedoch wirst Du mit etwas Übung im Binden den Gebrauch von Aluminiumdraht vielleicht vorziehen.

★ Aluminiumdraht

Verfügbar in vielen Stärken, aber zur Tortendekoration würde ich **1,5 und 2 mm** empfehlen. Der Draht lässt sich wunderbar verarbeiten, Du kannst ihn in jede gewünschte Form biegen. Es gibt ihn in einer immer größer werdenden Farbauswahl, die alle Möglichkeiten der Tortendekoration eröffnet.

Perlen

Glanzvolle Perlen können ein Tortendesign vervollständigen oder auch die Hauptdekoration auf einer Torte sein. Die Auswahl an Perlen ist weltweit riesig - vom billigen Plastik bis zum teuren Kristall ist alles zu haben. Welche Du für Dein Projekt auswählst, hängt von Deinem Budget und dem gewünschten Effekt ab.

★ Größen

Perlen gibt es in Größen vom Samenkorn bis zu großen Perlen, die als einzelner Anhänger getragen werden. Am häufigsten werden 6mm und 8mm Perlen für Tortenschmuck verwendet, wobei kleinere Perlen, wie silberne japanische Rocailles, wundervollen Glanz geben und größere Perlen für attraktive Blickpunkte eingesetzt werden.

★ Formen

Die meisten Menschen denken, Perlen seien rund, aber es gibt sie in einer großen Vielzahl von Formen. Runde Perlen werden im Tortenschmuck am meisten verwendet, aber herz-, stern- und kristallförmige eignen sich auch.

★ Ein Farbenmix

Tortenschmuck ist am wirkungsvollsten, wenn er Farben der Dekoration sowie des Überzugs widerspiegelt. Wenn z.B. ein Kuchen elfenbeinfarben eingedeckt ist, reichen ein paar elfenbeinfarbene Perlen im Schmuck aus, um das Design zu verbinden. Ton-in-Ton- sowie Kontrast-Farbschemata wirken auch sehr gut. Ich empfehle, ungefähr sechs verschiedene Farbtöne zu verwenden, aber das ist nur ein Vorschlag – nichts ist richtig oder falsch.

★ Auswahl der Perlen

Am besten legst Du die ausgewählten Perlen zusammen auf eine Perlenmatte, dann siehst Du, wie sie zusammenpassen. Du kannst dann Perlen hinzufügen oder wegnehmen, um ein Gleichgewicht zwischen Farben und Größen zu erhalten.

Girlanden

Wenn Du noch nie Tortenschmuck gemacht hast, sind Girlanden ein guter Einstieg, denn sie sind unkompliziert in der Herstellung und sehen am unteren Tortenrand sehr attraktiv aus.

1 Wähle Deine Perlen aus – Du benötigst verschiedene Größen und Farben und etwas weichen Draht, entweder 0,3 mm Basteldraht, Effektdraht oder ähnliches in einer passenden Farbe. Fädele die Perlen auf den Draht auf, schneide ihn aber noch nicht ab.

2 Halte die letzte aufgefädelte Perle in einer Hand und den Draht auf den beiden Seiten der Perle in der anderen Hand. Drehe die Perle mitsamt dem Draht, bis das Drahtende fest angewickelt ist.

3 Lasse etwas Zwischenraum und drehe die nächste Perle 1 ½ mal herum, um sie am Platz festzuhalten. Fahre mit den restlichen Perlen fort. Du kannst die Zwischenräume zwischen den Perlen variieren, damit sie beim Platziren um den Kuchen nicht alle aufeinanderliegen. Eine gute Faustregel ist, je kleiner die Perlen desto näher sollten sie zusammenliegen.

4 Sobald du alle Perlen am Draht festgedreht hast, schneide den Draht ab und verdrehe das Ende mit der Girlande. Prüfe, ob die Girlande lang genug ist, ein paar Mal um den Kuchen gelegt zu werden. Sieht sie zu dürftig aus, mache eine zweite zusätzliche. Lege die Girlande locker um den unteren Kuchenrand und befestige die Enden.

Tipp

Normalerweise sollte eine Girlande dreimal um den Kuchen gehen. Das hängt jedoch von der Größe der Perlen ab, also experimentiere und schau, was Dir gefällt.

Kleine Schönheit

Eine einfache Girlande um den Rand dieses Mini-Kuchens gibt dem Design eine neue Dimension.

Einfache Fontänen

Eine Schmuckfontäne verleiht einer Torte einen wunderbaren Hauch von Glanz und Glamour, perfekt für einen besonderen Anlass. Ihre Herstellung ist nicht schwer – Du brauchst Perlen, Floristendraht in 24 gauge und etwas Schmuckkleber. Fontänen werden am besten in zwei Schritten hergestellt, damit der Kleber Zeit zum Trocknen hat.

Fantastische Fontäne
Eine Perlenfontäne gibt dieser hübschen floralen Torte den letzten Pfiff

1 Wähle Perlen in zum Kuchen passenden Farben aus. Gib etwa Schmuckkleber auf Deine Arbeitsfläche. Tippe das Drahtende in den Kleber, platziere eine Perle auf dem Kleber und lasse alles im Liegen trocknen.

2 Gib mit einem Zahnstocher einen Tropfen Kleber auf den Draht für die Perlen, die am weitesten vom Ende entfernt sitzen soll. Fädele die Perle auf, bis sie auf dem Kleber sitzt. Mache so lang weiter, bis Du die gewünschte Wirkung erreichst. Experimentiere mit verschiedenen Kombinationen, jeweils drei bis sechs Stück pro Typ und einen Draht für die Mitte. Ich empfehle insgesamt ungefähr 25 Drähte zu nehmen.

Tipp

Je mehr Perlen Du einsetzt, desto weniger Drähte brauchst Du - das Arrangieren ist viel leichter, wenn Du eine Zange statt der Finger nimmst.

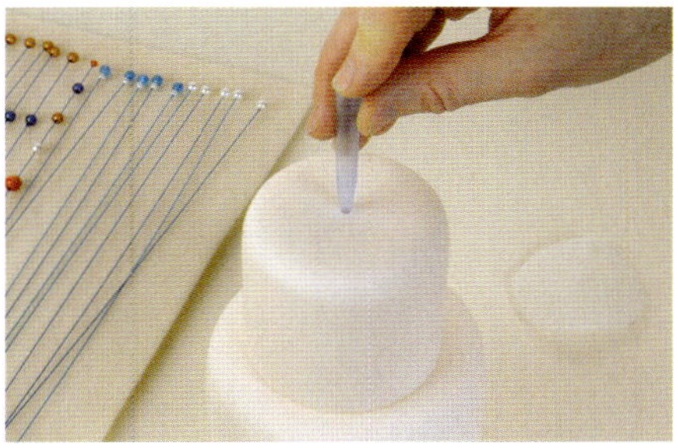

3 Um die Mitte des Kuchens zu finden, falte einen Papierkreis des gleichen Durchmessers zweimal zur Hälfte und lege ihn auf die Oberseite des Kuchens. Markiere die Mitte dort, wo die Falten sich kreuzen, mit einer Nadel. Stecke einen Pick senkrecht so in die Mitte des Kuchens, dass sein Rand knapp unter der Oberfläche des Fondants liegt – Drähte dürfen nicht direkt in den Kuchen gesteckt werden. Stecke etwas Oasis fix in den Pick, um die Drähte zu halten.

4 Biege die Drähte durch Wickeln um einen Zylinder sanft in runde Form. Schneide die Drähte in eine für den Kuchen passende Länge und stecke sie in den Pick.

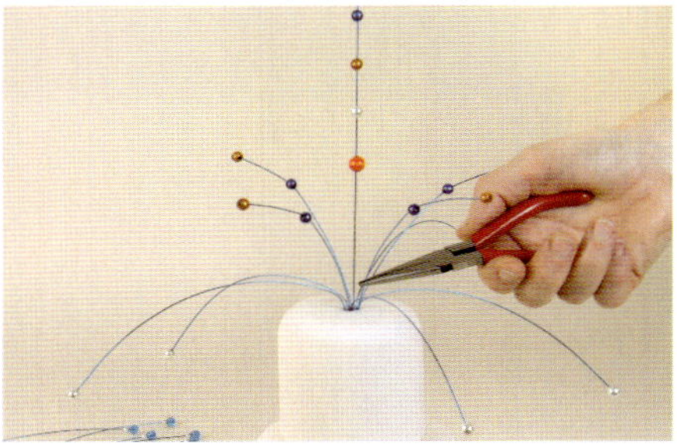

5 Gestalte die Grundform der Fontäne indem Du zuerst einige gebogene Drähte derselben Länge an der Basis der Fontäne arrangierst und platziere dann den geraden Mitteldraht, um die Höhe festzulegen. Fülle die Zwischenräume mit den restlichen Drähte und achte auf eine gleichmäßige Verteilung.

Formen aus Aluminium

Beeindruckende Tortendekorationen können sehr leicht aus farbigem Aluminiumdraht hergestellt werden, der in Form gebogen wird. Stecke einen Pick in Deinen Kuchen und arrangiere Deine Formen – was könnte mehr auffallen? Hier sind ein paar Ideen, aber dieser Draht ist so leicht formbar, dass Du sicher in kürzester Zeit selbst experimentieren wirst!

Libellenträume
Drahtspiralen sind der zentrale Blickpunkt dieses außergewöhnlichen Kuchens und geben das seitliche Insektenmotiv wieder.

Ein Bogen

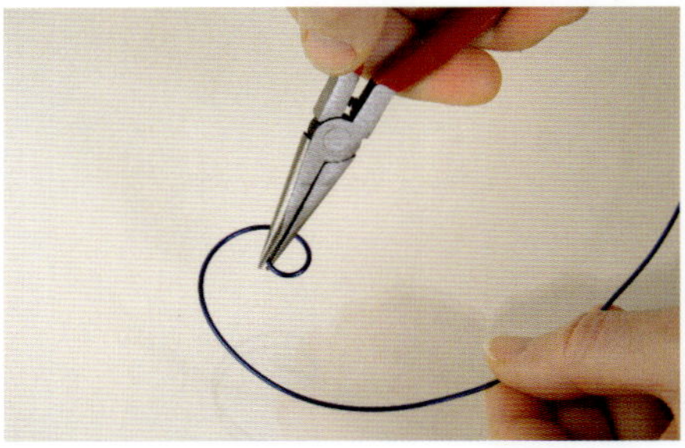

Schneide ein Stück Aluminiumdraht ab, halte den Draht in der Mitte mit den Fingern oder einer Zange fest und biege den Draht in einen lockeren Bogen. Probiere aus, wie offen oder eng Dir der Bogen am besten gefällt.

Geschwungenes Herz

Biege die Enden zweier Drahtstücke zur Spirale und verwickele sie ineinander, damit sie eine Herzform bilden.

Biegen nach Vorlage

Mit einer Vorlage kannst Du Formen leicht nachstellen und die Umrisse symmetrisch halten. Zeichne die Vorlage auf Karton. Beim Experimentieren mit eigenen Formen, halte diese einfach und zeichne eine durchgehende Linie.

1 Ein perfekter enger Kreis am Ende des Drahtes gelingt am besten, wenn Du das Drahtende mit der Zange festhältst und den Draht dann um die Zange wickelst.

2 Lege den Draht auf die Vorlage. Drücke den Kreis mit den Fingern einer Hand herunter, während Du mit der anderen Hand der Vorlage folgend den Draht in Form biegst. Falls nötig, verändere die Position der festhaltenden Finger.

Kronen

Eine Krone oben auf einer Torte oder um ihren unteren Rand kann aus einer sehr einfach dekorierten Torte einen hinreißenden Mittelpunkt machen. Kronen können sehr gut im Vorfeld des Anlasses hergestellt und im letzten Moment aufgesetzt werden. Aus den vielen Möglichkeiten, eine Krone zu dekorieren, zeigen Dir die nächsten Seiten eine hilfreiche Ideenauswahl.

Perlentauchen
Dieser glitzernde Kuchen ist dekoriert mit einer Krone aus gedrehten Perlenelementen, die das Design effektvoll unterstreicht

Einfache gedrehte Elemente

1 Fädele eine Perle auf ein Stück 0,3 mm farbigen Basteldraht. Halte die Perle in der Mitte des Drahtes mit Daumen und Zeigefinger einer Hand fest, dann drücke die Drahtenden zwischen Daumen und Zeigefinger der anderen zusammen, um die Perle in Position zu halten.

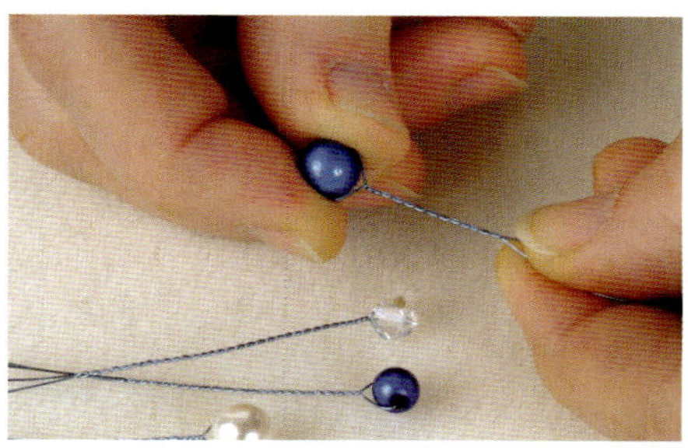

2 Drehe die Perle mehrfach um sich selbst, während Du langsam den Draht durch die Finger Deiner anderen Hand gleiten lässt, um eine gleichmäßige Wicklung zu bekommen.

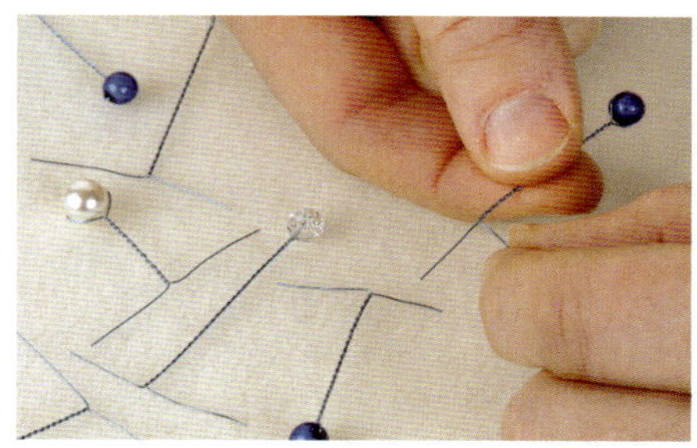

3 Drehe den Draht bis zu einer passenden Länge. Dann trenne die Drahtenden, um ein „T" zu bilden. Stelle die gewünschte Anzahl her.

Mehrere Perlen auf gedrehtem Draht

1 Drehe eine Perle auf 0,3 mm Draht wie oben beschrieben. Höre mit dem Drehen ca. 1 cm vor Drahtende auf. Fädele mehr Perlen auf den gedrehten Draht auf, dann trenne die Enden um ein „T" zu formen.

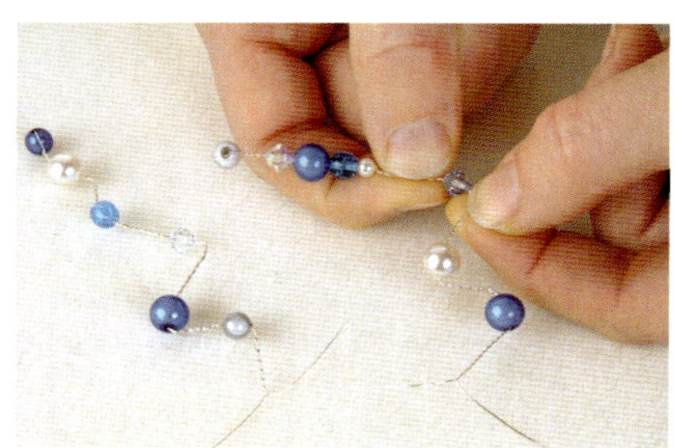

2 Biege den Draht zu Zickzack-Formen – die Knicke halten die Perlen auf unterschiedlichen Höhen. Stelle die gewünschte Anzahl her.

Tipp

Das Geheimnis einer gleichmäßigen Wicklung ist, den Draht mit gleichmäßigem Druck gleiten zu lassen.

Gruppe von Perlen

Fädele eine Auswahl von Perlen auf einen 0,3 mm Drahtabschnitt. Führe die Perlen in die Drahtmitte, dann halte sie mit Daumen und Zeigefinger der einen Hand in Position, während Du mit Daumen und Zeigefinger der anderen Hand die Drähte zusammen drückst. Drehe die Perlen mehrfach umeinander, während Du den Draht langsam durch die Finger der anderen Hand gleiten lässt, um eine gleichmäßige Wicklung zu bekommen.

Paradies in Pink
Die Perlen in der Krone am unteren Rand des Mini-Kuchens und die aufgestellten Perlen im Topper treffen die Farben der Paste perfekt.

Aufgestellte Perlen

Diese können als Elemente für Kronen verwendet werden oder – in Picks gesteckt – als alternative Top-Dekoration.

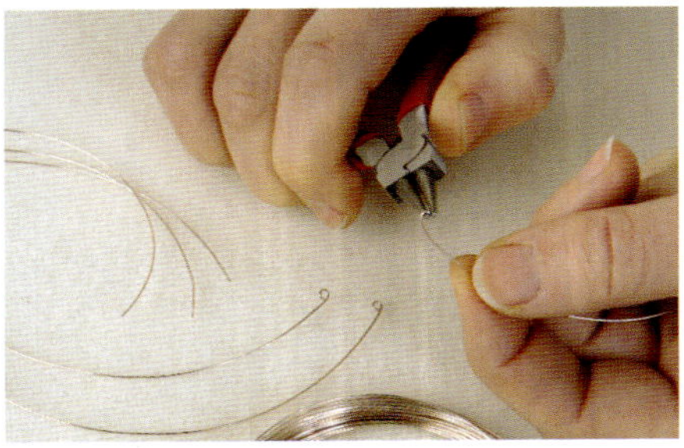

1 Schneide 0,5 mm farbigen Basteldraht in Stücke. Nimm einen Drahtabschnitt, halte ein Ende des Drahtes mit einer Rundzange fest und wickele den Draht um eine Seite der Zange, um einen perfekten Kreis im Draht zu biegen.

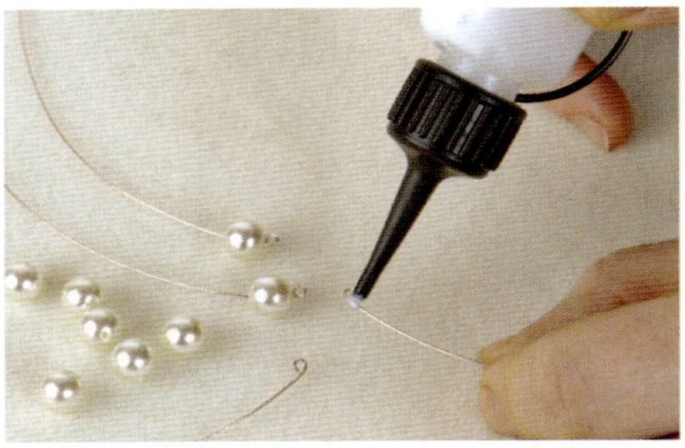

2 Gib einen Tropfen Schmuckkleber nahe dem Kreis auf den Draht und fädele eine Perle auf, bis sie auf dem Kleber sitzt. Lass sie in einer passenden Position trocknen. Stelle die gewünscht Anzahl her. Wenn der Kleber trocken ist, biege den Draht 2,5 cm vom Ende entfernt zu einer „L"-Form.

Perlen fixieren mit Crimps

Crimps sind winzige Metallperlen, die zusammengedrückt andere Perlen auf dem Draht in Position halten. Nutze diese Technik für Kronenelemente oder für Top-Dekorationen in freien Formen.

1 Fädele einen Crimp gefolgt von einer oder mehreren Perlen und einem weiteren Crimp auf einen 0,5 mm farbigen Basteldraht. Drücke den 1. Crimp mit einer Flachzange zusammen.

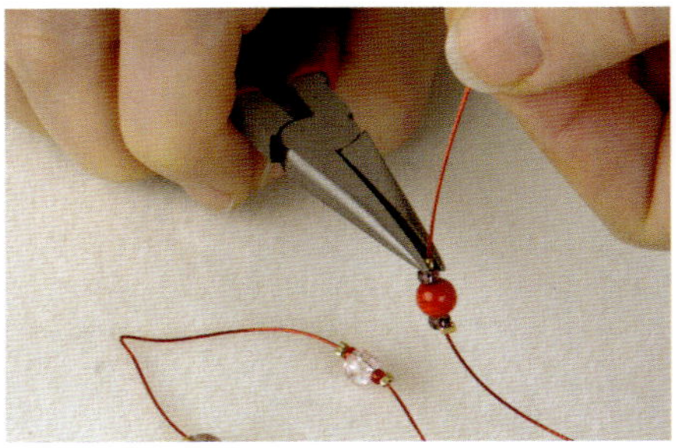

2 Nimm den Draht hoch und lass die Perlen und den lockeren Crimp herunterrutschen, bis sie nahe beim festen Crimp sitzen. Drücke dann den 2. Crimp zusammen.

Abstrakte Kunst
Draht kann in abstrakten Formen ebenso gut wie in gleichmäßige Spiralen gebogen werden. Mit Crimps kannst Du Perlen am Platz halten.

Drahtspiralen

Interessante Kronenelemente können auch nur aus Draht bestehen. Ich denke, dieses Beispiel hier sieht ausgesprochen gut aus.

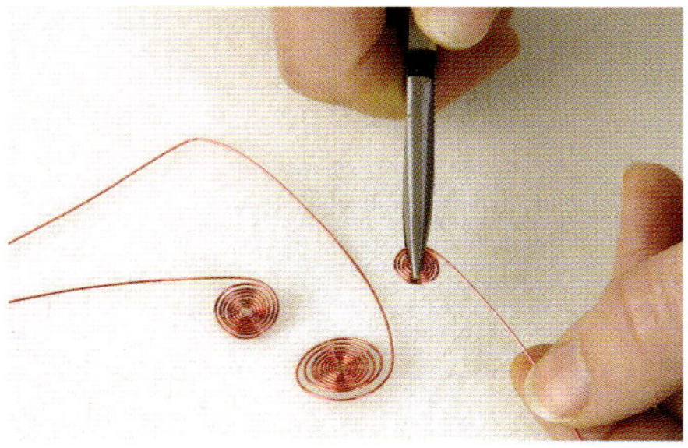

1 Schneide ungefähr 25 cm 0,5 mm farbigen Basteldraht ab, halte ein Ende des Drahtes mit der Rundzange fest und wickele es um die eine Seite der Zange, um einen perfekten Kreis in dem Draht zu biegen.

2 Halte den Kreis horizontal mit einer Flachzange fest und und drücke den Draht mit der anderen Hand von Dir weg, so dass er sich um den Kreis wickelt. Fasse mit der Zange nach und wickele ungefähr ein ¼ des Kreises, bevor Du wieder nachfasst. Wenn er groß genug ist, wickele von Hand bis zur gewünschten Größe weiter. Biege das Drahtende zur „L"-Form, um es an der Krone zu befestigen.

Krönende Pracht
Die Krone auf dem am Kapitalanfang gezeigten Kuchen wurde wie hier beschrieben zusammengesetzt.

Kronen zusammensetzen

Um alle Elemente Deiner Krone zusammenzusetzen, brauchst Du etwas 0,3 mm farbigen Basteldraht zum Binden und einen Basisdraht, auf den Du bindest. Nimm entweder starken Schmuckdraht (ideal für Anfänger, da er in Form bleibt) oder Aluminiumdraht.

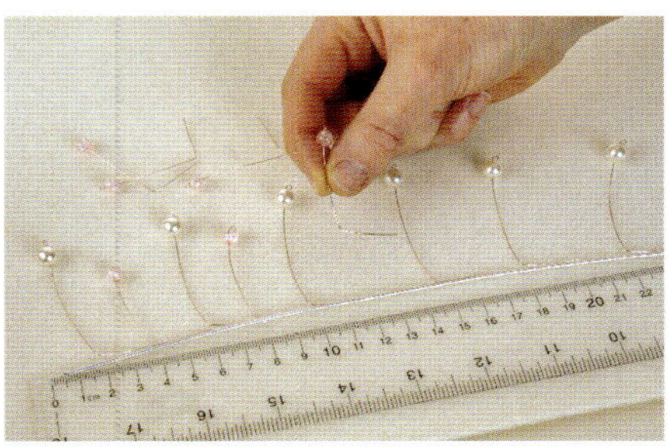

1 Lege den Umfang Deiner Krone fest und schneide ein Stück Basisdraht auf diese Länge oder etwas länger zu. Zum Messen des Drahtes ist ein Cake Board praktisch. Ziehe den Draht gerade und plane die Anordnung Deiner Elemente. Achte darauf, dass sich wiederholende Muster gleichmäßig verteilt sind. Durch die Planung der Krone siehst Du auch, ob Du genug Elemente vorgefertigt hast.

2 Beginne an einem Ende, halte eine vorbereitete „T" oder „L" – Form an den Basisdraht und wickele den 0,3 mm Draht auf einer Seite des „T"s um beide Drähte, um sie sauber zusammenzuhalten. Halte das nächste „T" in Position und umwickele die Drähte eng weiter.

3 Fahre damit fort, die „T"-Formen alle paar Zentimeter hinzuzufügen. Zum Zusammenbinden der Krone wickele weiter, bis Du das Ende des Drahtes erreichst, dann lege die beiden Enden des Basisdrahtes aneinander oder leicht übereinander, binde weitere „T"s mit ein, bis Du Deinen Anfangspunkt erreichst.

Tipp

Wenn Dein Draht nicht so ordentlich wurde, wie gewünscht, wickle eine schmale Girlande um die Basis. Das sieht interessant aus und versteckt Fehler.

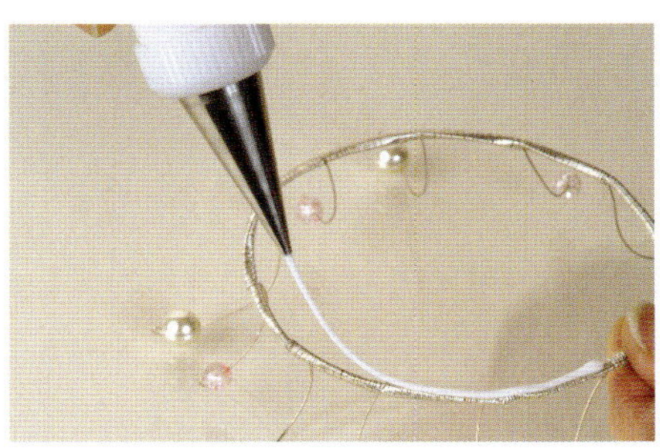

4 Wenn erforderlich, korrigiere die Form der Kronenbasis zu einem runden Kreis. Ein Cake Board ist sehr nützlich für diese Formkorrektur. Zur Befestigung der Krone auf dem Kuchen spritze etwas farblich passendes Royal Icing auf die Unterseite der Krone. Lege die Krone mittig auf die oberste Torte. Mit einem feuchten Pinsel kannst Du sichtbare Royal Icing-Flecken verwischen. Lasse alles trocknen.

Projekte

★ Modernes Meisterstück

Kapitel Kuchenschnitzen, Seite 33

Du brauchst:

- ☆ 3 runde Kuchen 7,5 cm hoch in 25 cm, 18 cm, und 10 cm Durchmesser
- ☆ Rundes Cake Board / Drum 30 cm
- ☆ Runde Hardboards in 18 cm, 12,5 cm und 6,5 cm Durchmesser
- ☆ Fondant: 3 kg in weiß
- ☆ Modellierpaste: 100 g rot, 75 g pink, 60 g Schwarz, je 50 g in violett, gelb, grün, hellblau, und weiß, 25 g dunkelblau
- ☆ Frischhaltematte oder Gefrierbeutel
- ☆ Verschiedene runde Ausstecher inkl. Tüllen PME Nr. 16, 17, 18
- ☆ Skalpell
- ☆ Lineal und Geo-Dreieck
- ☆ Variabler Bandschneider (FMM)
- ☆ Royal Icing
- ☆ Zuckerkleber
- ☆ 15 mm breites schwarzes Band

Anleitung:

1 Schnitze die Kuchen wie auf den Seiten 36 - 37 beschrieben.

2 Lege jeden Kuchen auf das passende Hardboard und damit auf Wachspapier. Decke die Kuchen und das Cake Board / Drum mit dem weißen Fondant ein. Lasse sie trocknen.

3 Stütze die beiden unteren Kuchen ab und stapele alle Kuchen auf dem eingedeckten Board, befestige sie mit Royal Icing.

5 Rolle die Modellierpasten zwischen schmalen Hölzern aus, bedecke diese zum Schutz vor Austrocknung mit Frischhaltematten oder Gefrierbeuteln.

6 Schneide mit einem Lineal und dem Skalpell geradlinige Formen zu. Befestige die Formen mit Zuckerkleber an den Kuchen, jeweils unten beginnend. Korrigiere mithilfe des Skalpells und des Lineals die Größe, Passform und Winkel der Formen, sobald sie am Kuchen sind. Halte Dich an die Schritte auf Seite 73, da viele der Formen dicht aneinander passen müssen.

7 Steche mit den Kreisausstechern konzentrische Kreis aus (siehe Seite 74) und bringe ganze oder Teilkreise je nach Wunsch am Kuchen an.

8 Bringe noch mehr Einlegeteile an, lass Dich gerne von meinem Kuchen anregen.

9 Schneide aus schwarzer Modellierpaste mit dem variablen Bandschneider einige dünne Streifen zu. Lasse sie antrocknen, dann lege sie mithilfe des Lineals ganz gerade auf den Kuchen. Schneide die Größe mit dem Skalpell zurecht.

★ Patchwork Herz

Kapitel Farbgestaltung, Seite 39

Du brauchst:

- ☆ 1 runden Kuchen 20 cm
- ☆ Cake Board / Drum 30 cm
- ☆ Fondant: rot, schwarz, creme, braun, weiß
- ☆ Modellierpaste: pink, schwarz, weiß, Mischung aus creme und braun, rot
- ☆ Schablonen: peony cake top design (LC), leafy scroll top design (DS – C357)
- ☆ Skalpell
- ☆ Dresden tool
- ☆ Vorlage Scherenschnitt (siehe Seite 157)
- ☆ Spitze
- ☆ Schwarze Farbpaste
- ☆ Küchentücher
- ☆ Ausstecher: platform stiletto sheo cutter (LC), Set runder Ausstecher (FMM geometric set), Tüllen PME Nr. 4, 16, 18
- ☆ Modellierformen: classic chrysanthemum (FI – FL271), flower set mini misc (FI – FL107)
- ☆ 15 mm breites cremefarbenes Band

Anleitung:

1 Decke die Drum mit cremefarbenem Fondant ein und präge sie mit der leafy scroll Schablone.

2 Schnitze den Kuchen wie auf Seite 34 .

3 Decke den Kuchen in Teilen ein. Stelle aus Fondant rot-schwarzes Millefiori her (s. Seite 45), wobei die Pastenstränge ein Tiermuster bilden. Lege es auf den Kuchen.

4 Marmoriere etwas creme und braunen Fondant hell (s. Seite 42), rolle ihn aus und präge ihn mit der peony cake top Schablone. Steche aus dieser Paste einen Kreis aus und lege ihn zwischen die Bereiche mit dem rot-schwarzen Fellmuster.

5 Präge etwas weißen Fondant mit Spitze und lege ihn oben auf das Herz.

6 Marmoriere etwas mehr cremefarbenen und braunen Fondant miteinander und lege ihn auf den rechten oberen Teil des Herzens. Präge die Paste mit dem Dresden Tool wie Stoff.

7 Decke den Rest in weiß ein. Stelle dann etwas schwarz-weiß-getupften Fondant her wie auf Seite 43 beschrieben und mache daraus einen Bilderrahmen.

8 Übermale die Spitze mit schwarzer Farbpaste und decke mit einem Küchentuch das Muster wieder auf, s. Seite 50 .

9 Modelliere Blumen (s. Seiten 115 – 116), dann schneide den Scherenschnitt mit dem Skalpell und der Vorlage auf Seite 157 aus. Füge dünne schwarz-weiß-gestreifter Streifen hinzu (siehe Seite 44), Gib Knöpfe aus marmorierter Modellierpaste dazu und einen Schuh in pink aus Milefiori-gemusterter Paste (siehe Seiten 42 und 45). Bringe abschließend Rüschen aus gefalteter, dünn ausgerollter marmorierter Modellierpaste an.

Techniken: Kuchen eindecken (Seite 26); Boards eindecken (Seite 28); Kuchen stapeln (Seite 30); Prägen mit Schablonen (Seite 67)

★ Perfekter Mohn

Kapitel Malen, Seite 47

Du brauchst:

- ☆ 1 runden Kuchen 12 cm
- ☆ Rundes Cake Board / Drum 22 cm
- ☆ Fondant: je 500 g in weiß und rot
- ☆ Modellierpaste: schwarz und grün
- ☆ Blütenpaste: 25 g rot, etwas schwarz und grün
- ☆ Farbpaste: rot, schwarz
- ☆ Stift mit schwarzer Lebensmittelfarbe
- ☆ Ausstecher: large poppy cutter (LC), swirls (PC)
- ☆ Präger: Poppy petal veiner (GI)
- ☆ Sugarcraft Gun
- ☆ Spritztülle: PME Nr. 1
- ☆ Royal Icing: schwarz, weiß
- ☆ Spritzbeutel
- ☆ Pinsel und Naturschwamm
- ☆ Blütenformer
- ☆ Küchentücher
- ☆ Ball Tool und Foam Pad
- ☆ Cutting wheel (Schneiderad / PME) und Pinzette
- ☆ 15 mm breites schwarzes Band

Anleitung:

1 Fertige die Mohnblüte wie auf Seite 81 beschrieben an.

2 Decke den Kuchen mit weißem und das Cake Board mit rotem Fondant ein und lass es trocknen.

3 Verdünne rote Farbpaste und zeichne fünf Halbmonde an die Seite des Kuchens als Basis der Mohnblüten. Tupfe sofort mit einem feuchten Schwamm die Farbe in das Zentrum jeder Blüte: siehe hierzu Seite 49.

4 Nach dem Trocknen zeichne die Staubgefäße und Blütenblätter mit einem schwarzen Lebensmittelfarbstift – siehe Seite 51.

5 Betone den unteren Rand jeder Blüte durch Anbringen eines dünnen schwarzen Strangs Modellierpaste, hergestellt mit der Sugarcraft Gun und der PME Tülle Nr. 1.

6 Gib jeder Blüte einen grünen Stiel mit der Sugarcraft Gun und einer kleinen runden Scheibe. Spritze schwarze Icing-Punkte auf jedes Staubgefäß.

7 Lege den Kuchen auf das Cake Board und decke den Spalt mit einem Strang schwarzer Modellierpaste aus der Sugarcraft Gun ab.

8 Steche sechs große und eine kleine Spirale aus schwarzer Paste aus. Dann lege einen großen und einen kleinen auf den Kuchen. Platziere die restlichen sauber um den unteren Kuchenrand.

9 Spritze weiße Icing-Tupfen auf die Umrisse jedes Swirls (Spirale).

★ Ein Stapel Hutschachteln

Kapitel Schablonen, Seite 57

Du brauchst:

Für die Kuchen:

- ☆ 3 runde Kuchen: 25 cm, 20 cm, 15 cm
- ☆ Runde Hardboards in 25 cm, 20 cm und 15 cm
- ☆ Rundes Cake Board / Drum 35 cm
- ☆ Fondant: je 1,6 kg sehr helles pink (Board, oberster Kuchen), violett (unterster Kuchen), je 50 g helles pink und weinrot (claret) (mittlerer Kuchen)
- ☆ Modellierpaste: 225 g helles pink, 175 g sehr helles pink, je 50 g violett und weinrot,
- ☆ Farbpulver: pink (rose SK), weinrot (cyclamen SK), violett (violet SK), pastelpink und superwhite (SK)
- ☆ Royal Icing
- ☆ Schablonen: damask cake side design (DS), leafy scroll side design (DS), chic rose side design (DS), chic rose circle design (DS)
- ☆ Fixierungs-Set für Schablonen
- ☆ Variabler Bandschneider (FMM)
- ☆ Sugarcraft Gun
- ☆ 15 mm breites weinrotes Band

Für die Pfingstrosen:

- ☆ Blütenpaste: 150 g weinrot, 25 g grün
- ☆ Farbpuder: pink, violet, grün
- ☆ Großer Blütenausstecher (OP – F6C)
- ☆ Random veining tool (Prägewerkzeug HP)
- ☆ Ball Tool and Foam Pad
- ☆ Präger: peony leaf veiner (GI)
- ☆ Blütenformer

Anleitung:

1 Decke das Cake Board mit 800 g Fondant in hellem pink ein: präge ihn mit der Schablone rose circle design und dem Glätter.

2 Lege jeden Kuchen auf das passende Hardboard und decke alle in zwei Schritten ein wie auf Seite 27 beschrieben, zuerst die Seiten, dann die Deckel. Damit bekommst Du scharfe Kanten an den oberen Rändern und der Spalt kann später mit dem Deckelabschluss abgedeckt werden.

3 Der untere Kuchen: Hebe den Kuchen an und platziere die Schablone so, dass das Muster am unteren Rand beginnt –halte sie mit dem Fixierungsset am Platz. Trage Royal Icing, gemischt mit superwhite und eingefärbt mit weinrotem Farbpuder auf die Schablone auf. Verfahre dabei wie auf Seite 65 beschrieben.

4 Der mittlere Kuchen: Rolle Modellierpaste in hellem pink zwischen schmalen Hölzern zu einem Streifen aus, lang genug für den Umfang des Kuchens. Trage ein Muster mit der leafy scroll Schablone und Farbpuder auf (siehe Seite 60). Schneide eine Seite des Streifens gerade. Bestreiche die Seite des Kuchens mit Zuckerkleber und lege den Streifen vorsichtig um den Kuchen.

5 Der obere Kuchen: Nimm wieder einen Streifen Modellierpaste, aber verwende dieses Mal Royal Icing mit der Schablone (s. Seite 64).

6 Bringe farblich passende Deckelränder an allen Hutschachteln an. Forme aus Fondant lange Stränge und rolle diese auf 5 mm Stärke aus. Schneide Streifen zu und bringe sie am Kuchen an.

7 Versäubere die oberen Kanten mit Strängen aus Modellierpaste mithilfe der Sugarcraft Gun. Bringe -wenn gewünscht- Streifen an, zugeschnitten mit dem Bandschneider.

8 Stütze und stapele die Kuchen auf dem Cake Board.

9 Forme 2 Pfingstrosen und 4 Blättersets (s. Seiten 82 – 83) und lege sie zur Dekoration auf Kuchen und Board.

Dresden Tool (Seite 96); Sugarcraft gun (Seiten 96-98); Variabler Bandschneider (Seite 99); Skalpell (Seite 100); Tupfen spritzen (Seite 109)

★ Pretty in Pink

Kapitel Schablonen, Seite 63

Du brauchst:

- ☆ 1 runden Kuchen 12 cm
- ☆ Cake Board / Drum 20 cm
- ☆ Fondant: je 500 g pink & sehr helles pink
- ☆ Pfingstrose in pink (siehe Seite 82 – 83)
- ☆ Royal Icing
- ☆ Farbpaste pink
- ☆ Schablonen: peony cake top design (LC), peony cake side design (LC)
- ☆ Fixierungs-Set für Schablonen
- ☆ 15 mm breites altrose Band

Anleitung:

Decke den Kuchen und das Cake Board separat mit dem Fondant in sehr hellem pink bzw. pink ein. Trage die Muster auf der Oberseite und den Seiten des Kuchens mit den Schablonen und Royal Icing, gefärbt mit Pastenfarbe in pink, auf, s. Seite 63-64. Lege die Pfingstrose zum Abschluss auf den Kuchen.

★ Flower Power

Kapitel Ausstecher, Seite 69

Du brauchst:

- ☆ 3 runde Kuchen: 20 cm,15 cm und 10 cm Durchmesser
- ☆ Cake Board / Drum 30 cm
- ☆ 3 runde Hardboards: 20 cm, 15 cm und 10 cm
- ☆ Fondant: 1,5 kg weiß und1 kg pink
- ☆ Modellierpaste: 200 g pink, 150 g hellblau, 125 g gelb, 75 g limettengrün, jeweils 25 g dunkelblau, weiß und rot, 15 g dunkelgrün
- ☆ Ausstecher: runde Keksausstecher, elegant hearts (LC), flat florals set 1 (LC), large flat floral (LC), scroll and petal set (LC), daisy centre stamp (JEM), fantasy flower (PC), daisy marguerites (PME)
- ☆ Schablonen: Japanese flower and scroll pattern sheet (LC), Chinese floral circle (LC)
- ☆ Royal Icing
- ☆ Spritztüllen: PME Nr. 2, 4, 16, 17, 18
- ☆ Spritzbeutel
- ☆ Sugarcraft Gun
- ☆ 15 mm breites Band in leuchtend pink

Anleitung:

1 Lege die Kuchen auf die passenden Hardboards, dann decke sie einzeln mit weißem Fondant ein.

2 Decke das Cake Board mit pink Fondant ein. Lass es trocknen.

3 Stütze die Kuchen ab und stapele sie auf dem eingedeckten Cake Board.

4 Bringe einen 4 cm breiten Streifen aus pink Modellierpaste am unteren Rand des untersten Kuchens an.

5 Präge etwas dünn ausgerollte hellblaue Modellierpaste mit der Japanese flower and scroll Schablone. Steche mit den Keksausstechern große Kreise aus, halbiere sie bringe sie am Kuchen an, so dass sie an den pinkfarbenen Streifen anstoßen.

6 Rolle limettengrüne Modellierpaste zwischen schmalen Hölzern zu einem 7,5 cm breiten Streifen aus. Steche an einer langen Seite mit den Keksausstechern Halbkreise ab, damit der Streifen an den hellblauen angelegt werden kann. Achtung, er könnte sich beim Anbringen etwas ausdehnen. Dann steche mit einem kleineren Kreisausstecher Halbkreise vom oberen Streifenrand ab. Das limettengrüne Band deckt so den Spalt zwischen den beiden unteren Kuchen ab und geht dann um die Seite des zweiten Kuchens.

7 Mit der Sugarcraft Gun, einer kleinen Lochscheibe und roter Modellierpaste machst Du einen Strang zum Abschluss der hellblauen Kreise.

8 Für die acht Blumen des untersten Kuchens verwendest Du den Ausstecher des scroll and petal set, das large flat floral cutter set und die daisy centre stamps: für die Techniken siehe Seite 72. Bringe die Blumenschichten am Kuchen an und variiere dabei die Positionen der Blumen.

9 Für den mittleren Kuchen machst Du fünf große und fünf kleine Blumen mit den elegant hearts für die äußeren Blütenblätter, den fantasy flowers für die inneren Blätter zusammen mit einer flat floral und den daisy centre stamps für die großen Blumen. Präge die hellblaue Paste mit der Chineses floral circle Schablone. Bringe die Blumenschichten direkt am Kuchen an und variiere dabei die Positionen der Blumen.

10 Befestige Bögen gelber Gänseblümchen auf dem Board. Steche vorher ihre Mitte mit der Tülle Nr. 16 aus.

11 Spritze mit weißem Royal Icing und Tülle Nr. 2 kleine Punkte am Rand des Cake Boards entlang.

12 Steche aus dunkelgrüner Paste mit Tülle Nr. 17 und Nr. 4 Kreise aus und ordne sie auf dem grünen Band ringförmig an.

13 Zuletzt dekorierst Du den mittleren und oberen Kuchen mit hellblauen Gänseblümchen verschiedener Größe, die Du passend zuschneidest.

★ Verrückt nach Fuchsia

Kapitel Blumen & Blüten, Seite 77

Du brauchst:

- ☆ 1 viereckigen Kuchen 25 cm
- ☆ Cake Board / Drum viereckig 25 cm
- ☆ Vorlagen (s. Seiten 156 – 157))
- ☆ Fondant: 600 g schwarz, 1 kg dunkelpink
- ☆ Modellierpaste: 300 g dunkelpink
- ☆ Pastillage: 50 g grau
- ☆ Zuckerkleber
- ☆ Glanzfarbpuder silber (SK)
- ☆ Confectioners' glaze
- ☆ Schablone: crewel ring top design – Größe 32,5cm (DS – W086CL)
- ☆ Quilting tool (PME)

Techniken Kuchen eindecken (Seite 26); Boards eindecken (Seite 28); Kuchenstapeln (Seite 30); Prägen mit Schablonen (Seite 67)

☆ Ausstecher: medium oval cutters set 2 (LC), Kreisausstecher (FMM geometric set)
☆ Sugarcraft Gun
☆ Dresden Tool
☆ Skalpell
☆ Cutting wheel (PME)
☆ 15 mm breites schwarz-weißes Band

Anleitung:

1 Decke das Cake Board mit schwarzem Fondant ein und trage das Schablonenmuster mit dem Glanzfarbpuder auf, wie auf Seite 59 beschrieben. Lass es trocknen.

2 Stelle mit der Sugarcraft Gun und der mittleren Lochscheibe aus Pastillage vier Ringe her und nutze den 2,5 cm Kreisausstecher als Former. Mache für den Verschluss zwei runde Scheiben von 2,5 cm und präge ihre Oberfläche mit der Schablone. Sobald die Teile trocken sind, bemale sie mit silbernem Farbpuder, das in Confectioner's Glaze gelöst ist.

3 Schneide den Kuchen nach den Vorlagen zu wie auf Seite 35 beschrieben. Lege ihn dann auf Wachspapier und decke ihn in vier Schritten ein: streiche zuerst dünn Buttercreme auf die Rückseite der Tasche.

4 Rolle Fondant zwischen Ausrollhölzern zu 5 mm Stärke aus, genug, um diesen Teil einzudecken. Schneide eine lange Seite der Paste gerade. Lege den Fondant so auf die Buttercreme, dass die geschnittene Seite mit dem unteren Kuchenrand übereinstimmt. Glätte den Fondant mit dem Glätter.

5 Entferne den Pastenüberschuss grob mit der Schere – hier ist noch kein sauberer Abschluss erforderlich. Zeichne mit dem Cutting Wheel die Seitenränder der Tasche im Fondant nach, sie sollten mehr oder weniger symmetrisch sein. Schneide dann mit dem Skalpell den Pastenüberschuss ab, am oberen Rand entlang der Mittellinie.

6 Befestige schmale Fondantstränge auf der Taschenvorderseite gemäß der Vorlage, um den Eindruck von Falten zu erzielen. Decke die Vorderseite mit Fondant ein und schneide ihn wie für die Rückseite zurecht. Forme den Fondant mit dem Finger und dem Dresden Tool zu Falten über den Strängen.

7 Decke die Schmalseiten der Tasche mit Fondant ein, schneide dazu den Fondant wieder an einer Seite gerade. Versäubere den Fondant an den Rändern.

8 Kaschiere die Spalten zwischen den Seiten mit dem Dresden Tool und schaffe damit eine Vertiefung für die Naht.

9 Um alle Nahtstellen abzudecken, forme mit der Sugarcraft Gun und der mittleren Lochscheibe einen umlaufenden Strang, für den Verschluss nimm die große Lochscheibe.

10 Schneide aus dünn ausgerollter Modellierpaste zwei geschwungene Teile nach Vorlage aus und bringe sie auf Vorder- und Rückseite an. Markiere mit dem Quilting Tool eine Stichnaht rund um beide Teile.

11 Fertige einige Stoffblumen aus Modellierpaste an, wie auf den Seiten 78 – 79 beschrieben, und bringe sie an der Vorderseite an.

12 Ziehe 2 cm breite Streifen aus Modellierpaste durch die Pastillageringe und befestige sie damit oben an den geschwungenen Teilen.

13 Rolle für die Griffe zwei Stränge Fondant, 1 cm dick, 25 cm lang. Die restliche Modellierpaste rollst Du dünn zu einem langen Streifen aus und halbierst ihn der Länge nach. Wickele diese Streifen um die Stränge und lass an jedem Ende ca. 2 cm überstehen. Diese Streifenenden ziehst Du durch die Ringe und klebst sie zum Befestigen der Griffe an ihrer eigenen Rückseite an. Stütze die Griffe notfalls ab, bis der Kleber getrocknet ist.

14 Befestige kleine Fondantkugeln an der Unterseite der Verschlussscheiben und klebe sie oben auf die Tasche.

15 Zum Schluss hebst du den fertig dekorierten Kuchen auf das vorbereitete Board.

★ Kissenstapel

Kapitel Prägen, Seite 85

Du brauchst:

☆ 7,5 cm hohe viereckige Kuchen: 28 cm, 23 cm und 18 cm
☆ Cake Board / Drum 36 cm viereckig
☆ Hardboards viereckig: 15 cm, 10 cm und 7,5 cm
☆ Fondant: 1,5 kg elfenbein, 1,2 kg goldbraun, je 1 kg in dunkelblau und creme, je 500 g in blau und meergrün
☆ Modellierpaste: limettengrün, wasserblau, dunkelblau, goldbraun, weiß, meergrün
☆ Sugarcraft Gun
☆ Präge-Rollstäbe: watermark taffeta (HP), orchid (HP), linen (HP)
☆ Prägewerkzeuge: swirls and hearts (PC), embroidery set (PC), flower embossing stamps (FMM flower 1), vine and berry embossing sticks (HP set 11), flower embroidery embossing sticks (HP set 10), small floral embossing stick (HP set 1)
☆ Ausstecher: paisley (LC), flat floral set 1 (LC), 55 mm gerbera (PME), curled leaf (LC), stylized leaves (LC), teardrop (LC) daisy marguerites (PME), Kreisausstecher,
☆ Spritztüllen rund – PME Nr. 1, 2, 4, 16, 17 und 18; Band PME Nr. 32R
☆ Schablonen: leafy scroll side design (DS – C358), Japanes flower and scroll pattern sheet (LC), Chinese floral circle (LC), peony cake top design (LC)
☆ Daisy mould set (FI – FL288)
☆ Dresden Tool
☆ Farbpasten goldbraun (autumn leaf – SF) limettengrün, blau
☆ Glanzfarbpuder gold (SK)
☆ Klarer Alkohol (wie Gin oder Wodka)
☆ Zuckerkleber
☆ Zahnstocher
☆ Royal Icing
☆ 15 mm breites Band in creme / elfenbein

Anleitung:

1 Decke das Board mit Fondant in goldbraun ein und präge es mit einer Schablone. Sobald es trocken ist, verteile in Wasser gelöstes Gold-Farbpuder mit dem Schwamm darüber (siehe Seite 9).

2 Schneide Papier auf die Größe Deiner Kuchen zu. Falte es je zweimal zur Hälfte zu kleineren Quadraten und diese einmal diagonal von der zentralen Ecke zur äußeren Ecke. Zeichne eine weiche Kurve von der äußeren Ecke zu der kurzen Seite des Dreiecks. Je nach Größe des Kuchens soll die Kurve diese Seite 3,5 cm, 2,85 cm oder 1,5 cm von der langen Kante entfernt treffen. Schneide diesen Bogen ab.

3 Schneide die Kuchen gerade. Lege die Vorlagen auf, schneide die Bögen für die Kissenformen aus den Seiten heraus, wie für die Herzform auf Seite 34 beschrieben.

4 Markiere mit Zahnstochern eine Mittellinie rund um jeden Kuchen. Schnitze dann die Oberseite der Kuchen zu der runden Kissenform, beginnend von der oberen Mitte hin zu den Zahnstochern. Drehe die Kuchen auf den Kopf und schnitze die Unterseite entsprechend.

5 Decke einen Kuchen ein und lege ihn dazu auf Wachspapier. Streich eine dünne Schicht Buttercreme auf gut die Hälfte des Kissens, um Löcher zu füllen und den Fondant anzuhaften. Lege das passende Hardboard oben auf den Kuchen (das wird die Unterseite). Rolle den Fondant aus, präge ihn mit einem Präge-Rollstab (siehe Seite 88) und decke die Kissenoberseite ein. Schneide den Fondant entlang der Mittellinie ab. Drehe den Kuchen auf den Kopf und decke die zweite Hälfte genauso ein. Streiche die Ränder vorsichtig mit den Fingern glatt, um saubere Nähte zu bekommen. Glätte die Kuchen, falls nötig.

6 Drücke mit dem Dresden Tool Falten zu beiden Seiten der Naht ein. Glätte diese Vertiefungen mit dem Finger. Variiere den Winkel, die Position und Länge dieser Falten, damit sie echt aussehen. Vertiefe zum Schluss die Naht rund um den Kuchen.

7 Dekoriere die Kuchen mit Modellierpaste nach Wunsch. Für das große Kissen wurden mehr Prägetechniken verwendet (siehe Seiten 84 - 91. Für das mittlere wurde nur ausgestochen (siehe Seite 71), kombiniert mit der Sugarcraft Gun.

8 Bringe auf jedem Kissen mithilfe der Sugarcraft Gun einen Nahtabschluss aus Modellierpaste an.

9 Ist die Dekoration fertig, dann betone einige der geprägten Teile mit Farbe aus in Alkohol gelöster Farbpaste (siehe Seite 52). Lass alles trocknen..

10 Stütze und stapele die Kuchen, dabei befestige sie etwas mit Royal Icing.

★ A la Gaudi

Kapitel Werkzeuge, Seite 93

Du brauchst:

- ☆ 2 Stück 7,5 cm hohe runde Kuchen: 20 cm und 12 cm
- ☆ Cake board / Drum, rund, 28 cm
- ☆ Hardboards rund, 12 cm, und 9 cm
- ☆ Fondant: 2,2 kg elfenbein
- ☆ Modellierpaste: türkis, hell-wasserblau, pink, orange, elfenbein, violett
- ☆ Scriber
- ☆ Vorlagen für Sterne mit acht Spitzen (siehe Seite 155)
- ☆ Carnation cutter set (FMM)
- ☆ Spritztüllen: PME Nr. 16, 18
- ☆ Sugarcraft Gun
- ☆ Skalpell
- ☆ Cutting wheel (PME)
- ☆ Lineal
- ☆ Zuckerkleber
- ☆ Zahnstocher
- ☆ Lebensmittelfarbstift (Farbe egal)
- ☆ Royal Icing
- ☆ 15 mm breites Band in türkis

Anleitung:

1 Schnitze die Kuchen wie auf den Seiten 36 – 37 beschrieben.

2 Lege jeden Kuchen auf das passende Hardboard und stelle ihn auf Wachspapier. Decke beide Kuchen einzeln und das Cake Board mit Fondant ein. Lasse alles trocknen.

3 Stütze den großen Kuchen ab und stapele beide Kuchen auf dem eingedeckten Board.

4 Ziehe mit dem Scriber eine Markierung am unteren Rand jedes Kuchens. Nimm die Kuchen herunter – Du hast jetzt einen Kreis auf dem Board und auf der Oberseite des großen Kuchens.

5 Prüfe, ob die Sternvorlagen gut neben die Kreismarkierungen passen, und passe ihre Form notfalls an. Rolle Modellierpaste in hell wasserblau zwischen schmalen Hölzern aus und schneide die Sterne nach der Vorlage mit dem Skalpell aus. Lege sie auf Kuchen und Board und klebe nur ihre Ecken mit ein wenig Zuckerkleber an.

6 Fertige die Einlegeblüten mit den carnation cutters (siehe Seite 74). Präge zusätzliche Linien mit dem Cutting Wheel.

7 Steche Kreise mit den Spritztüllen aus und ersetzt sie durch kleine Pastenkugeln. Flache jede Kugel etwas zu einer Kuppel ab.

8 Stapele die Kuchen erneut in den Markierungen und achte darauf, dass die Sterne genau an den Kuchen anliegen.

9 Markiere die Spitzen der zweifarbigen Sterne (türkis und pink) mit Hilfe eines Lineals und Zahnstochern. Nimm das Foto als Leitfaden und beachte, dass die Spitzen weiter an den Seiten heruntergehen als auf der Oberfläche.

10 Rolle Modellierpaste in pink und türkis zwischen schmalen Hölzern aus. Schneide mit einer der Vorlagen aus beiden einen Stern aus. Achte darauf, dass noch genug Paste außenherum vorhanden ist, um die Spitzen auszuschneiden.

11 Verbinde jeweils zwei gegenüberliegende Spitzen des Sterns mit dem Lineal und schneide acht Linien, die durch das Zentrum führen, quer durch den Stern bis jeweils zum Rand der ausgerollten Paste. Entferne den inneren Stern.

12 Lege ein ausgeschnittenes Teil auf den Kuchen, eine Seite direkt am zentralen Stern anliegend, und eine gerade Seite am Zahnstocher. Schneide mit dem Skalpell und dem Lineal die Paste von der Spitze des wasserblauen Sterns zum Zahnstocher führend ab (s. Seite 100). Fahre fort, bis alle Sterne komplett sind.

13 Zeichne mit dem Lebensmittelfarbstift eine Wellenlinie direkt auf den Kuchen (siehe Seite 51).

14 Mache aus Wachspapier Vorlagen für die wellenförmigen Felder und nummeriere sie, um sie nicht zu verwechseln. Schneide jede Vorlage in vier Teile und nutze sie, um Felder von dünn ausgerollter Modellierpaste auszuschneiden. Bringe sie am Kuchen an.

15 Bringe Abgrenzungen und Wellenlinien mit der Sugarcraft Gun an. Vervollständige das Bild durch Kugeln in pink.

Techniken Kuchen eindecken (Seite 26); Boards eindecken (Seite 28); Kuchen stapeln (Seite 30); Prägen mit Schablonen (Seite 67)

★ Kreation in korallenrot

Kapitel Spritzen, Seite 103

Du brauchst:

- ☆ Runde Kuchen: 18 cm und 10 cm
- ☆ Cake Boards / Drums, rund: 28 cm, 20 cm und 12 cm
- ☆ Fondant: je 800 g in dunkel-korallenrot und mittel-korallenrot, 500 g weiß mit einem Hauch korallenrot, 400 g hell korallenrot
- ☆ Modellierpaste: je 25 g aller vier Fondantfarben
- ☆ Spritztüllen: PME Nr. 1, 2, 16
- ☆ Mehrweg-Spritzbeutel mit Adapter
- ☆ Royal Icing
- ☆ Superwhite Farbpuder (SF)
- ☆ Sugarcraft Gun
- ☆ Vorlagen Blumen (siehe Seite 157)
- ☆ 15 mm breites Band in korallenrot

Anleitung:

1 Decke die Kuchen und die Cake Boards in den entsprechenden Farben ein, ziehe den Fondant bei den kleinen Cake Boards über den Rand hinunter.

2 Übertrage die Blumen von den Vorlagen durch Prägen oder mit dem Scriber auf die Kuchen und das große Board - die Methode hängt davon ab, ob der Fondant weich oder bereits angetrocknet ist (siehe Seite 53).

3 Gib etwas Superwhite Puder zum Royal Icing und führe die Blumen in Brush Embroidery aus (siehe Seite 111).

4 Stütze den großen Kuchen ab und stapele die Kuchen.

5 Steche aus dünn ausgerollter weißer Modellierpaste Kreise mit der Tülle Nr. 16 aus (siehe Seite 71) und lege diese zufällig verteilt auf den Kuchen.

6 Spritze mit der Tülle Nr. 1 kleine Tupfen um jeden Kreis und in die Mitte der Blumen.

7 Lege die mittlere Lochscheibe in die Sugarcraft Gun und gib den beiden kleinen Drums einen Abschluss in passender Farbe.

8 Wechsele die kleine Lochscheibe ein und bringe geschwungene Linien auf die Kuchen.

★ Das hübscheste Gesteck

Kapitel Modellierformen, Seite 113

Du brauchst:

- ☆ 1 Kuchen 10 cm Kugel
- ☆ Cake Board / Drum, rund 23 cm
- ☆ Fondant: 1 kg weiß
- ☆ Modellierpaste: je 200 g violett, grün, weiß, 25 g creme
- ☆ Schablone: turn of the century 18 cm medallion (DC – C333)
- ☆ Modellierformen: classic chrysanthemum (FI – FL271), chrysanthemum (FI – FL270), roses galore (FI – FL248), medium flower set (FI – FL306)
- ☆ Farbpuder: schneeweiß (Glanz), limettengrün, crème, dunkelviolett
- ☆ Variabler Bandschneider (FMM)
- ☆ Zuckerkleber
- ☆ 15 mm breites Band in violett

Anleitung:

1 Decke das Cake Board mit weißem Fondant ein und bringe das Schablonenmuster mit schneeweißem Glanzpuder auf (siehe Seite 59). Versäubere den Fondant an der Boardkante.

2 Decke den Kuchen mit weißem Fondant ein.

3 Stelle Blumen aus Modellierpaste mit den Modellierformen her (siehe Seite 115). Bepudere die Mitte einiger Blumen mit passendem Farbpuder.

4 Befestige die Blumen mit Zuckerkleber am Kuchen und lass ihre Blüten sich überlappen, damit es natürlich aussieht.

5 Lege den Kuchen mittig auf das vorbereitete Board.

6 Rolle die cremefarbene Modellierpaste dünn aus und schneide mit dem Bandschneider Bänder zu. Befestige ein langes Band oben auf dem Kuchen, drehe es ein paarmal und drapiere es um die Kugel und das Board. Mache eine Schleife und lege sie oben auf die Kugel.

★ Prachtvolle Krone

Kapitel Perlen & Juwelen, Seite 123

Du brauchst:

- ☆ Runder Kuchen 12 cm
- ☆ Cake Board / Drum, rund 20 cm
- ☆ Fondant: 425 g hell-altrosa, 350 g lila
- ☆ Modellierpaste: je 50 g pflaume, weinrot, altrosa
- ☆ Royal Icing
- ☆ Farbpuder: superwhite (SF), etwas altrosa, autumn leaf (SF)
- ☆ Spritztülle: PME Nr. 1
- ☆ Spritzbeutel
- ☆ 3,5 cm Kreisausstecher (FMM geometric set)
- ☆ Geodreieck
- ☆ 15 mm breites Band in dunkelpink

Tortenschmuck:

Draht:

- ☆ 1,5 mm silberner Aluminiumdraht / starker Schmuckdraht
- ☆ 0,5 mm und 0,3 mm silberner Basteldraht
- ☆ pinkrosafarbener Effektdraht

Perlen:

- ☆ 8 mm, 6 mm, 5 mm, 4 mm Perlen (elfenbein)
- ☆ 6 mm violette Holzperlen
- ☆ 6 mm Amethyst Craquelé-Perlen
- ☆ 4 mm, 5 mm, 6 mm klare Swarowski-Kristalle
- ☆ 6 mm rosa Swarowski-Kristalle
- ☆ 6 mm altrosa Miracle-Perlen
- ☆ Rocailles in violett und pink
- ☆ Crimps in silber

Aneinanderlegen (Seite 73); Cutting Wheel (Seite 89); Sugarcraft Gun (Seite 96-98); Variabler Bandschneider (Seite 99); Tupfen spritzen (Seite 109)

Anleitung Kuchen:

1 Decke Kuchen und Cake Board mit Fondant ein. Lege den Kuchen nach dem Trocknen auf das Board.

2 Rolle Modellierpaste in pflaume zwischen schmalen Hölzern aus und steche sieben Kreise aus. Halbiere sie und lege sie vorsichtig mit je 1 mm Abstand um den unteren Kuchenrand.

3 Lege die zweite und dritte Reihe in weinrot und altrosa Modellierpaste an – folge dazu der Beschreibung auf Seite 73. Vergiss den 1 mm breiten Spalt zwischen den Halbkreisen nicht.

4 Erstelle für die vierte Reihe eine Vorlage und übertrage die Form mit dem Scriber auf den Kuchen (siehe Seite 53).

5 Erstelle für die fünfte Reihe eine etwas breitere Vorlage und übertrage auch sie auf den Kuchen.

6 Markiere mit einem Geodreieck radiale Linien auf dem Board und senkrechte Linien zwischen den Markierungen des Kuchens.

7 Spritze mit der Tülle Nr. 1 und Royal Icing, eingefärbt mit den Farbpudern, kleine Tupfen auf alle markierten Linien und entlang der ersten Reihe von Halbkreisen.

Anleitung Juwelen:

1 Mache aus 8 mm Perlen und 0,5 mm Draht sieben aufgestellte Perlen (s. Seite 130).

2 Fertige aus 0,3 mm Draht sieben Perlengruppen (siehe Seite 130).

3 Binde diese Elemente auf Aluminium- oder starken Schmuckdraht, wie auf Seite 131 beschrieben. Füge die Enden zu einer Krone zusammen.

4 Fertige kleine Perlengirlanden aus einer Auswahl kleiner Perlen und Effektdraht (siehe Seite 126). Schlinge diese Girlanden eng um die Basis der Krone.

6 Spritze Royal Icing auf die Unterseite der Krone und positioniere sie auf dem Kuchen (s. Seite 131).

★ Fantastische Fontäne

Kapitel Juwelen & Perlen, Seite 127

Du brauchst:

- ☆ 2 runde Kuchen: 10 cm und 6 cm
- ☆ Cake Board / Drum, rund, 18 cm
- ☆ Hardboards, rund, 10 cm und 6 cm
- ☆ Fondant: weiß mit einem Hauch pfirsich; blau
- ☆ Modellierpaste: hellorange, dunkelorange, blau, dunkelblau, weiß mit einem Hauch pfirsich
- ☆ Royal Icing
- ☆ Superwhite Farbpuder (SF)
- ☆ Farbpaste in pfirsich
- ☆ Modern flowers stencil (DS – C559)
- ☆ Ausstecher: 18 mm daisy marguerite (PME), blossom plungers (PME), 15 mm sechsblättrige Blume (LC flat floral set 1)
- ☆ Daisy centre stamp (JEM)
- ☆ 15 mm breites Band in blau

Tortenschmuck:

Draht
- ☆ 24 g Schmuckdraht in königsfischerblau

Perlen:
- ☆ 6 mm, 8 mm orange Holzperlen
- ☆ 6 mm blaue miracle-Perlen
- ☆ 6 mm bernsteinfarbene Miracle-Perlen
- ☆ 4 mm, 6 mm Perlen (elfenbein)
- ☆ Türkise Craquelé-Perlen
- ☆ Rocailles in gold
- ☆ Posy Pick
- ☆ Oasis fix

Anleitung:

Decke das Cake Board mit dem blauen Fondant ein. Nach dem Trocknen trage mit der Schablone und Royal Icing, gemischt mit Superwhite und einem Hauch pfirsch Farbpuder Blumen auf (siehe Seite 63). Lege die Kuchen auf ihre Hardboards und decke sie einzeln mit Fondant ein. Stecke den Posy Pick mittig oben in den kleineren Kuchen. Stütze den großen Kuchen ab und stapele die Kuchen nach dem Trocknen auf dem Board – fixiere sie mit etwas Icing. Bringe eine Anzahl aus Modellierpaste ausgestochener Blumen auf jedem Kuchen und verstreut auf dem Board an. Gib ihnen Zentren mit dem daisy centre stamp. Fertige die Fontäne wie auf Seite 127 beschrieben an.

★ Libellenträume

Kapitel Juwelen & Perlen, Seite 128

Du brauchst:

- ☆ Runder Kuchen 10 cm
- ☆ Cake Board / Drum, rund, 18 cm
- ☆ Fondant: rot, gelb
- ☆ Modellierpaste: dunkelgrün, rot, weiß, blau, dunkelblau
- ☆ Ausstecher: small teardrop (LC), small oval (LC), flame (LC), curled leaves (LC), 85 mm, 68 mm und 55 mm gerbera (PME), 18 mm daisy marguerite (PME), 15 mm sechsblättrige Blumen (LC flat floral set 1)
- ☆ Cutting wheel (PME)
- ☆ Blumenformer
- ☆ 1,5 mm Aluminiumdraht in royalblau, königsfischerblau
- ☆ Posy Pick
- ☆ Küchenpapier
- ☆ Spritztülle: PME Nr. 16, 17

Anleitung:

Decke Kuchen und Cake Board mit Fondant ein und lasse sie trocknen. Steche die gewünschten Formen aus dünn ausgerollter Modellierpaste aus. Beginne mit dem Oval des Libellenkörpers und bringe die Formen

Techniken Kuchen eindecken (Seite 26); Boards eindecken (Seite 28); Mini-Kuchen eindecken (Seite 28); Kuchen stapeln (Seite 30)

am Kuchen an. Lege für den Schwanz kleine rote Tropfen überlappend nebeneinander und präge die flame-Formen mit dem Cutting Wheel für die Flügel. Stecke den Posy Pick oben in den Kuchen. Steche drei Größen Gerberas aus und entferne jeweils die Mitte mit der Tülle Nr. 17. Lege sie in geeignete Blumenformer, die Blütenblätter sollten gerade über den Rand des Formers hängen. Lass die Paste antrocknen, damit sie die Form behält, aber noch leicht verformt werden kann, dann lege die größte Blume auf den Kuchen, gerade mit dem Posy Pick im Kern abschließend. Lege etwas gedrehtes Küchenpapier unter die Blätter, damit sie in Form bleiben. Wiederhole dies für die restlichen Gerberas. Fertige Bögen aus Aluminiumdraht (siehe Seite 128) und arrangiere sie im Posy Pick.

★ Häng die Wimpel auf!

Kapitel Farbgestaltung, Seite 44

Du brauchst:

- ☆ Mini-Kuchen 6 cm
- ☆ Fondant: weiß
- ☆ Modellierpaste: grün, limettengrün, weiß, dunkelpink, hellpink
- ☆ Skalpell
- ☆ Small triangle cutter (LC)
- ☆ Variabler Bandschneider, bestückt mit Zickzack-Rad (FMM)
- ☆ Sugarcraft Gun
- ☆ Ball Tool und Foam Pad
- ☆ Fünfblättrige Blütenausstecher (PME)
- ☆ Spritztülle: PME Nr. 2

Anleitung:

Decke den Mini-Kuchen mit weißem Fondant ein. Mache aus den Modellierpasten eine Reihe von gestreiften und karierten Pasten (siehe Seite 44). Schneide ein grünkariertes Band zu und lege es um den unteren Kuchenrand. Schneide aus dem Musterpasten kleine Dreiecke aus. Schneide mit dem Bandschneider aus dünn ausgerollter limettengrüner Modellierpaste drei Zickzackstreifen aus und lege sie wie abgebildet oben um den Kuchen. Bringe die Dreiecke wie Wimpel daran an. Mache mit der Sugarcraft Gun und der kleinen Lochscheibe aus pink Modellierpaste einen Abschluss für die grünen Karos. Fertige eine Blume in dunkelpink (siehe Seite 95). Steche mit der großen Öffnung der Tülle aus gestreifter Modellierpaste einen Kreis aus und steche mit der kleinen Öffnung zwei Löcher für einen Knopf aus. Lege den Knopf in die Blumenmitte.

★ Cooles Blau

Kapitel malen, Seite 48

Du brauchst:

- ☆ Mini-Kuchen 5 cm
- ☆ Hardboard, rund, 10 cm
- ☆ Fondant: weiß
- ☆ Modellierpaste: dunkelblau, blau, hellgrün, dunkelgrün
- ☆ Royal Icing
- ☆ Spritzbeutel bestückt mit Adapter
- ☆ Farbpuder: mintgrün, dunkelblau, blau
- ☆ Ausstecher: Indian scrolls (LC), paisleys (LC), small teardrop (LC), sechsblättrige Blume (LC flat floral set 1), daisy marguerites (PME)
- ☆ Spritztüllen: PME Nr. 1, 2
- ☆ Sugarcraft Gun
- ☆ Dresden Tool

Anleitung:

Decke das Board ein und bemale es mit der Fließtechik wie auf Seite 48 beschrieben. Decke den Kuchen ein und dekoriere ihn mit Modellierpaste und den Ausstechern – lege Formen übereinander. Lege den Kuchen auf das Board. Kaschiere den Spalt mit einem Strang aus grüner Paste, den Du mit der Sugarcraft Gun herstellst. Präge ihn wie auf Seite 94 zu sehen. Betone die Formen durch gespritzte weiße Icing-Punkte.

★ London ruft ...

Kapitel Malen, Seite 54

Du brauchst:

- ☆ Mini-Kuchen 6 cm
- ☆ Fondant: weiß
- ☆ Bild oder Fotomontage zum Malen
- ☆ Wachspapier
- ☆ Lebensmittelfarbstifte
- ☆ Verschiedene Farbpasten
- ☆ Hochwertige Pinsel, inkl. 0 und 4/0
- ☆ Klarer Alkohol (wie Gin oder Wodka)

Anleitung:

Fertige eine Bild- oder Fotomontage zum Abmalen an oder verwende meine Vorlage (siehe Seite 156). Decke den Mini-Kuchen mit weißem Fondant ein und übertrage das Bild mit Wachspapier und Farbstiften wie auf Seite 51 beschrieben. Lass den Fondant trocknen. Löse die Farbpasten in klarem Alkohol auf und male das Bild nach der Anleitung auf Seite 54.

Tipp

Lass Mini-Kuchen nach dem Backen in der Form auskühlen, statt sie auf ein Gitter zu stürzen.

Schichten (Seite 72); Aneinanderlegen (Seite 73); Sugarcraft Gun (Seite 96-98); Variabler Bandschneider (Seite 99); Tupfen spritzen (Seite 109)

★ Rose von Rajasthan

Kapitel Ausstecher, Seite 72

Du brauchst:

- ☆ Mini-Kuchen 5 cm
- ☆ Fondant: hell pfirsich
- ☆ Modellierpaste: dunkelblau, orange, korallenrot
- ☆ Ausstecher: fantasy flowers (PC), flat floral set 1 and 2 (LC), small teardrop (LC), small flame (LC), Tülle PME Nr. 16
- ☆ Ball Tool und Foam Pad
- ☆ Royal Icing
- ☆ Spritztülle: PME Nr. 1,5
- ☆ Spritzbeutel

Anleitung:

Decke den Kuchen mit den hellpfirsichfarbenen Fondant ein. Steche mit den Ausstechern aus dünn ausgerollter Modellierpaste diverse Formen aus. Präge die große orange Blume mit einer fantasy flower und forme die korallenrote (siehe Seite 96). Dann bringe alle Teile am Kuchen an. Spritze zum Schluss weiße Icing-Tupfen rund um die Formen.

★ Mosaik Wunder

Kapitel Ausstecher, Seite 75

Du brauchst:

- ☆ Mini-Kuchen 6 cm
- ☆ Fondant: weiß
- ☆ Modellierpaste: grün, blau, violett, rot, dunkelpink, pink, orange, gelb
- ☆ Ausstecher: small teardrops (LC),
- ☆ Spritztülle PME Nr. 16
- ☆ Skalpell
- ☆ Cutting wheel (PME)
- ☆ Winkelpalette

Anleitung:

Decke den Mini-Kuchen mit weißem Fondant ein und lass ihn trocknen. Für die Dekoration siehe Seite 75.

★ Florale Eleganz

Kapitel Blumen & Blüten, Seite 80

Du brauchst:

- ☆ Mini-Kuchen 5 cm
- ☆ Cake Board / Drum, 10 cm
- ☆ Fondant: korallenrot, elfenbein mit einem Hauch pink
- ☆ Modellierpaste: korallenrot, elfenbein mit einem Haus pink
- ☆ Strukturtapete
- ☆ Confectioners' Glaze
- ☆ Ball Tool and Foam Pad
- ☆ Blumenformer
- ☆ Ausstecher: 2,7 cm Rosenblüte (rose petal FMM), curled leaf set (LC), small teardrops (LC)
- ☆ Spritztülle: PME Nr. 3
- ☆ Royal Icing in elfenbein
- ☆ Spritzbeutel
- ☆ Schmales Band in cremefarben

Anleitung:

Dekoriere das Board mit Hilfe der Tapete wie auf Seite 90 beschrieben. Decke den Kuchen mit Fondant ein und lass ihn trocknen. Lege den Kuchen mittig auf das Board. Steche aus der dünn ausgerollten elfenbeinfarbenen Modellierpaste Formen aus mit den curled leaves und teardrops und bringe sie am Kuchen an. Mache eine Blume wie auf Seite 80 beschrieben und befestige sie mit etwas Icing auf dem Kuchen. Spritze Tupfen aus Icing um und auf den Kuchen, wie hier gezeigt.

★ Zugeschnittene Sensation

Kapitel Prägen, Seite 91

Du brauchst:

- ☆ Mini-Kuchen 5 cm
- ☆ Cake Baord / Drum 12 cm
- ☆ Fondant: weiß, hellgrau
- ☆ Modellierpaste: grün
- ☆ Pastillage: grau
- ☆ Prägewerkzeuge: scrolls set 1 (FMM), small floral embossing stamps (HP)
- ☆ Stecknadel
- ☆ Sugarcraft Gun
- ☆ Royal Icing
- ☆ Farbpuder: blau, pink, braun
- ☆ Spritztülle: PME Nr. 1
- ☆ Spritzbeutel
- ☆ Glanzfarbpuder silber (SK)
- ☆ Confectioners' Glaze
- ☆ 12 cm Acrylglas-Scheibe
- ☆ Vorlage (siehe Seite 156)
- ☆ Schmales Band in hellblau

Anleitung:

Stelle das geprägte Board mit weißem Fondant wie auf Seite 91 gezeigt her. Mache die Nadel aus einem kurzen Stück grauer Pastillage, aus der Sugarcraft Gun mit mittlerer Lochscheibe gedrückt. Rolle ein Ende spitz zu, schneide mit dem Skalpell das Öhr in das andere Ende und öffne es leicht. Lass sie gut trocknen. Schneide den Kuchen oben rund und schräge die Seiten leicht ab. Decke den Kuchen mit hellgrauem Fondant ein und verziere den unteren Rand mit den verschiedenen Prägewerkzeuge. Präge den Rest mit dem Glaskopf der Stecknadel. Lass alles trocknen. Mische das Glanzpuder mit Confectioner's Glaze und bemale Nadel und Fingerhut. Spritze mit Royal Icing farbige Stiche auf das vorbereitete Board. Mache mit der Sugarcraft Gun und der kleinen Lochscheibe ein Stück Faden aus Modellierpaste. Ziehe diesen durch das Nadelöhr und lege beide auf das Board.

Techniken Boards eindecken (Seite 28); Mini-Kuchen eindecken (Seite 28); Formen ausstechen (Seite 71); Ball Tool (Seite 95)

★ Pfirsichblüte

Kapitel Werkzeuge, Seite 95

Du brauchst:

- ☆ Mini-Kuchen 5 cm
- ☆ Fondant: dunkel pfirsich
- ☆ Modellierpaste: dunkelpfirsich, weiß mit einem Hauch pfirsich, dunkelblau
- ☆ Ball Tool und Foam Pad
- ☆ Royal Icing
- ☆ Spritztülle: PME Nr. 1
- ☆ Spritzbeutel
- ☆ Ausstecher: curled leaf set (LC), flat floral set 2 (LC), blossom plungers (PME), 43 mm five-petal-cutter (OME)

Anleitung:

Decke den Kuchen mit Fondant ein. Steche aus Modellierpaste die curled leaves aus, kräusele sie durch Überstreichen mit dem Ball Tool und bringe sie am Kuchen an. Mache zwei kelchförmige Blumen (s. Seite 95) und befestige sie wie hier gezeigt. Füge ein paar Blumenkelche hinzu. Spritze zum Schluss Tupfen aus Royal Icing nach Wahl.

★ Krause Blümchen

Kapitel Werkzeuge, Seite 98

Du brauchst:

- ☆ Mini-Kuchen 6 cm
- ☆ Fondant: elfenbein
- ☆ Modellierpaste: dunkelpink, hellpink, orange, elfenbein, dunkelgrün, limettengrün, braun
- ☆ Ausstecher: carnation (FMM), Tüllen PME Nr. 2, 4, 18, blossom plunger cutter (PME), sechsblättrige Blüte (LC flat floral set 1)
- ☆ Sugarcraft Gun
- ☆ Dresden Tool

Anleitung:

Decke den Kuchen mit Foncant ein. Rolle die Modellierpasten dünn aus und steche Blumen und Kreise aus. Lege sie wie hier gezeigt auf den Kuchen. Forme Blumenzentren aus kleinen Pastenkugeln, drücke sie etwas flach und lege sie auf die Hälfte der Blumen. Drücke mit der Sugarcraft Gun und der kleinen Gitterscheibe Tuffs aus Paste. Arrangiere sie mit dem Dresden Tool um die Kugeln und in die Mitte der restlichen größeren Blumen.

★ Sonnenrad

Kapitel Werkzeuge, Seite 100

Du brauchst:

- ☆ Mini-Kuchen, 6 cm
- ☆ Fondant: weiß
- ☆ Modellierpaste: violett, orange, gelb, dunkelbraun, kastanie, hellbraun, beige
- ☆ Skalpell
- ☆ Lineal
- ☆ Small flower mould (FI – FL107)

Anleitung:

Decke den Kuchen mit weißem Fondant ein. Lass ihn trocknen. Dekoriere ihn mit Streifen aus Modellierpaste wie auf Seite 100 gezeigt. Verziere ihn mit einer zweifarbigen geformten Blume aus Modellierpaste (s. Seite 116).

★ Filigran gestanzt

Kapitel Werkzeuge, Seite 101

Du brauchst:

- ☆ Mini-Kuchen 6 cm
- ☆ Fondant: violett
- ☆ Modellierpaste: creme, goldbraun
- ☆ Motivstanzen: Moroccan mosaic craft punch range (Xcut)
- ☆ Zuckerkleber
- ☆ Foam Pad

Anleitung:

Decke den Kuchen mit Fondant ein. Lass ihn trocknen. Stelle mit Motivstanzen gemusterte Quadrate und komplizierte Formen aus Modellierpaste her, wie auf Seite 101 gezeigt. Befestige sie mit etwas Zuckerkleber. Stelle die Quadrate für den Topper auf den Kuchen und lege eine violette Kugel obenauf.

★ Zauberhafte Spitze

Kapitel Spritzen, Seite 110

Du brauchst:

- ☆ Mini-Kuchen 6 cm
- ☆ Fondant: violett
- ☆ Modellierpaste: weiß
- ☆ Spritztülle: PME Nr. 1
- ☆ Spritzbeutel
- ☆ Royal Icing
- ☆ Ausstecher: curled leaf set (LC), flame set (LC), flat florals (LC), Indian scroll (LC), small teardrop (LC)
- ☆ Superwhite Farbpuder (SF)

Anleitung:

Decke den Kuchen mit violettem Fondant ein. Lass ihn trocknen. Steche aus dünn ausgerollter weißer Modellierpaste Formen aus und bringe sie am Kuchen an, mit genug Abstand für die gespritzten Details. Spritze das Spitzenmuster wie auf Seite 110 und schließe mit gespritzten Icing-Tupfen ab.

★ Herbstlaub

Kapitel Modellierformen, Seite 118

Du brauchst:

☆ Mini-Kuchen 5 cm
☆ Fondant: elfenbein
☆ Modellierpaste oder Blütenpaste: goldbraun
☆ Pastillage: goldbraun
☆ Ausstecher: maple leaf (OP), strawberry leaf (JEM), rose leaf (FMM), oak leaf (LC)
☆ Blatt-Präger: maple leaf (GI), briar rose leaf (GI), lamium (dead nettle) leaf (GI), strawberry leaf (GI)
☆ Ball Tool und Foam Pad
☆ Former oder Küchenpapier
☆ Diverse Farbpuder in Herbstfarben
☆ Sugarcraft Gun
☆ Glanzfarbpuder antique gold (SK)
☆ Confectioners' Glaze

Anleitung:

Decke den Kuchen mit elfenbeinfarbenem Fondant ein und mache aus Pastillage mit der Sugarcraft Gun und der kleinen Lochscheibe Bögen. Bemale sie nach dem Trocknen mit Glanzpuder, in Confectioner's Glaze gelöst. Stecke zwei getrocknete Bögen oben in den Kuchen und bringe einen wie gezeigt an der Seite an. Fertige Herbstlaub, wie auf Seite 118 gezeigt. Lege die Blätter halbgetrocknet um die Bögen auf den Kuchen.

★ Maritime Muscheln

Kapitel Modellierformen, Seite 120

Du brauchst:

☆ Mini-Kuchen 6 cm
☆ Cake Board / Drum 12 cm
☆ Fondant: weiß
☆ Modellierpaste: weiß, schwarz
☆ Diverse Muscheln
☆ Modellierformen-Gel
☆ Farbpasten: diverse in Muschelfarben
☆ Superwhite Farbpuder (SF)
☆ Weicher brauner Zucker
☆ Zuckerkleber
☆ Marine and sea life tappits (FMM)
☆ Cutting wheel (PME)
☆ Schmales Band in gold

Anleitung:

Stelle eine Anzahl modellierter Muscheln her wie auf Seite 120 gezeigt. Decke Kuchen und Board einzeln mit weißem Fondant ein. Stelle den Kuchen auf das Board und bestreue beide mit braunem Zucker. Befestige die Muscheln mit Zuckerkleber an Board und Kuchen. Schneide mit dem Cutting Wheel aus dünn ausgerollter schwarzer Modellierpaste Seetang zu und einen kleinen Anker mit dem FMM Ausstecher. Bringe ihn wie gezeigt an.

Tipp

Wenn die Muschelform beim ersten Versuch nichts wird, schmelze das Gel wieder ein und versuche es erneut.

★ Kleine Schönheit

Kapitel Perlen & Juwelen, Seite 126

Du brauchst:

☆ Mini-Kuchen 5 cm
☆ Fondant: weiß mit einem Hauch pfirsich
☆ Modellierpaste: dunkelgrün, limettengrün, gelb, hellorange, dunkelorange, hellblau, dunkelblau
☆ Farbpaste blau
☆ Sugarcraft Gun
☆ Ball Tool
☆ Skalpell
☆ 5 cm Kreisausstecher
☆ Confectioners' Glaze

Tortenschmuck:

Draht:
☆ Effektdraht in limettengrün

Perlen:
☆ 6 mm orange und grüne Holzperlen
☆ 6 mm blaue Miracle-Perlen
☆ 6 mm grüne / hellorange runde Glasperlen
☆ Gold and lime green Rocailles
☆ 4 mm gelb gold/Feuer opal Swarowski Kristalle

Anleitung:

Decke den Kuchen mit Fondant ein. Rolle etwas hellblaue Paste dick aus, drücke mit dem Ball Tool einen Wirbel in die Paste und steche dann einen Kreis aus. Lege diesen oben seitlich auf den Kuchen. Rolle die restliche Modellierpaste zwischen schmalen Hölzern dünn aus und schneide Streifen zu. Bringe sie strahlenförmig um den Kreis herum an und schneide sie mit dem Skalpell in Form. Schneide die Enden der Streifen zu, um eine einheitliche Form zu schaffen. Mache zwei dünne dunkelblaue Stränge mit der Sugarcraft Gun. Lege einen um den Kreis, den andern um den äußeren Rand der Streifen. Übermale den Kreis mit verdünnter Farbpaste (siehe Seite 50). Gib dem Kreis und den Streifen nach dem Trocknen Glanz durch Confectioner's Glaze. Mache eine Girlande wie auf Seite 126 gezeigt und lege sie um den Kuchen.

Techniken Boards eindecken (Seite 28); Mini-Kuchen eindecken (Seite 28); Schablonieren mit Glanzfarbpuder (Seite 59);

★ Perlentauchen

Kapitel Perlen & Juwelen, Seite 129

Du brauchst:

- ☆ Mini-Kuchen 6 cm
- ☆ Hardboard / Drum 12 cm
- ☆ Fondant: dunkelblau
- ☆ Modellierpaste: weiß
- ☆ Schablone: Turn of the century mini medallion stencil (DS – C334)
- ☆ Glanzfarbpuder hell-silber
- ☆ Weißes Pflanzenfett
- ☆ Ausstecher: flat floral set 1 (LC), Persian petal set 1 (LC), Tülle PME Nr. 4
- ☆ Spritztülle PME Nr. 1
- ☆ Spritzbeutel
- ☆ Royal Icing
- ☆ Schmales Band in dunkelblau

Tortenschmuck:

Draht:
- ☆ 1,5 mm blauer Aluminiumdraht
- ☆ 0,3 mm mittelblauer Basteldraht

Perlen:
- ☆ 8 mm elfenbein Perlen
- ☆ 6 mm blaue Miracle-Perlen
- ☆ 6 mm klare Swarowski Kristalle

Anleitung:

Decke Kuchen und Board einzeln mit Fondant ein und schabloniere das Muster mit dem silbernen Glanzpuder auf das Board. Lass alles trocknen. Rolle weiße Modellierpaste dünn aus und steche eine große Blüte, 8 kleine persische Blütenblätter und 16 kleine Kreise mit der Tülle aus. Befestige alles wie gezeigt am Kuchen. Mache die Krone wie auf den Seiten 129 – 131 gezeigt. Befestige die Krone mit Icing vorsichtig auf dem Board und lass das Icing trocknen. Stelle den Kuchen vorsichtig in die Mitte der Krone und richte die Drähte dann notfalls neu aus.

★ Paradies in Pink

Kapitel Perlen & Juwelen, Seite 130

Du brauchst:

- ☆ Mini-Kuchen 6 cm
- ☆ Cake Board / Drum 12 cm
- ☆ Posy Pick
- ☆ Fondant: altrosa, weiß mit einem Hauch korallenrot
- ☆ Modellierpaste: dunkelkorallenrot, korallenrot, weiß mit einem Hauch korallenrot, weiß mit einem Hauch altrosa
- ☆ Ausstecher: large blossom (OP-F6C), 65 mm five-petal rose(FMM), 35 mm five-petal cutter (PME), 15 mm sechblättrige Blüte (LC floral flat set 1)
- ☆ Spritztülle: PME Nr. 1, 17
- ☆ Spritzbeutel
- ☆ Royal Icing
- ☆ Blumenformer
- ☆ Zuckerkleber
- ☆ Schmales Band in pink

Tortenschmuck:

- ☆ Schmuckkleber

Draht:
- ☆ 1,5 mm starker Schmuckdraht
- ☆ 0,5 mm und 0,3 mm silber Basteldraht

Perlen:
- ☆ 8 mm elfenbein Perlen
- ☆ 6 mm matte pink Glasperlen
- ☆ 6 mm pink Caquelé-Perlen
- ☆ Rocailles in neonpink

Anleitung:

Decke Board und Kuchen mit Fondant ein und lass ihn trocknen. Stecke das Posy Pick mittig oben in den Kuchen. Steche mit den vorgeschlagenen Ausstechern aus Modellierpaste Blumen aus. Entferne die Mitte jeder Blume mit der Tülle Nr. 17 und lege sie dann zum antrocknen in die Former. Sobald sie die Form halten, lege sie nach Größe mittig auf den Kuchen, so dass der Pick in der Mitte ist, und befestige sie mit Zuckerkleber. Stelle den Topper aus 0,5 mm Draht, Perlen und Schmuckkleber her und stecke ihn nach dem Trocknen in den Posy Pick. Fertige die Kronenelemente aus 0,5 mm Draht wie auf den Seiten 129 – 131 beschrieben. Binde die fertigen Elemente mit 3 mm Basteldraht an den Basisdraht und stelle die Krone fertig. Befestige die Krone behutsam mit Icing auf dem Board und lass das Icing trocknen. Stelle den Kuchen vorsichtig in die Mitte der Krone und richte die Drähte notfalls neu aus.

★ Abstrakte Kunst

Kapitel Perlen & Juwelen, Seite 130

Du brauchst:

- ☆ Mini-Kuchen 5 cm
- ☆ Fondant: hell pfirsich
- ☆ Modellierpaste: dunkelrot, Pflaume, violett, altrosa, pfirsich-pink
- ☆ Ausstecher: flame set (LC), curled leaf set (LC), small teardrops (LC), daisy marguerites (PME), 15 sechsblättrige Blume (LC flat floral set 1), Indian scrolls (LC)
- ☆ Spritztülle: PME Nr. 17, 18
- ☆ Kleiner Posy Pick

Tortenschmuck:

Draht:
- ☆ 0,5 mm roter Basteldraht

Perlen:
- ☆ 6 mm rote Holzperlen
- ☆ 6 mm pink und amethyst Craquelè-Perlen
- ☆ Rocailles in violett und rot
- ☆ Crimps in gold

Anleitung:

Decke Kuchen und Board mit Fondant ein und lass ihn trocknen. Steche mit den vorgeschlagenen Ausstechern Blumen und Blätter aus dünn ausgerollter Modellierpaste aus. Lege diese übereinander auf den Kuchen, wie auf dem Foto gezeigt. Stecke den Pick mittig oben in den Kuchen. Steche eine Margerite aus, entferne die Mitte mit der Tülle Nr. 17 und lege sie oben auf den Kuchen, mit der Mitte um den Rand des Picks. Mache einen Ring für die Blumenmitte durch Ausstechen eines Kreises mit Tülle Nr. 18 und Entfernen der Mitte mit Tülle Nr. 17. Befestige den Ring. Fertige die abstrakten Perlenstränge aus Perlen und 0,5 mm Draht und Crimps, wie auf Seite 130 gezeigt. Drehe die Drahtenden zusammen und stecke sie in den Pick. Richte die Drähte eventuell neu aus.

★ Pinke Pünktchen

Kapitel Farbgestaltung, Seite 43

Du brauchst:

- ☆ Cupcakes in pinkfarbenen Folienförmchen
- ☆ Fondant: hellpink, weiß
- ☆ Modellierpaste: dunkelpink, weiß
- ☆ Runder Keksausstecher, Größe wie Cupcakes
- ☆ Blütenausstecher oder pointed oval cutter (LC)
- ☆ Spritztüllen PME Nr. 4, 18

Anleitung:

Mache gepunkteten Fondant und Modellierpaste wie auf Seite 43 gezeigt. Steche auf die Cupcakes passende Kreise aus Fondant aus. Dekoriere sie mit Blüten aus gepunkteter Modellierpaste. Lege eine pink-weiß-marmorierte Kugel obenauf.

★ Nicht von dieser Welt

Kapitel Malen, Seite 51

Du brauchst:

- ☆ Cupcakes in blauen / grünen Papierförmchen
- ☆ Fondant: elfenbein
- ☆ Space embosser set (PC)
- ☆ Runder Keksausstecher, Größe wie Cupcakes
- ☆ Ball Tool
- ☆ Farbpasten: diverse in blau, grün, gelb, schwarz

Anleitung:

Präge die Muster in ausgerollten Fondant, dann steche Kreise aus, die auf die Cupcakes passen. Präge die Paste um die Füße das Aliens mit dem Ball Tool. Bemale die Muster gemäß der Beschreibung auf Seite 51.

★ Sonnenaufgang

Kapitel Malen, Seite 52

Du brauchst:

- ☆ Cupcakes in braunen Papierförmchen
- ☆ Fondant: weiß
- ☆ Diverse Farbpasten
- ☆ Kuchenstützen aus Holz
- ☆ Runder Keksausstecher, Größe wie Cupcakes

Anleitung:

Rolle weißen Fondant aus und stempele die Kreismuster mit den hölzernen Stützen. Dann steche mit einem geeigneten runden Keksausstecher Kreise aus, die auf die Cupcakes passen.

★ Patchwork Druck

Kapitel Malen, Seite 52

Du brauchst:

- ☆ Cupcakes in braunen Papierförmchen
- ☆ Fondant: elfenbein, orange, rot
- ☆ Diverse Farbpuder
- ☆ Präger: flower set 1 (FMM), stick embossers sets 9 und 17 (HP)
- ☆ Quadratischer Ausstecher (FMM geometric set)
- ☆ Runder Keksausstecher, Größe wie Cupcakes

Anleitung:

Rolle den Fondant gleichmäßig dick aus, am besten mit Ausrollhölzern, und stempele Muster mit den Farbpudern. Steche jedes Muster quadratisch aus, lege die Quadrate auf Deine Arbeitsfläche nebeneinander und steche dann daraus Kreise aus, die auf die Cupcakes passen. Lege jedes Quadrat vorsichtig auf seinen Platz.

★ Ein Hauch Midas

Kapitel Malen, Seite 55

Du brauchst:

- ☆ Cupcakes in violetten Papierförmchen
- ☆ Fondant: goldbraun (nimm autumn leaf (Sf) um weiß einzufärben)
- ☆ Swirl cutters (PC)
- ☆ Runder Keksausstecher, Größe wie Cupcakes
- ☆ Diverse Glanzfarbpuder in gold (SK)
- ☆ Klarer Alkohol (wie Gin oder Wodka)

Anleitung:

Rolle den goldbraunen Fondant aus und

Techniken Cupcakes eindecken (Seite 29); Marmorieren (Seite 42); Drucken (Seite 52); Schablonen (Seiten 60 – 67);

präge ihn mit den Swirl Ausstechern. Steche Kreise mit dem Keksausstecher aus, die auf die Cupcakes passen, und lege sie vorsichtig darauf. Mische etwas Glanzpuder mit dem Alkohol und bemale die Cupcakes wie auf Seite 55 gezeigt.

★ Liebende Herzen

Kapitel Schablonen, Seite 60

Du brauchst:

- ☆ Cupcakes in violetten Papierförmchen
- ☆ Fondant: weiß
- ☆ Farbpuder: rose (SK), superwhite (SF)
- ☆ Schablone Holiday cookie tops (DS)
- ☆ Runder Keksausstecher, Größe wie Cupcakes

Anleitung:

Mische die beiden Farbpuder zu einem hellen Pink. Schabloniere das Muster auf den weißen Fondant und lege die ausgeschnittenen Kreise auf die Cupcakes wie auf Seite 60 gezeigt.

★ Perfekte Pfingstrosen

Kapitel Schablonen, Seite 60

Du brauchst:

- ☆ Cupcakes in violetten Papierförmchen
- ☆ Fondant: weiß
- ☆ Farbpuder: pink, violett, grün, weiß
- ☆ Schablone Peony cake top (LC)
- ☆ Runder Keksausstecher, Größe wie Cupcakes

Anleitung:

Schabloniere das Muster mit den verschiedenen Farbpudern auf den weißen Fondant und lege ihn auf die Cupcakes wie auf Seite 60 beschrieben.

★ Tee im Ritz

Kapitel Schablonen, Seite 62

Du brauchst:

- ☆ Cupcakes in schwarz-silbermetallic gemusterten Förmchen
- ☆ Fondant: rot mit ein Hauch pink
- ☆ Royal Icing
- ☆ Superwhite Farbpuder (SF)
- ☆ Schablonen: Winterthur heart stencil set (DS)
- ☆ Runder Keksausstecher, Größe wie Cupcakes

Anleitung:

Schabloniere das Muster mit dem mit weiß gemischten Royal Icing und lege ihn auf die Cupcakes, wie auf Seite 62 gezeigt.

★ Geisha Girls

Kapitel Schablonen, Seite 65

Du brauchst:

- ☆ Cupcakes in pinkfarbenen Papierförmchen
- ☆ Fondant: pink mit einem Hauch rot
- ☆ Royal Icing: weiß (gemischt mit superwhite SF), dunkelpink, pink
- ☆ Schablone: Japanese flower and scroll pattern stencils (LC)
- ☆ Runder Keksausstecher, Größe wie Cupcakes

Anleitung:

Schabloniere das Muster auf den pink Fondant mit den verschiedenen Icings wie auf Seite 65 gezeigt. Lasse es trocknen, dann steche passende Kreise aus und lege sie auf die Cupcakes.

★ Logo!

Kapitel Schablonen, Seite 67

Du brauchst:

- ☆ Cupcakes in dunkelpink Papierförmchen
- ☆ Fondant: violett
- ☆ Weißes Pflanzenfett
- ☆ Selbstgemachte Schablone
- ☆ Glanzfarbpuder
- ☆ Runder Keksausstecher, Größe wie Cupcakes

Anleitung:

Schabloniere Dein eigenes Muster (s. Seite 67 für die Herstellung eigener Schablonen) mit dem Glanzpuder auf den violetten Fondant (siehe dazu Seite 59). Wenn Du das Dekor noch attraktiver machen willst, präge rundherum ein Muster ein (siehe Seite 87). Schneide Kreise aus und lege sie auf die Cupcakes.

Tipp

Reinige Deine Schablonen nach jedem Gebrauch und tupfe sie mit Küchenpapier vorsichtig trocken.

★ Liebe ist ...
Kapitel Ausstecher, Seite 71

Du brauchst:
- ☆ Cupcakes in silbernen Folienförmchen
- ☆ Fondant: schwarz
- ☆ Modellierpaste: diverse pinks, hellblau, orange, weiß
- ☆ Ausstecher: heart (LC card suit set), small stylish star (LC), Tüllen PME Nr. 3, 16, 17
- ☆ Runder Keksausstecher, Größe wie Cupcakes

Anleitung:

Decke die Cupcakes mit schwarzem Fondant ein. Marmoriere die pinkfarbenen Pasten (s. Seite 42), rolle sie dünn aus und steche Herzen aus. Rolle orange-blau-marmorierte Paste dünn aus und steche Sterne aus. Dann steche aus dünn ausgerollter weißer, orange und blauer Paste Kreise mit den Tüllen aus. Lege die Formen auf die Cupcakes. Bilde dabei hübsche Muster.

★ Orient Express
Kapitel Ausstecher, Seite 73

Du brauchst:
- ☆ Cupcakes in schwarzen Papierförmchen
- ☆ Fondant: weiß
- ☆ Modellierpaste: schwarz, dunkelpink, orange, rot, korallenrot
- ☆ Ausstecher: 24 mm Kreis (FMM geometric set), five-petal flower set (PME)
- ☆ Ball Tool und Foam Pad
- ☆ Runder Keksausstecher, Größe wie Cupcakes

Anleitung:

Rolle den weißen Fondant, am besten mit Ausrollhölzern, 5 mm dick aus und die Modellierpasten einzeln zwischen schmalen Hölzern. Steche mit dem 24 mm Ausstecher die nötigen Formen aus (wie auf Seite 73 gezeigt). Lege diese Formen auf den Fondant. Steche dann daraus einen Kreis aus, der genau auf Deinen Cupcake passt. Mache drei Blumen mit dem Ausstecher-Set, wie auf Seite 95 gezeigt, und lege sie oben auf den Cupcake. Lege schließlich eine Kugel aus Paste in die Blumenmitte.

★ Abnehmende Kreise
Kapitel Ausstecher, Seite 74

Du brauchst:
- ☆ Cupcakes in pinkfarbenen Papierförmchen
- ☆ Fondant: weiß
- ☆ Modellierpaste: dunkelblau, dunkelpink, pink, weiß, orange, hellgelb
- ☆ Kreisausstecher (FMM geometric set)
- ☆ Spritztüllen: PME Nr. 4, 16, 18
- ☆ Runder Keksausstecher, Größe wie Cupcakes

Anleitung:

Decke die Cupcakes mit weißem Fondant ein. Für das Einlegemuster siehe die Anleitung auf Seite 74.

Tipp
Streiche etwas Pflanzenfett auf Deine Arbeitsfläche, damit die Paste nicht anklebt.

★ Zarte Rosen
Kapitel Blumen & Blüten, Seite 78

Du brauchst:
- ☆ Cupcakes in pinkfarbenen Papierförmchen
- ☆ Fondant: elfenbein
- ☆ Modellierpaste: hellpink, dunkelpink, violett
- ☆ Prägerollstäbe: linen look (HP), small watermark taffeta (HP)
- ☆ Ausstecher: 1,5 cm Kreis, daisy marguerites (PME)
- ☆ Runder Keksausstecher, Größe wie Cupcakes

Anleitung:

Rolle den Fondant aus und präge ihn mit dem Linen-look-Ausrollstab (siehe Seite 88). Steche einen passenden Kreis aus der Paste aus und lege ihn auf den Cupcake. Rolle die Modellierpasten dünn aus, präge sie mit dem Watermark-Ausrollstab und mache daraus diverse ausgestochene Blumen und Stoffblumen (siehe Seiten 78 – 79).

★ Hübsch in Pastell
Kapitel Blumen & Blüten, Seite 79

Du brauchst:
- ☆ Cupcakes in floralen Papierförmchen
- ☆ Fondant: pink
- ☆ Modellierpaste: dunkelpink, violett, wasserblau
- ☆ Präger: Crown embosser set (PC)
- ☆ Ausstecher: Medium oval cutters set 2 (LC)
- ☆ Runder Keksausstecher, Größe wie Cupcakes

Techniken Cupcakes eindecken (Seite 29); Formen ausstechen (Seite 71); Aufeinanderlegen (Seite 72); Aneinanderlegen (Seite 73);

Anleitung:

Präge den ausgerollten pink Fondant mit dem Fancy Scroll und dem Herz aus dem Crown-set (siehe Seite 87). Steche mit dem Keksausstecher passende Kreise aus und lege sie auf die Cupcakes. Fertige aus der Modellierpaste verschiedene Stoffblumen an (s. Seite 79) und befestige sie auf den Cupcakes.

★ Liebling Dahlie

Kapitel Blumen & Blüten, Seite 79

Du brauchst:

- ☆ Cupcakes in violetten Papierförmchen
- ☆ Fondant: weiß
- ☆ Modellierpaste: pink
- ☆ Präger Blumen (PC cupcake set)
- ☆ 24 mm Kreisausstecher (FMM geometric set)
- ☆ Quilting tool (PME)
- ☆ Runder Keksausstecher, Größe wie Cupcakes

Anleitung:

Rolle den Fondant – am besten zwischen Ausrollhölzern – zu 5 mm Stärke aus und präge ihn mit dem Blumen-Präger (siehe Seite 87). Steche mit dem Keksausstecher passende Kreise aus und lege sie auf die Cupcakes. Mache aus dünn ausgerollter Modellierpaste eine Dahlie, wie auf Seite 79 beschrieben. Befestige sie auf dem Cupcake.

★ Hinreißende Blüten

Kapitel Prägen, Seite 87

Du brauchst:

- ☆ Cupcakes in braunen Papierförmchen
- ☆ Fondant: orange, elfenbein
- ☆ Modellierpaste: olivgrün, hell-olivgrün, hellorange, hellpink, hellblau
- ☆ Präger: wild rose (PC), blossom und leaves – easy twist (PC)
- ☆ Farbpasten: dunkelorange, orange, altrosa, olivgrün, grün, blau
- ☆ Runder Keksausstecher, Größe wie Cupcakes

Anleitung:

Die komplette Anleitung findest Du auf Seite 87.

★ Café Crème

Kapitel Werkzeuge, Seite 99

Du brauchst:

- ☆ Cupcakes in braunen Papierförmchen
- ☆ Sondant: hellbraun
- ☆ Modellierpaste: goldbraun
- ☆ Royal Icing in violett
- ☆ Variabler Bandschneider (FMM)
- ☆ Küchenpapier
- ☆ Schablone: 19,5 French medallion stencil (DS – C144)
- ☆ Runder Keksausstecher, Größe wie Cupcakes

Anleitung:

Schabloniere das Muster mit violettem Icing auf den Fondant (siehe Seite 62). Steche mit dem Keksausstecher passende Kreise aus und lege sie auf die Cupcakes. Rolle die Modellierpaste zwischen schmalen Hölzern aus und schneide sie mit dem Bandschneider in dünne Streifen. Forme Schlaufen, lass sie antrocknen, dann arrangiere sie zur Schleife. Lege sie auf den Cupcake, richte sie notfalls neu aus und stütze sie mit Küchenpapier ab, bis sie vollständig getrocknet sind.

★ Gedrehte Rosen

Kapitel Spritzen, Seite 105

Du brauchst:

- ☆ Cupcakes in braun und gold-metallic Förmchen
- ☆ Butterceme
- ☆ Farbpaste orange
- ☆ Spritztülle: W – 2D
- ☆ Großer Spritzbeutel

Anleitung:

Nimm Buttercreme in zwei Farben und spritze wie auf Seite 105 gezeigt.

Tipp

Alle im Buch gezeigten Papierförmchen und vieles mehr findest Du auf Lindy's Cakes Website.

★ Gipfel der Perfektion

Kapitel Spritzen, Seite 106

Du brauchst:

- ☆ Cupcakes in schwarzen Papierförmchen
- ☆ Buttercreme
- ☆ Spritztülle: W – 1E
- ☆ Großer Spritzbeutel
- ☆ Modellierpaste: rot, orange
- ☆ Pastillage: rot
- ☆ Silikonform: daisy mould (FI – FL288)
- ☆ Sugarcraft Gun
- ☆ Spritztülle Band PME no. 42

Anleitung:

Mache mit der Sugarcraft Gun und der Bandtülle eine Form aus Pastillage nach Wahl und lass sie trocknen. Spritze die Buttercreme auf die Cupcakes wie auf Seite 106 gezeigt. Dekoriere mit der Pastillage-Form und zweifarbig geformten Blumen.

★ Gänseblümchen

Kapitel Spritzen, Seite 107

Du brauchst:

- ☆ Cupcakes in pink und gold-metallic Förmchen
- ☆ Buttercreme
- ☆ Spritztülle: PME Blatt oder Blüte
- ☆ Großer Spritzbeutel
- ☆ Fondant: pink

Anleitung:

Spritze die Buttercreme wie auf Seite 107 gezeigt und lege eine Kugel aus pink Fondant obendrauf.

★ Alte Rosen

Piping chapter, page 108

Du brauchst:

- ☆ Cupcakes in blau und silber-metallic Förmchen
- ☆ Quadrate aus Cellophan oder Wachspapier
- ☆ Rosennagel
- ☆ Buttercreme
- ☆ Spritztülle: W – 103
- ☆ Großer Spritzbeutel
- ☆ Farbpaste in pink

Anleitung:

Färbe die Buttercreme mit der Farbpaste pink. Spritze die Buttercreme Rosen wie auf Seite 108 beschrieben. Wenn sie trocken genug sind, lege sie auf die Cupcakes.

★ Rosen sind rot ...

Kapitel Modellierformen, Seite 115

Du brauchst:

- ☆ Cupcakes in floralen Papierförmchen
- ☆ Buttercreme
- ☆ Spritztülle: W – 1B
- ☆ Großer Spritzbeutel
- ☆ Modellierform roses galore (FI – FL248)
- ☆ Rose leaf cutter (FMM)
- ☆ Präger: Rose leaf veiner (GI)
- ☆ Farbpuder: dunkelrot, diverse Grüntöne

Anleitung:

Mache einige Rosen und Rosenblätter wie auf Seite 115 und 118 beschrieben. Bepudere sie mit Farbe für mehr Tiefe und Lebendigkeit, wie auf Seite 118 gezeigt. Spritze Buttercreme gedreht auf die Cupcakes (siehe Seite 105) und lege dann je eine Rose und zwei Blätter obendrauf.

★ Maskenschönheit

Kapitel Modellierformen, Seite 117

Du brauchst:

- ☆ Cupcakes in violetten Papierförmchen
- ☆ Spritztülle: W – 2D
- ☆ Buttercreme
- ☆ Großer Spritzbeutel
- ☆ Modellierform: Venetian mask (GI)
- ☆ Modellierpaste: weiß, wasserblau, violett
- ☆ Farbpasten
- ☆ Glanzfarbpuder gold (SK)

Anleitung:

Stelle Masken mit der Modellierform, wie auf Seite 117 gezeigt, her. Bemale sie mit den Farbpasten und dem Glanzpuder. Spritze Buttercreme gedreht auf die Cupcakes. Rolle etwas Modellierpaste in violett und wasserblau dünn aus und lege sie an je einer Seite in Falten. Arrangiere je ein Teil beider Farben mit der gefalteten Seite in der Mitte auf dem Cupcake, damit es wie ein Fächer aussieht. Lege die Maske obendrauf.

★ Tee und Kuchen

Kapitel Modellierformen, Seite 121

Du brauchst:

- ☆ Ein verkleinertes Bild

☆ Ungiftiger Modellierton
☆ Pergamentpapier und Bleistift
☆ Ball Tool
☆ Dresden Tool
☆ Kleiner Rosenausstecher (PC rose and magnolia set)
☆ Modellierformen-Gel
☆ Fondant: creme
☆ Selbstgemachte Spitzenform
☆ Modellierpaste: weiß
☆ Diverse Farbpasten
☆ Glanzfarbpuder bronze
☆ Runder Keksausstecher, Größe wie Cupcakes

Anleitung:

Präge den cremefarbenen Fondant mit der selbstgemachten Spitzenform (s. Seite 119). Steche einen passenden Kreis aus und lege ihn auf den Cupcake. Fertige eine Modellierform an wie auf Seite 121 beschrieben und stelle aus weißer Modellierpaste eine Teekanne her. Bemale sie mit Farbpasten und Glanzpuder und befestige sie auf dem Cupcake.

★ Schmetterling-Tasche

Kapitel Farbgestaltung, Seite 42

Du brauchst:

☆ Handtasche: Kekse und Ausstecher (LC)
☆ Fondant: diverse Blautöne
☆ Modellierpaste: diverse Pinktöne, weiß
☆ Ausstecher: 3,6 cm Kreis, monarch butterfly (LC), small elegant heart (LC), small paisley (LC)
☆ Spritztüllen: PME Nr. 0, 1, 3, 4, 16, 18
☆ Royal Icing
☆ Spritzbeutel

Anleitung:

Decke den Keks mit blau-marmoriertem Fondant ein (siehe Seite 42). Steche einen großen Kreis für die Griffe aus. Steche aus marmorierter pinkfarbener Modellierpaste einen Schmetterling, zwei Herzen und zwei Paisleys aus und mit den Tüllen kleine Kreise aus weißer Modellierpaste. Steche mit den kleinen Spritztüllen kleine Löcher in die Kreise, damit sie wie Knöpfe aussehen. Ersetze den Körper des Schmetterlings durch die Knöpfe und dekoriere die Tasche mit den diversen Formen. Spritze zum Schluss ein paar Icing-Tupfen mit Tülle Nr. 1.

★ Millefiori Becher

Kapitel Farbgestaltung, Seite 45

Du brauchst:

☆ Becher: Kekse und Ausstecher (LC)
☆ Fondant: weiß
☆ Modellierpaste: grün, limettengrün, weiß, dunkelpink, hellpink
☆ Sugarcraft Gun
☆ Skalpell
☆ Ausstecher: five-petal cutter (PME), Tülle PME Nr. 18

Anleitung:

Steche aus weißem Fondant den Becher aus. Schneide den Griff und eine flache Scheibe am oberen Becherrand ab und befestige den Korpus des Bechers auf dem Keks. Steche für den Griff die Becherform aus dünn ausgerollter Modellierpaste aus. Schneide mit dem Skalpell den Griff zurecht und lege ihn an seien Platz auf dem Keks. Fertige die obere Innenkante des Bechers genauso. Mache mit der Sugarcraft Gun und der kleinen Lochscheibe einen Abschluss in pink. Stelle Paste mit Millefiori-Muster her wie auf Seite 45 gezeigt. Steche mit dem five-petal-cutter Blüten aus und befestige sie. Steche mit der Tülle aus pink Modellierpaste ein Blumenzentrum aus und bringe es an.

Tipp

Lass Dich nicht verführen, Kekse mit kalorienarmen Aufstrichen zu backen – nimm immer ungesalzene Butter.

★ Schneeflocken-Strumpf

Kapitel Malen, Seite 49

Du brauchst:

☆ Weihnachtsstrumpf: Kekse und Ausstecher (LC)
☆ Fondant: blau, weiß
☆ Farbpasten: diverse Blautöne
☆ Präger: Snowflake embosser (PC)
☆ Royal Icing
☆ Spritzbeutel bestückt mit Adapter
☆ Spritztüllen PME Nr. 1, 2

Anleitung:

Rolle blauen Fondant aus und präge ihn mit Schneeflocken (s. Seite 87). Steche Strümpfe aus und schneide das obere Teil ab. Lege sie auf die Kekse und lass sie trocknen. Betupfe die Strümpfe mit verdünnter blauer Farbpaste wie auf Seite 49 gezeigt. Lege die oberen weißen Teile auf, dann spritze verschiedene Icing-Tupfen.

★ Kleines Schweinchen

Kapitel Malen, Seite 49

Du brauchst:

☆ Schweinchen: Kekse und Ausstecher
☆ Fondant: pfirsichrosa
☆ Farbpaste: pink
☆ Superwhite Farbpuder (SF)
☆ Naturschwamm
☆ Dresden Tool

Anleitung:

Schneide aus pinkem Fondant Schweine aus. Lege sie auf die Kekse. Zeichne mit dem Dresden Tool die Details nach. Bringe einen Ringelschwanz an. Lass alles trocknen. Tupfe Farbe auf, wie auf Seite 49 beschrieben.

★ Jeden Tag ein Apfel

Kapitel Malen, Seite 50

Du brauchst:

- ☆ Apfel: Kekse und Ausstecher
- ☆ Fondant: grün, braun
- ☆ Modellierpaste: grün
- ☆ Ausstecher: Rose leaf cutter (FMM)
- ☆ Ausstecher: Rose leaf Präger (GI)
- ☆ Dresden Tool
- ☆ Farbpasten: diverse Grüntöne, rot
- ☆ Superwhite Farbpuder (SF)

Anleitung:

Steche aus grünem Fondant Äpfel aus, entferne Stiele, Blätter und Blütenansätze. Lege sie auf die Kekse. Modelliere einen Stiel aus brauner Paste. Nimm eine kleine Kugel braune Paste für den Blütenansatz und modelliere ihn mit dem schmalen Ende des Dresden Tools. Steche ein Blatt aus und präge es (s. Seite 118). Bemale den Apfel wie auf Seite 50.

★ Mörderische High-Heels

Kapitel Malen, Seite 50

Du brauchst:

- ☆ High-Heels: Kekse und Ausstecher (LC)
- ☆ Fondant: weiß
- ☆ Modellierpaste: schwarz
- ☆ Spitze
- ☆ Cutting wheel (PME)
- ☆ Skalpell
- ☆ Farbpaste schwarz
- ☆ Klarer Alkohol (wie Gin oder Wodka)
- ☆ Küchentücher

Anleitung:

Rolle weißen Fondant aus und präge ihn mit der Spitze (s. Seite 90). Steche den Schuh aus und befestige ihn auf dem Keks. Präge die Linie zwischen Absatz und Schuh mit dem Cutting Wheel. Schneide mit dem Skalpell die Spitze des Absatzes, die Sohle und einen schmalen abgeschrägten Streifen oben am Schuh ab – hier wird das Futter des Schuhs sein. Bemale ihn wie auf Seite 50 gezeigt. Ersetze die abgeschnittenen Teile durch schwarze Modellierpaste .

★ Eine Flasche voll Perlen

Kapitel Malen, Seite 55

Du brauchst:

- ☆ Champagner: Kekse und Ausstecher (LC)
- ☆ Fondant: grün, goldbraun
- ☆ Modellierpaste: weiß
- ☆ Dresden Tool
- ☆ Präger: scroll (FMM), nursery set 12 (HP)
- ☆ Lebensmittelfarbstifte
- ☆ Blattgold
- ☆ Glanzfarbpuder gold (SK)
- ☆ Klarer Alkohol (wie Gin oder Wodka)

Anleitung:

Decke die Flasche mit grünem und den Hals mit goldbraunem Fondant ein. Präge den Korken mit dem Dresden Tool. Bringe Blattgold auf dem Hals auf, wie auf Seite 55 gezeigt. Schneide Etiketten aus dünn ausgerollter Modellierpaste aus, präge sie nach Wunsch und bringe sie an ihren Platz. Ergänze Details mit Lebensmittelfarbstiften und dem in Alkohol gelösten Glanzpuder.

★ Silbrige Wirbel

Kapitel Schablonen, Seite 59

Du brauchst:

- ☆ Herz: Kekse und Ausstecher (W nesting hearts)
- ☆ Fondant: pink
- ☆ Glanzfarbpuder snowflake (SK)
- ☆ Schablone: contemporary valentine heart cookie top stencil set (DS)
- ☆ Weißes Pflanzenfett

Anleitung:

Schabloniere das Muster mit dem Glanzpuder auf den pinkfarbenen Fondant und lege ihn auf die Kekse wie auf Seite 59 beschrieben.

★ Schräge Hochzeit

Kapitel Schablonen, Seite 61

Du brauchst:

- ☆ Wonky wedding cake: Kekse und Ausstecher
- ☆ Fondant: dunkelpink, weinrot, lila
- ☆ Royal Icing: lila, pastellpink, violett
- ☆ Schablonen: winterthur heart set (DS), chinese floral circle (LC)

Anleitung:

Schabloniere die einzelnen Stufen mit verschiedenen Icingfarben auf unterschiedliche Fondantfarben. Bringe sie auf den Keksen an wie auf Seite 61 gezeigt.

Techniken Kekse eindecken (Seite 29); Schablonen (Seite 59-67); Formen ausstechen (Seite 71);

★ Gestylte Blümchen
Kapitel Schablonen, Seite 66

Du brauchst:
- ☆ Badeanzug: Kekse und Ausstecher (LC)
- ☆ Fondant: schwarz, rot
- ☆ Modellierpaste: rot, pink, schwarz
- ☆ Royal Icing in pink
- ☆ Schablone Flower scroll (DS)
- ☆ Ausstecher: Daisy marguerite cutters (PME)
- ☆ Spritztüllen: PME Nr. 16, 17

Anleitung:

Schabloniere das Muster mit pink Icing auf den schwarzen Fondant (s. Seite 61) und lege ihn auf den Keks. Halbiere eine kleine Kugel aus Paste und lege die Hälften zur Formgebung auf die Brust. Schneide das Oberteil des Badeanzugs aus rotem Fondant aus und verziere den Keks mit Gänseblümchen wie auf Seite 66 gezeigt.

★ Reine Freude
Kapitel Schablonen, Seite 66

Du brauchst:
- ☆ Hochzeitstorte: Kekse und Ausstecher (LC)
- ☆ Fondant: pink mit einem Hauch rot, weiß
- ☆ Royal Icing
- ☆ Superwhite Farbpuder (SF)
- ☆ Karton oder Wachspapier
- ☆ Skalpell
- ☆ Motivstanze
- ☆ Farbpuder

Anleitung:

Stelle eigene Schablonen aus Karton oder Wachspapier her (s. Seite 66). Schabloniere Muster auf den Fondant mit aufgehelltem Icing und Farbpuder und lege die verschiedenen Muster auf die einzelnen Stufen des Kekses.

★ Funky Flip Flops
Kapitel Schablonen, Seite 67

Du brauchst:
- ☆ Flip-Flop: Kekse und Ausstecher (LC)
- ☆ Fondant: dunkelpink
- ☆ Modellierpaste: violett, weiß, hellpink
- ☆ Schablone Greek repeat pattern stencil (LC)
- ☆ Form: Mini flower mould (FI – FL107)

Anleitung:

Präge das Muster auf den pinkfarbenen Fondant wie auf Seite 67 gezeigt und lege ihn auf die Kekse. Schneide für die Riemen 1 cm breite Streifen aus violetter Modellierpaste und schneide sie an einem Ende jeweils schräg. Befestige einen Streifen mit diesem schrägen Ende auf der Hälfte der Sohle. Drehe den Steifen um 180° zur Mitte hin, schneide ihn auf richtige Länge zu und befestige ihn dort, wo die Zehen sind. Verfahre genauso für den zweiten Riemen. Bringe eine zweifarbige Blume aus Modellierpaste an.

★ Hochzeitsweste
Kapitel Prägen, Seite 87

Du brauchst:
- ☆ Weste: Kekse und Ausstecher (LC)
- ☆ Fondant: goldbraun
- ☆ Modellierpaste: weiß, elfenbein
- ☆ Dresden Tool
- ☆ Cutting Wheel (PME)
- ☆ Skalpell
- ☆ Präger: Blatt (HP spring set 9)
- ☆ Spritztülle: PME no. 4

Anleitung:

Schneide aus dünn ausgerollter Modellierpaste ein Dreieck für das Hemd aus. Bringe es an seinen Platz und lege zwei kleinere dickere Dreiecke für den Kragen auf. Schneide aus elfenbeinfarbener Paste eine Diamantform aus und lege sie als Krawatte auf den Keks. Bringe eine Kugel als Knoten an. Bringe mit dem Dresden Tool Bewegung in die Paste. Rolle den Fondant zwischen Ausrollhölzern 5mm dick aus und präge ihn mit dem Blattmuster. Steche mit dem Keksausstecher Westen aus und entferne ein Dreieck für den Ausschnitt. Lege die Paste auf den Keks. Bringe mit dem Cutting Wheel und der Tülle Verschluss und Knöpfe an.

★ Blüten für die Braut
Kapitel Prägen, Seite 88

Du brauchst:
- ☆ Hochzeitstorte: Kekse und Ausstecher (LC)
- ☆ Fondant: drei Pinktöne
- ☆ Ausstecher: Flat floral cutter set 2 (LC)
- ☆ Präger: Daisy centre stamp (JEM)
- ☆ Dresden Tool

Anleitung:

Rolle den Fondant 5 mm stark aus, am besten mit Ausrollhölzern. Präge ihn mit dem flat floral cutter set (s. Seite 88). Steche die Tortenform aus und schneide jede Stufe einzeln zu. Lege verschiedenfarbige Stufen auf die Kekse. Präge jede Blumenmitte mit dem Daisy centre stamp und die Blütenblätter mit dem schmalen Ende des Dresden Tools.

★ Fesche Gummistiefel

Kapitel Prägen, Seite 89

Du brauchst:

☆ Gummistiefel: Kekse und Ausstecher (LC)
☆ Fondant: elfenbein, pink, grün
☆ Präger: rose and moagnolia (PC), wild rose (für Blätter) (PC)
☆ Cutting wheel (PME)
☆ Skalpell
☆ Dresden Tool
☆ Ausstecher: small oval cutters (LC set 1)
☆ Farbpasten: pink, grün

Anleitung:

Stelle mit dem Keksausstecher ein Paar Stiefel her, indem Du zwei Stiefel aus Teig ausstichst und sie versetzt übereinander zusammenlegst. Die beiden backen zu einem Keks zusammen. Nimm Fondant etwas dünner als 5 mm, decke den hinteren Stiefel zuerst ein und präge ihn in floralem Muster (s. Seite 87). Markiere Linien mit dem Cutting Wheel. Füge den vorderen Stiefel hinzu und präge ihn. Du kannst den oberen Rand, die Schnalle, die Sohle und den Absatz in einer Kontrastfarbe auflegen; schneide die Schnallenhalterung mit den ovalen Ausstechern aus und präge die Sohle mit dem Dresden Tool. Male das geprägte Muster mit verdünnter Farbpaste.

Tipp

Beim Malen des Musters lass die Blüten in pink erst komplett trocknen, bevor Du die grünen Blätter malst.

★ Haute-Couture Heels

Kapitel Prägen, Seite 89

Du brauchst:

☆ Platform stiletto: Kekse und Ausstecher (LC)
☆ Fondant: schwarz, altrosa
☆ Ausstecher: Flat floral cutter set 1 (LC)
☆ Präger: Embroidery embosser (PC)
☆ Cutting Wheel (PME)
☆ Ball Tool

Anleitung:

Rolle den Fondant in den zwei Farben aus und steche die Schuhform aus. Präge den pinkfarbenen Fondant in Blumenmuster mit einem Ausstecher (siehe Seite 88) und drücke in jedes Blütenblatt eine Vertiefung mit der kleinen Kugel des Ball Tools (siehe Seite 89). Bringe für die Sohle einen Streifen schwarzen Fondants an, gefolgt von geprägtem Fondant in Pink und wieder einen schwarzen Streifen. Vervollständige den Schuh mit einem schwarzen Absatz.

★ Alles ist rosarot

Kapitel Prägen, Seite 89

Du brauchst:

☆ Kissen: Kekse und Ausstecher (LC)
☆ Fondant: weiß
☆ Modellierpaste: hellpink, hellgrün
☆ Präger: Tea rose embosser (PC)
☆ Spritztüllen: PME Nr. 4, 16, 17, 18
☆ Farbpaste pink, grün, schwarz

Anleitung:

Decke die Kekse mit weißem Fondant ein und präge mit den Spritztüllen Reihen von Kreisen wie auf Seite 89 gezeigt. Rolle die Modellierpasten sehr dünn aus, präge sie und steche die Rose und die Blätter aus pink und grüner Paste aus (siehe Seite 87). Bemale die Kreise und die Rose mit den Farbpasten.

★ Glamour Kleid

Kapitel Werkzeuge, Seite 94

Du brauchst:

☆ Kleid: Kekse und Ausstecher (LC)
☆ Fondant: pfirsich pink
☆ Modellierpaste: elfenbein
☆ Dresden Tool
☆ Motivstanze: moroccan mosaic craft punch (Xcut)

Anleitung:

Halbiere eine kleine Kugel aus Fondant und bringe die beiden Hälften im Brustbereich an, um dem Kleid Form zu geben. Rolle pink Fondant aus und steche das Kleid aus. Schneide den oberen Teil für einen schulterfreien Ausschnitt ab, lege die Paste auf den Keks und glätte sie über den Brüsten. Streiche mit dem Finger kleine Falten in den Rock. Steche ein weiteres Kleid aus und schneide Stoffdrapierungen zu. Lege die zwei Teile auf den Keks und präge sie mit dem Dresden Tool (siehe Seite 94). Mache mit der Motivstanze aus Modellierpaste einen Gürtel (s. Seite 101) und bringe ihn an.

Techniken Kekse eindecken (Seite 29); ein geprägtes Bild malen (Seite 51); Formen ausstechen (Seite 71);

★ High-Heels in Pink

Kapitel Werkzeuge, Seite 97

Du brauchst:

- ☆ Platform stiletto: Kekse und Ausstecher (LC)
- ☆ Fondant: pink
- ☆ Modellierpaste: pink
- ☆ Cutting Wheel (PME)
- ☆ Skalpell
- ☆ Dresden Tool
- ☆ Sugarcraft Gun

Anleitung:

Rolle pink Fondant aus und steche den Schuh aus. Schneide Absatz, Sohle und die Streifen einzeln zu und bringe sie auf dem Keks an. Präge die Absatzspitze und die Sohle mit dem Cutting Wheel (s. Seite 89). Markiere kleine Löcher mit dem spitzen Ende des Dresden Tools. Fertige Stränge aus pink Modellierpaste mit der Sugarcraft Gun und der kleinen Lochscheibe (s. Seite 97). Lege einen Strang an die Schuhsohle, kurze Stücke an jede Schnürsenkelöffnung und schließe mit einer Schleife ab, wie hier gezeigt.

★ Süßes zum Tee

Kapitel Werkzeuge, Seite 98

Du brauchst:

- ☆ Teekanne: Kekse und Ausstecher
- ☆ Fondant: elfenbein
- ☆ Modellierpaste: dunkelpink, hellpink, grün, limettengrün, orange, braun, elfenbein
- ☆ Spritztülle: PME Nr. 18
- ☆ Sugarcraft Gun
- ☆ Cutting wheel (PME)

Anleitung:

Rolle den Fondant 5 mm dick aus, am besten zwischen Ausrollhölzern, und steche die Teekanne aus. Schneide die Griffzone und den Boden weg und lege den Korpus und den Ausgießer auf den Keks. Markiere den Spalt zwischen Korpus und Ausgießer mit dem Cutting Wheel (siehe Seite 89). Rolle einen Strang Fondant für den Griff und bringe ihn wie gezeigt an. Fertige mit der Sugarcraft Gun und der kleinen Seilscheibe ein Stück Seil aus pink Modellierpaste. Bringe ein Stück davon am Boden und ein Stück oben am Deckel an. Schneide sie in Form. Dekoriere die Kanne mit Punkten, die Du mit der Tülle aus dünn ausgerollter Modellierpaste ausstichst (siehe Seite 71). Lege abschließend eine Kugel aus pink Modellierpaste oben auf den Deckel.

★ Kätzchen Pumps

Kapitel Werkzeuge, Seite 99

Du brauchst:

- ☆ Schuh: Kekse und Ausstecher (LC)
- ☆ Fondant: violett, hellbraun
- ☆ Modellierpaste: violett, dunkelbraun
- ☆ Cutting wheel (PME)
- ☆ Skalpell

Anleitung:

Rolle hellbraunen Fondant aus und steche den Schuh aus. Schneide den Absatz weg und lege den Fondant auf den Keks. Schneide mit dem Cutting Wheel freihand Tiermuster-Streifen aus dünn ausgerollter dunkelbrauner Modellierpaste aus. Bringe sie am Schuh an. Steche mit dem Ausstecher aus violettem Fondant den Absatz aus und lege ihn auf den Schuh. Bringe eine braune Absatzspitze und einen dünnen braunen Streifen für die Sohle an. Mache am oberen Rand einen Abschluss aus violetter Modellierpaste. Bringe zum Schluss eine violette Schleife an.

★ Ganz viele Tupfen

Kapitel Spritzen, Seite 109

Du brauchst:

- ☆ Herz und Kinderwagen: Kekse und Ausstecher (LC)
- ☆ Fondant: türkis, helltürkis, pink, fleischfarben
- ☆ Modellierpaste: pink, dunkelbraun
- ☆ Spritztüllen: PME Nr. 1, 1.5, 2
- ☆ Schablone: Modern flowers stencil (DS – C559)
- ☆ Ausstecher: diverse runde Keksausstecher, daisy marguerites (PME)
- ☆ Royal Icing
- ☆ Superwhite Farbpuder (SF)
- ☆ Farbpaste türkis
- ☆ Spritzbeutel bestückt mit Adapter

Anleitung:

Schabloniere frisch ausgerollten Fondant mit passend gefärbtem Icing (siehe Seite 61). Steche Herzen und Teile des Kinderwagens aus und lege diese auf die Kekse, bevor das Icing trocknet. Steche aus türkisfarbenen Fondant mit den runden Ausstechern Räder aus und einen Griff. Präge jedes Rad mit einem etwas kleineren Ausstecher. Steche aus fleischfarbener Paste den Babykopf aus, präge das Lachen mit einer Spritztülle und die Augen mit Zahnstochern. Modelliere aus dunkelbrauner Paste eine Locke und Blumen in pink für die Speichen der Räder. Spritze Tupfen aus Icing wie auf Seite 109 beschrieben.

★ Babysöckchen

Kapitel Spritzen, Seite 110

Du brauchst:

- ☆ Babysöckchen: Kekse und Ausstecher (LC)
- ☆ Fondant: pink
- ☆ Modellierpaste: dunkel pink
- ☆ Winkelpalette
- ☆ Quilting tool (PME)
- ☆ Ausstecher: Small heart plunger cutters (PME)
- ☆ Royal Icing
- ☆ Spritztülle: PME Nr. 1
- ☆ Spritzbeutel
- ☆ Superwhite Farbpuder (SF)

Anleitung:

Steche aus pink Fondant Söckchen aus. Steche die Bündchen separat aus und präge sie mit senkrechen Strichen mit Hilfe der Winkelpalette. Lege beide Teile auf die Kekse und markiere Spitze und Ferse mit dem Quilting Tool. Bringe einige kleine Herzen aus dunkelpink Paste an. Spritze schließlich Tupfen und Herzen mit aufgehelltem Icing wie auf Seite 109 – 110 beschrieben.

★ Schwarz-weiße Becher

Kapitel Spritzen, Seite 111

Du brauchst:

- ☆ Becher: Kekse und Ausstecher(LC)
- ☆ Fondant: schwarz, weiß
- ☆ Präger: Art Nouveau tulip embosser (PC)
- ☆ Skalpell
- ☆ Royal icing
- ☆ Spritztülle: PME Nr. 2
- ☆ Spritzbeutel
- ☆ Superwhite Farbpuder (SF)
- ☆ Farbpaste schwarz

Anleitung:

Folge für diese Kekse den Anleitungen auf Seite 111 und verwende schwarzen und weißen Fondant und Icing.

★ Blumige Flip Flops

Kapitel Modellierformen, Seite 116

Du brauchst:

- ☆ Flip-Flop: Kekse und Ausstecher (LC)
- ☆ Fondant: wasserblau
- ☆ Modellierpaste: jadegrün, weiß, gelb
- ☆ Präger: Daisy chain embosser (PC)
- ☆ Form: Daisy mould set (FI – FL288)
- ☆ Variabler Bandschneider (FMM)

Anleitung:

Präge das Gänseblümchen-Muster auf den Fondant wie auf Seite 67 gezeigt. Steche Flip-Flops aus und lege sie auf die Kekse. Schneide für die Riemen 1 cm breite Streifen aus Modellierpaste und schneide sie an einem Ende jeweils schräg. Befestige einen Streifen mit diesem schrägen Ende auf der Hälfte der Sohle. Drehe den Steifen um 180° zur Mitte hin, schneide ihn auf richtige Länge zu und befestige ihn dort, wo die Zehen sind. Verfahre genauso für den zweiten Riemen. Bringe eine zweifarbige Blume aus Modellierpaste an, wie auf Seite 116 gezeigt.

★ Weihnachtspäckchen

Kapitel Modellierformen, Seite 119

Du brauchst:

- ☆ Cracker: Kekse und Ausstecher (LC)
- ☆ Pastillage
- ☆ Spitze oder Strukturtapete
- ☆ Fondant: violett, goldbraun
- ☆ Modellierpaste: rot, violett
- ☆ Cutting wheel (PME)
- ☆ Dresden Tool
- ☆ Form: Small flower mould (FI – FL127)
- ☆ Farbpasten / Farbpuder

Anleitung:

Stelle eine Form aus Pastillage her wie auf Seite 119 gezeigt und präge damit Deinen Fondant. Steche mit dem Keksausstecher Cracker aus dem Fondant aus und lege sie auf die Kekse. Zeichne die Schnürung mit dem Cutting Wheel und dem Dresden Tool nach (siehe Seite 89). Lege Streifen aus roter Modellierpaste als Schnürung auf und mache rote Bänder für die mittige Dekoration. Lege eine zweifarbige modellierte Blume darauf (siehe Seite 116). Betone das geprägte Design, falls gewünscht, mit Farbpasten oder Farbpuder.

Tipp

Für metallischen Glanz mische Glanzfarbpuder mit Confectioner's Glaze und verwende die Mischung als Farbe.

Techniken Kekse eindecken (Seite 29); Dresden Tool (Seite 94); Herzen spritzen (Seite 110); Brush Embroidery (Seite 111)

Vorlagen

A la Gaudi – Kapitel Werkzeuge

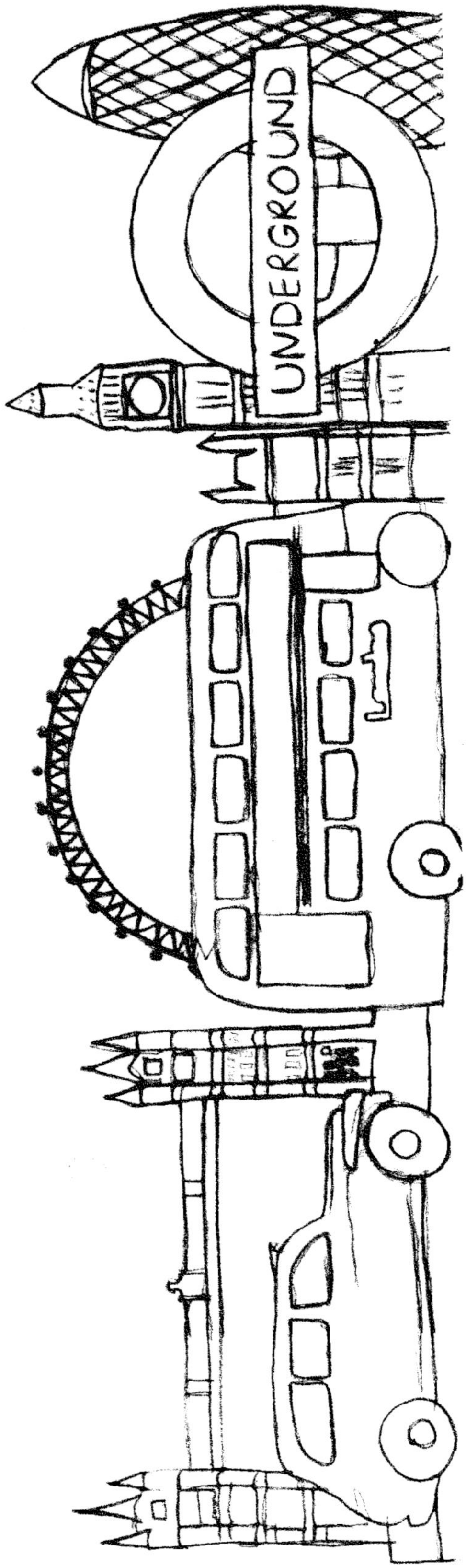

London ruft – Kapitel Malen

Zugeschnittene Sensation
– Kapitel Prägen

Verrückt nach Fuchsia – Kapitel Blumen und Blüten, Draufsicht

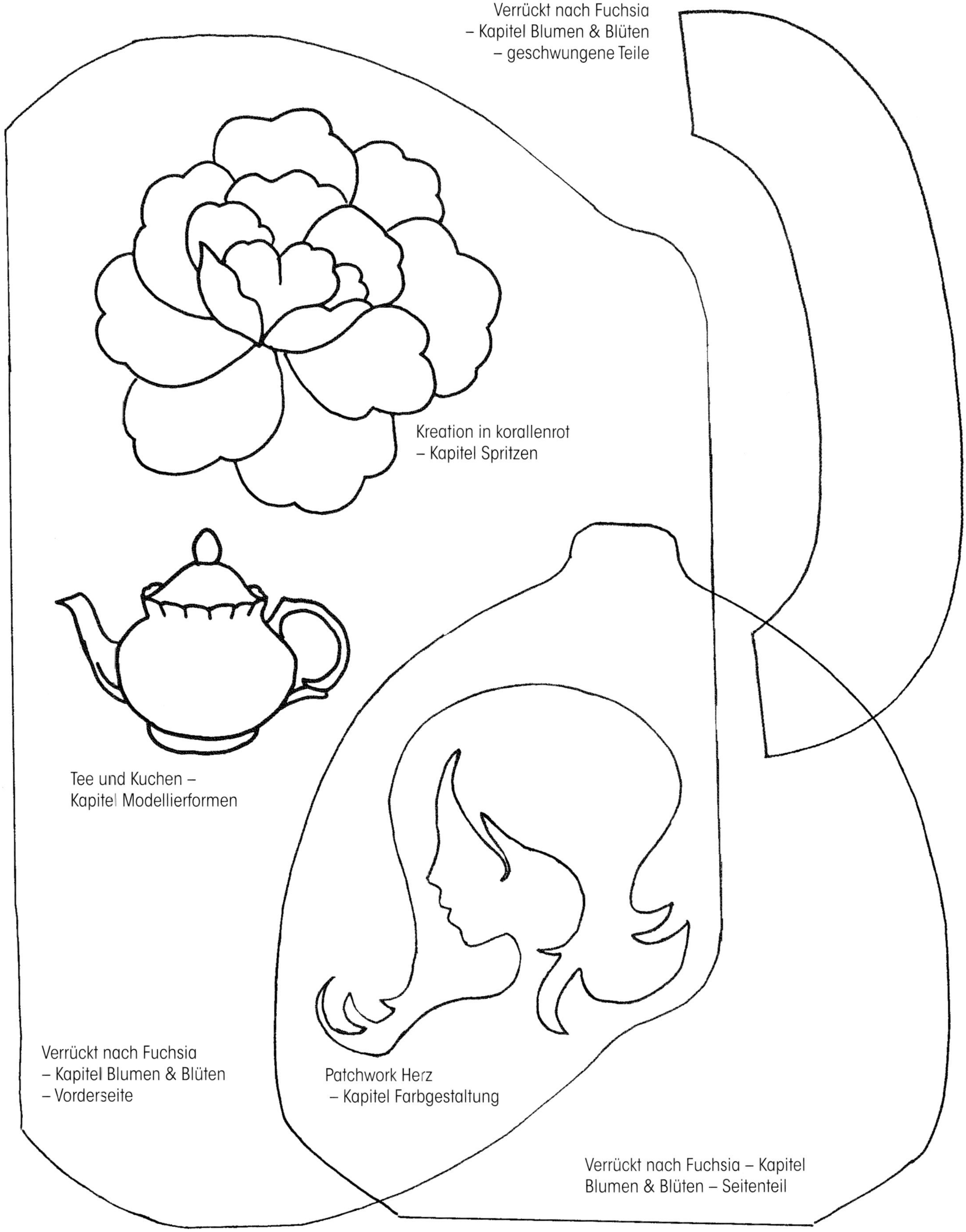
Verrückt nach Fuchsia
– Kapitel Blumen & Blüten
– geschwungene Teile
Kreation in korallenrot
– Kapitel Spritzen
Tee und Kuchen –
Kapitel Modellierformen
Verrückt nach Fuchsia
– Kapitel Blumen & Blüten
– Vorderseite
Patchwork Herz
– Kapitel Farbgestaltung
Verrückt nach Fuchsia – Kapitel
Blumen & Blüten – Seitenteil

Danksagung

Ich möchte den Mitgliedern meines Teams von Lindy's Cakes für ihre Hilfe danken. Ohne ihre Unterstützung hätte ich nicht den Freiraum für Kreativität oder die Zeit zum Schreiben – mein Leben wäre nicht halb so aufregend und ausgefüllt. Mein spezieller Dank gilt meinem Ehemann Graham, der nicht nur ein wichtiges Mitglied des „Teams Lindy" ist, sondern sich auch mit mir den Herausforderungen stellt, gleichzeitig ein Unternehmen zu führen und ein Buch zu schreiben. Ein dickes Dankeschön!

Danke auch an die verschiedenen Hersteller, ohne deren Produkte dieses Buch nicht so leicht hätte geschrieben werden können. Für gute Produkte bedarf es Zeit, Mühe und Ressourcen, trotzdem sind sie unverzichtbar für die Fortführung und Weiterentwicklung unserer Kunst.

Mein Dank geht auch an die zwei Fotografen dieses Buches, Simon Wihtmore, dessen hinreißende Fotos dieses Buch so modern und elegant machen, und Karl Adamson, dessen Geschick und Detailgenauigkeit es ermöglicht, die gezeigten Techniken in einzelnen Anleitungsschritten fließend und leicht verständlich darzustellen.

Abschließend bedanke ich mich bei allen meinen enthusiastischen Schülern, Kunden, Facebook-Fans, Twitter- und Blog-Mitgliedern, deren vielfältige Kommentare und Fragen so hilfreich sind.

Über die Autorin

Lindy Smith, sehr bekannt und hochgeschätzt in der Zuckerkunst-Branche, verfügt über mehr als 20 Jahre Erfahrung in der Zuckerkunst. Lindy ist eine Designerin, die ihre Liebe zur Zuckerkunst teilen und Gleichgesinnte durch das Verfassen von Büchern und Unterrichten inspirieren möchte. Lindy hat bis jetzt sieben Bücher über Tortendekoration geschrieben:

Creative Celebration Cakes * Storybook Cakes, Celebrate with a Cake! * Party Animal Cakes * Cakes to Inspire and Desire * Bake Me I'm Yours * Cookie **and** ***Bake Me I'm Yours * Cupcake Celebration.***

Lindy unterrichtet weltweit und hat damit sowohl die Gelegenheit, auszubilden und anzuregen, wie auch lokale Traditionen und Zuckerkunst-Anwendungen zu lernen. Dieses Wissen fließt in höchstem Maße in ihr Werk ein. Sie ist im Fernsehen aufgetreten und hat eine Serie über Tortendekoration präsentiert auf ***Good Food Live.***

Lindy ist Eigentümer der Lindy's Cakes Ltd, ein gut eingeführtes Unternehmen, das den Onlineshop www.lindyscakes.co.uk betreibt und ihre Workshops in England und im Ausland organisiert. Aktuelle Neuigkeiten über Lindy erhältst Du als Fan von Lindy's Cakes auf Facebook oder Twitter.

Backrezepte und umfangreiche Informationen findest Du auf ihrem Blog auf der Lindy´s Cakes website: www.lindyscakes.co.uk.

Lieferanten

UK

Lindy's Cakes Ltd (LC)
Unit 2, Station Approach, Wendover
Buckinghamshire HP22 6BN
Tel: +44 (0)1296 622418
www.lindyscakes.co.uk

Onlineshop für Material und Ausrüstung, die Lindy in all ihren Büchern verwendet, inkl. ihres eigenen Sortimentes von Ausstechern und Schablonen

Deutschland

Torten Boutique
Claudia Iffert
Winkelsweg 183
40764 Langenfeld
Tel: 02173 - 106 77 48
www.torten.boutique
Fachgeschäft für Motivtorten, Veranstaltung von Kursen und Seminaren.

Zuckerpapier24
Geschwister Scholl Strasse 2
96106 Ebern
Tel.: 09531 - 94 47 10
www.zuckerpapier24.de
Fachgeschäft für Torten-Dekor und essbares Druckerpapier.

Jacobi Decor GmbH
Maarstraße 72
53842 Troisdorf-Spich
Tel: 02241 - 39 70 30
www.cake-company.de
Lieferant für alle Produkte der Zuckerkunst
Veranstaltung von Kursen und Seminaren

Zucker Orchidee
Plochinger Straße 144
73730 Esslingen
Tel: 0711 - 94 54 43 99
www.zucker-orchidee.de
Fachgeschäft für Motivtorten, Veranstaltung von Kursen und Seminaren.

ALB Torten
Alexander Bretthauer
Müllerwies 1
65232 Taunusstein-Neuhof
Tel.: 06128 - 95 16 06
www.alb-torten.de
Fachgeschäft für Motivtorten, Veranstaltung von Kursen und Seminaren.

Abkürzungen in diesem Buch

DS – Designer Stencils
FI – First Impressions
FMM – FMM Sugarcraft
GI – Great Impressions
HP – Holly Products
JEM – JEM Cutters
LC – Lindy's Cakes Ltd
PC – Patchwork Cutters
PME – PME Sugarcraft
SF – Sugarflair
SK – Squires Kitchen
W – Wilton

Hilfe, Tipps & Infos

http://tortentante.blogspot.de/

Der große Tortenblog mit vielfältigen Anleitungen und wertvollen Tipps für Motivtorten

http://www.torten-talk.de/

Der beliebte Treffpunkt zum Austausch von Tipps, Infos, Ideen und mehr ...

http://ig-tortendesign.mixxt.com/

Interessengemeinschaft Tortendesign e.V.
Unterstützung & Beratung von Mitgliedern beim Weg in die Selbstständigkeit.

Index